***ACCESO GRATIS** a la Lectura en la Nube*

Para visualizar el libro electrónico en la nube de lectura envíe junto a su nombre y apellidos una fotografía del código de barras situado en la contraportada del libro y otra del ticket de compra a la dirección:

ebooktirant@tirant.com

En un máximo de 72 horas laborables le enviaremos el código de acceso con sus instrucciones.

La visualización del libro en **NUBE DE LECTURA** excluye los usos bibliotecarios y públicos que puedan poner el archivo electrónico a disposición de una comunidad de lectores. Se permite tan solo un uso individual y privado.

LA ARTICULACIÓN DE LA AGENDA 2030 CON LAS AGENDAS NACIONALES: ESTUDIO DE CUATRO CASOS NACIONALES

Procedimiento de selección de originales, ver página web:
www.tirant.net/index.php/editorial/procedimiento-de-seleccion-de-originales

LA ARTICULACIÓN DE LA AGENDA 2030 CON LAS AGENDAS NACIONALES: ESTUDIO DE CUATRO CASOS NACIONALES

Coordinadoras
MARISA RAMOS ROLLÓN
MARÍA VELASCO GONZÁLEZ

tirant lo blanch
Valencia, 2025

En caso de erratas y actualizaciones, la Editorial Tirant lo Blanch publicará la pertinente corrección en la página web www.tirant.com.

Esta publicación ha sido financiada con cargo al Proyecto "*Articulación de Agendas Globales y Agendas Nacionales: el proceso de implementación de la Agenda 2030 en Europa y América Latina*". Ref. PID2019-104967RB-I00. Convocatoria de «Proyectos de I+D+i», Modalidad "Retos de la Sociedad" Ministerio de Ciencia e Innovación.

IP Mª Luisa Ramos Rollón. Entidad: Universidad Complutense de Madrid

EDITA: TIRANT LO BLANCH
C/ Artes Gráficas, 14 - 46010 - Valencia
TELFS.: 96/361 00 48 - 50
FAX: 96/369 41 51
Email: tlb@tirant.com
www.tirant.com
Librería virtual: www.tirant.es
DEPÓSITO LEGAL: V-2693-2025
ISBN: 979-13-7010-027-8

Si tiene alguna queja o sugerencia, envíenos un mail a: *atencioncliente@tirant.com*. En caso de no ser atendida su sugerencia, por favor, lea en *www.tirant.net/index.php/empresa/politicas-de-empresa* nuestro procedimiento de quejas.

Responsabilidad Social Corporativa: http://www.tirant.net/Docs/RSCTirant.pdf

Índice

INTRODUCCIÓN

La articulación de la Agenda 2030 con las agendas nacionales: estudio de cuatro casos nacionales *11*

MARISA RAMOS
MARÍA VELASCO

BLOQUE I:
LA IMPLEMENTACIÓN DE LA AGENDA 2030
EN CUATRO CASOS NACIONALES

La implementación de la Agenda 2030 en España *29*

FERNANDO DE LA CRUZ PREGO

La implementación de la Agenda 2030: estudio de caso de Uruguay *49*

NATALIA MILLÁN ACEVEDO

Desafíos en la implementación de la Agenda 2030 en países en desarrollo. El caso de República Dominicana *73*

ANTONIO SIANES
FRANCISCO SANTOS-CARRILLO
LUIS A. FERNÁNDEZ-PORTILLO
ADELA TOSCANO-VALLE

La implementación de la Agenda 2030 en la práctica: el caso de Francia (2015-2023) *97*

JORGE GUTIÉRREZ-GOIRIA
IRATI LABAIEN EGIGUREN
MARÍA JOSÉ MARTÍNEZ HERRERO
EDUARDO MALAGÓN-ZALDUA

BLOQUE II:
LA IMPLEMENTACIÓN DE LA AGENDA 2030 EN
CUATRO POLÍTICAS NACIONALES

La Agenda 2030 y la política turística. Avances en España y Uruguay .. *123*

DIANA GÓMEZ-BRUNA
MARÍA VELASCO

La agenda 2030 y la política de desarrollo rural en España y Europa..... *145*

Eduardo Malagón-Zaldua
María José Martínez Herrero
Irati Labaien Egiguren
Jorge Gutiérrez-Goiria

El impacto de la Agenda 2030 en las políticas de cooperación de España y Uruguay.................... *171*

Farrah Álvarez
Natalia Millán Acevedo
Marisa Ramos Rollón

Análisis de la presencia de la Agenda 2030 en políticas locales de lucha contra la desigualdad urbana y social. El caso de la ERACIS *199*

Rocío Vela-Jiménez
Laura Serrano
Antonio Sianes

BLOQUE III:
REFLEXIONES PARA UNA AGENDA DE DESARROLLO MÁS ALLÁ DE 2030

Las orientaciones de los españoles hacia la política de cooperación al desarrollo: la estructura de las demandas presupuestarias y la imagen de la política.................... *233*

Ernesto Carrillo
Marisa Ramos Rollón

Cooperación internacional y Agenda 2030: un diálogo necesario frente a la crisis civilizatoria *283*

Ignacio Martínez
Fernando de la Cruz Prego

Aprendizajes para la renovación de la Agenda de Desarrollo Sostenible post-2030.................... *315*

Francisco Santos-Carrillo
Luis A. Fernández-Portillo
Antonio Sianes

Relacion de autores.................... *333*

INTRODUCCIÓN

La articulación de la Agenda 2030 con las agendas nacionales: estudio de cuatro casos nacionales

MARISA RAMOS ROLLÓN
MARÍA VELASCO GONZÁLEZ
Universidad Complutense de Madrid

I. INTRODUCCIÓN

La dinámica globalizadora de las últimas décadas está afectando de forma relevante a diferentes ámbitos entre los que se encuentran los procesos de toma de decisiones políticas, el diseño institucional y el contenido de las políticas públicas que están desarrollando los gobiernos. Este proceso incide especialmente en aquellas arenas de políticas que abordan de forma más directa problemáticas transnacionales, que afectan a bienes públicos globales o en las que el componente internacional está más presente (Hadjiisky, Pal y Walker, 2017). Y el impacto se refleja, además, en la progresiva incorporación de actores, mecanismos y soluciones que provienen de espacios que no forman parte del ámbito territorial de competencia de los gobiernos en los que se integran (Avant, Finnemore y Snidal, 2010).

En este contexto, el impacto de agendas, acuerdos, procesos de integración y de concertación de carácter supranacional, regional y global, adquiere especial relevancia para analizar y comprender los procesos políticos que se llevan a cabo en los ámbitos nacionales, ámbitos que siguen acaparando la mayor parte de los recursos necesarios para definir e implementar políticas públicas. Por esta razón, el estudio de cómo se están articulando las agendas y procesos globales con las decisiones nacionales constituye un ámbito de creciente interés en el análisis de las políticas públicas (Stone, 2008). Los estudios sobre gobierno multinivel o sobre el impacto supranacional en las políticas así lo establece (Stone y Moloney, 2019).

Entre estos procesos globales, la adopción de acuerdos y compromisos a nivel internacional ha generado un cuerpo de regulación internacional o "soft regulation" (Toller, 2011) que está teniendo un enorme impacto en el proceso político a todos los niveles. En el ámbito del desarrollo, algunos de los ejemplos más paradigmáticos de este tipo de acuerdo internacional, por su impacto y trascendencia, han sido la Agenda 21 en temas medioambientales, la agenda de género, o los Objetivos de Desarrollo del Milenio.

Se trata de acuerdos internacionales que han pretendido empezar a sentar unas bases universales para promover un sistema internacional más justo y sostenible, aunque en ocasiones no esté clara la forma en que estos cambios van a promoverse, y se eviten cuestiones polémicas como los necesarios ajustes en cuestiones de poder y gobernanza global (Martínez y Martínez, 2016). En este sentido es especialmente relevante y paradigmática la aprobación de la Agenda 2030 impulsada en el seno de Naciones Unidas el año 2015 con el objetivo de definir compromisos en términos de desarrollo y en términos de sostenibilidad. La Agenda 2030 incluye 17 Objetivos de Desarrollo Sostenible y 169 metas y marca un horizonte para el desarrollo global.

Esta Agenda, que combina los aportes de las previas agendas medioambientales y de desarrollo, supone un cambio radical en la concepción del desarrollo y en la propuesta de articulación con las agendas políticas de los gobiernos nacionales. En cuanto a la concepción del desarrollo es (1) una propuesta multicomprensiva y multisectorial, dado que se trata de una agenda transversal que afecta a todos los ámbitos de las políticas públicas; (2) persigue un carácter de agenda global y convoca simultáneamente a todos los actores: gobiernos, empresas y sociedad civil y (3) incorpora un enfoque multinivel, al promover alianzas entre actores locales, trasnacionales y globales. Pero, más allá de esta nueva concepción, se apuesta por una nueva estrategia de interacción entre las alianzas globales y los gobiernos locales, regionales y nacionales: no se proponen acciones, sino principios que han de ser asumidos en las diferentes arenas políticas por los actores legítimos en el ámbito de su competencia, superando la idea de coordinación (Peters, 2015) y acercándose más al principio de coherencia en el diseño de políticas públicas (Howlett y Rayner, 2007; May et al., 2006).

El compromiso asumido por los 193 países firmantes de Agenda 2030 debería afectar de manera formal y sustantiva a todos sus procesos de *policy making*. El contenido de la Agenda se debería traducir en modificaciones importantes en términos de agendas políticas globales, pero también nacionales y locales, así como en adaptaciones y modificaciones institucionales por parte de todos los gobiernos de los países firmantes de la misma para hacer posible su implementación y el cambio sustantivo que persigue.

Sin embargo, la naturaleza y el ritmo del proceso de incorporación de los principios y objetivos de la Agenda 2030 en las agendas de gobierno nacionales están siendo muy heterogéneos. Hay países que están otorgándole una alta relevancia política, inspirando sus decisiones de gobierno y sus políticas públicas en la misma, aunque la mayoría aún se encuentra en una fase muy embrionaria en lo que se refiere a la adaptación de políticas nacionales a este compromiso global. La propia naturaleza de la agenda es transversal y demanda una apuesta institucional de carácter transversal si aspira a ser prescriptora de políticas. Esta cuestión, junto a la complejidad que supone su implementación desde un enfoque "*whole of government*" (OCDE, 2006), explicaría las dificultades de encaje institucional que parecen detectarse en diversos gobiernos.

Probablemente éste sea uno de los nudos importantes a los que se enfrenta la Agenda 2030 al exigir cambios en (1) los objetivos de las políticas públicas; (2) en los mecanismos institucionales de relación entre diversos ámbitos de acción pública de un mismo gobierno, para lograr la transversalidad y la interseccionalidad; y (3) en impulsar la apertura de los procesos de toma de decisiones a nuevos actores, más allá de los gubernamentales, lo que desafía la forma tradicional apoyada en gobiernos e instituciones públicas (Krahmann, 2003).

II. ENFOQUES TEÓRICOS RELEVANTES PARA EL ANÁLISIS DE LA ARTICULACIÓN DE LA AGENDA 2030 Y LAS AGENDAS GUBERNAMENTALES

Desde la aprobación de la Agenda 2030 se han acumulado investigaciones y análisis sobre su proceso de construcción, el contenido propuesto o sus impactos. Trabajos muy diversos que, desde posiciones teóricas diversas y campos disciplinares complementarios, han observado uno de los procesos más interesantes de política y cooperación internacional.

En nuestro caso, nos interesó especialmente que se optara por un proceso de trabajo que concentraba el esfuerzo en la descripción de los problemas que deberían ser incorporados en las agendas de las diferentes instituciones públicas y privadas que se decían comprometidas con el objetivo global.

Entre los muchos aspectos innovadores y significativos del proceso, esta idea de la articulación entre los problemas que contiene y describe la Agenda 2030 y la responsabilidad en cascada de cada uno de los responsables de las agendas institucionales, se convirtió en el elemento que queríamos observar. Más concretamente nos interesaban los gobiernos y observar lo que estaba ocurriendo con elementos teóricos que provenían del análisis de políticas y de la cooperación.

El concepto de agenda es un concepto clásico en el análisis de políticas públicas. Es un concepto intuitivo que permite enfocar distintas cuestiones: qué problemáticas específicas interesan a los decisores y cuáles no; cómo llegan y salen estas problemáticas de las agendas de gobierno, o cuál es la relación del espacio de decisión gubernamental con otros ámbitos de decisión externos.

Todas estas cuestiones tienen un desarrollo propio y fructífero en el análisis de políticas públicas y se articulan en torno a tres ámbitos diferenciados: los problemas de políticas públicas, las dinámicas de entrada y salida de las agendas institucionales y los procesos de transferencia. Los describiremos brevemente.

Detrás de las reflexiones sobre qué problemáticas específicas interesan a los decisores y cuáles no, encontramos la literatura sobre los problemas en políticas públicas. Los trabajos destacan que los problemas, en el ámbito concreto de la toma de decisión pública, tienen una dimensión relacionada con su propia naturaleza y otra relacionada con la definición o estructuración de estos.

Respecto a la naturaleza del asunto, hay determinadas características de algunos problemas que les permite tener un lugar privilegiado en las agendas de los decisores, como aquellos que provocan situaciones emotivas profundas o que conectan con valores con un reconocimiento creciente en la escala social (Subirats, 1994).

Respecto a la definición de los asuntos, hay que señalar que se trata de un proceso de naturaleza puramente política. Cuando se define un problema se escogen las ideas y valores que enmarcarán la cuestión, tanto en un plano normativo, como cognitivo (Howlet, 2014). Pero, además, en el momento de la definición de los problemas se concibe un rango determinado de conflicto, se determinan los beneficiarios, se señalan ganadores y perdedores y se establecen los temas para el debate posterior (Peter y Hoornbeek, 2005).

El segundo de los ámbitos que concentran la atención de la investigación sobre la agenda son las dinámicas de entrada y salida de los diferentes problemas o asuntos en las agendas de gobierno o agendas institucionales.

Por un lado, interesa entender el origen de la entrada de un asunto en la agenda de gobierno, que puede estar ligado a una iniciativa externa, a un proceso de movilización o a una iniciativa interna. Es decir, acción de grupos de interés o actores específicos, movilización ciudadana o interés impulsado por alguno de los miembros del gobierno, en sentido amplio. Pero, también, se observa el papel de los medios de comunicación en la construcción de la agenda ciudadana y su relación con la agenda institucional, intentando responder a la pregunta de cómo los medios colocan un tema de agenda en el público y cómo influye esto en la agenda política (Dearing y Rogers, 1996).

El tercero de los ámbitos de reflexión mencionados es el de la difusión y transferencia de políticas públicas, cuyas reflexiones se centran en conocer los mecanismos que permiten la difusión, cómo funcionan, qué actores son significativos, qué se transfiere o cuáles son sus limitaciones.

Por otra parte, desde las teorías del desarrollo también se pueden identificar prismas a través de los cuales abordar la conexión entre agenda global y agenda nacional, especialmente en lo que se refiere a los análisis sobre la calidad de la ayuda, sobre coherencia de políticas (Alonso y otros, 2010; Gutiérrez-Goiria y otros, 2017) y sobre modalidades de cooperación al desarrollo que facilitan la transferencia de conocimiento, como son la cooperación Sur-Sur (SEGIB), la cooperación técnica-horizontal o la cooperación regional. Decisiones recientes en torno a la contribución internacional a políticas para el desarrollo, como puede ser el aporte de la cooperación en transición (OCDE-CEPAL, 2018) ayudan a conectar reflexiones sobre el desarrollo global con procesos políticos a nivel nacional.

El enfoque inter y multidisciplinar es especialmente necesario y valioso para facilitar conocimiento en torno a esta temática, especialmente porque sigue siendo necesario mejorar el análisis sobre cómo se está llevando a cabo la incorporación e implementación efectiva de esta Agenda.

III. PREMISAS DE PARTIDA DEL ANÁLISIS DE ARTICULACIÓN ENTRE LA AGENDA 2030 Y AGENDAS GUBERNAMENTALES

Los análisis que se presentan en esta publicación se derivan de los resultados del Proyecto de Investigación "*Articulación de Agendas globales y agendas nacionales: el proceso de implementación de la Agenda 2030 en Europa y América Latina (GLOBALGOB2030)*", cuyas IP fueron inicialmente Marisa Ramos y María Velasco[1] y en el que han participado investigadores de tres Universidades: Universidad Complutense de Madrid, Universidad del País Vasco y Universidad Loyola Andalucía.

El objetivo de la investigación fue contribuir a la comprensión de la articulación de una agenda global, la Agenda 2030, y las decisiones de política pública a nivel nacional, a través de cuatro políticas nacionales en cuatro países.

Esta relación se produce en un continuum articulado respecto a dos ideas: en un polo la adopción de la Agenda 2030 como marca política vacía de contenido transformador, versus la inclusión de los desafíos en políticas y programas gubernamentales que dibujen una acción pública decidida. En ese sen-

---

1 PID2019-104967RB-I00, concedido por el Plan Nacional de I+D+I "Retos del conocimiento" del Ministerio de Ciencia e Innovación, gestionado por la Universidad Complutense de Madrid. María Velasco dejó de ser IP al pasar a la situación de Servicios Especiales en octubre de 2021.

tido, puede haber procesos de aplicación de la agenda eficaces, pero alejados de una lectura transformadora de la misma; procesos eficaces en el plano de la comunicación política, pero poco eficaces en el avance hacia la resolución de los problemas. Desde un punto de vista de procesos de desarrollo, se trata de ver si las llamadas *agendas* son útiles para avanzar hacia los objetivos planteados, o bien han venido a sustituir de forma básicamente discursiva los planteamientos de estrategias alternativas, que resaltarían las contradicciones entre las tendencias económicas dominantes y los objetivos de desarrollo a nivel global (Unceta y Gutiérrez-Goiria, 2018).

Y esta comprensión de la articulación de una agenda global y las decisiones de política pública a nivel nacional observarla en tres dimensiones clásicas de las políticas públicas: ideas, actores e instituciones.

En este sentido, se plantearon cuatro hipótesis de partida:

1. La existencia de espacios regionales sectoriales podría favorecen la traslación de la Agenda 2030

2. Los actores gubernamentales tendrían menos margen de decisión sobre la necesidad de incorporar los objetivos de la Agenda 2030 si existe una opinión pública con preocupaciones coincidentes y organizaciones sociales activas.

3. La incorporación de la Agenda 2030 no dependería tanto de las orientaciones ideológicas de los gobiernos cuanto de los modelos de inserción internacional, de las orientaciones de su política exterior y de la dependencia externa en términos de desarrollo.

4. Diferentes diseños institucionales podrían ser más eficaces a la hora de asumir e implantar la Agenda 2030.

Desde estas ideas de partida los diferentes trabajos intentan contribuir a la reflexión teórica en torno a la articulación entre agendas globales y agendas nacionales a través de casos específicos de adopción e implementación de la Agenda 2030, describiendo procesos de adopción de la Agenda 2030 a nivel nacional en términos de diseños institucionales, de ritmos de adaptación y de prioridades de acción.

Para ello se seleccionaron países que presentaran niveles medios y altos de adopción de Agenda 2030, con el fin de poder analizar a partir las diferencias en cuanto al proceso de implementación y, a partir de esto, se utilizaron tres criterios de selección: a) nivel de calidad institucional; b) madurez de opinión pública; dependencia internacional.

Como fuente esencial para la selección de casos, se utilizó el Informe del SDSN (2019) que en base a los informes nacionales presentados por los países elabora un ranking de avance en la implementación de la Agenda 2030. Tomando en cuenta el ranking de este Informe, se toman parejas de países con puntaje similar que se diferencian en las demás variables antes mencionadas.

De acuerdo con ello, y para asegurarnos la suficiente variación, optamos por los siguientes países como casos de estudio:

a) Niveles alto en el ranking de SDSN:
   - España (media-alta calidad institucional, media madurez sociedad civil, baja dependencia)
   - Francia

b) Niveles medios en el ranking
   - Uruguay (media-alta calidad institucional, media madurez sociedad civil, media dependencia)

c) Niveles bajos en el ranking
   - República Dominicana (nivel bajo calidad institucional, baja madurez sociedad civil, alta dependencia)

Una vez determinados los países con los que trabajaríamos, consideramos necesario enfocar el análisis en determinadas políticas públicas sectoriales, identificando los procesos de difusión y transferencia, de incorporación de ideas, de participación de actores y de implantación.

La selección de tipos de políticas se ha realizado tomando como criterio esencial considerar políticas sectoriales con diferente relación de partida con la Agenda 2030: algunas directamente identificadas con la misma, como sería el caso de la política de cooperación, y otras más alejadas, como la política agraria o la turística, con el fin de poder encontrar varianza en el proceso de implementación.

Así, se ha optado por trabajar tres políticas sectoriales, especialmente afectadas por la Agenda 2030: políticas agrarias, políticas de turismo, políticas de cooperación al desarrollo y políticas de desigualdad urbana.

Teniendo como punto de partida los casos país y las políticas sectoriales, los trabajos han considerado tres dimensiones de análisis:

Nivel 1) Gobernanza Global

El análisis de la gobernanza global en relación a la implementación de la Agenda 2030. Gobernanza global: Análisis de marcos de acción colectiva y de iniciativas globales de implementación de la Agenda, así como de los modelos de contribución de actores y políticas de cooperación internacional a los procesos de implementación. Adicionalmente, también se analizarán los formatos de participación e implicación en foros globales y regionales.

Se analizará, consecuentemente, una doble dimensión. Por una parte, se revisarán los avances de diversos organismos en relación a las facilidades para la implementación nacional (NNUU, CEPAL, UE, OCDE). Igualmente se hará un análisis sectorial desde el ámbito global.

La segunda dimensión implica analizar la participación y la vinculación nacional con espacios internacionales (papel internacional, donante o no).

Nivel 2) Gobierno nacional: nivel país

Se abordará el análisis de diferentes variables y se utilizarán distintas técnicas de análisis, de acuerdo a lo que se plantea a continuación:

1. Participación en la gobernanza global: Las variables de análisis son:
    - Nivel de presencia internacional
    - Nivel de dependencia internacional
    - Carácter de la cooperación internacional: un carácter más realista frente a un carácter más cosmopolita.
2. Modelos de gobierno de la Agenda 2030: Análisis de los modelos institucionales de implementación desarrollados tomando en consideración variables tales como: rango institucional, ubicación sectorial, competencias y presupuesto. Específicamente se hará referencia a la interacción entre agencias de cooperación al desarrollo, agencias de desarrollo nacional y agencias de implementación de la Agenda.

    Las variables de análisis son las siguientes:
    - Encaje institucional de la Agenda 2030
    - Estructura territorial
    - Formas de gobierno
    - Cambios de gobierno
    - Modelos de interacción Agencias de Cooperación al Desarrollo, Agencias de Desarrollo Nacional y Agencias de implementación de la Agenda.

Nivel 3) Impacto de la agenda en Políticas Públicas concretas

Análisis del impacto de la Agenda 2030 en diferentes políticas públicas, analizando variables tales como: intersectorialidad y coherencia, actores, coordinación de niveles, efectividad, modelos de difusión y transferencia, etc. Específicamente, se abordará la relación entre sistemas de planificación-presupuesto y competencias Agenda 2030.

IV. LA INVESTIGACIÓN

Los capítulos del presente libro se organizan en tres bloques. El primero se centra en el análisis del proceso de implementación de la Agenda 2030 en los cuatro países, asumiendo que el proceso de adaptación de la Agenda 2030 y la incorporación de los Objetivos de Desarrollo Sostenible (ODS) a cada país se ve afectado por variable de contexto clave como el nivel de desarrollo, la dependencia internacional o la orientación ideológica de sus gobiernos. Fernando de la Cruz analiza el caso de España, Natalia Millán el caso de Uruguay, Antonio Sianes, Luis Fernández Portillo y Francisco Santos analizan República Dominicana y Jorge Gutiérrez-Goiria, Irati Labaien Egiguren, María José Martínez Herrero y Eduardo Malagón-Zaldua el caso de Francia.

El segundo bloque se centra en el análisis del proceso de adaptación de determinadas políticas nacionales a la Agenda 2030, a través del estudio de las políticas de cooperación al desarrollo, de las políticas de desarrollo rural, de las de turismo y de las de desigualdad urbana. En particular, Diana Gómez Bruna y María Velasco analizan el caso de la adaptación de la política de turismo de España a los postulados de la Agenda 2030. Jorge Gutiérrez, y otros analizan la política de desarrollo rural de España y de Francia y su adaptación a la Agenda 2030. Por su parte, Farrah Álvarez, Natalia Millán y Marisa Ramos comparan el proceso de adaptación de las políticas de cooperación al desarrollo de España y Uruguay. Finalmente, Laura Serrano, Rocío Vela y Adela Toscano estudian un caso específico de la política de desigualdad urbana, concretamente, el caso de la "Estrategia Regional Andaluza para la Cohesión e Inserción Social (ERACIS)" como caso de análisis de la incorporación de los ODS a una acción pública.

Por último, en el tercer bloque se presentan algunas reflexiones acerca del marco global de implementación de la Agenda 2030 y las perspectivas que se abren en el actual momento de transformación, cuando ya se están debatiendo los nuevos marcos que deberían orientar el desarrollo sostenible más allá del 2030. En primer lugar, Ernesto Carrillo y Marisa Ramos analizan las orientaciones de los españoles hacia la política de cooperación al desarrollo a través de la estructura de las demandas presupuestarias y de la imagen de la política. Ignacio Martínez y Fernando de la Cruz se plantean, en este mismo bloque, la oportunidad que supone la Agenda 2030 como marco para una acción colectiva crítica y transformadora y, por tanto, como estímulo para abordar una renovación de la cooperación internacional. Por último, Antonio Sianes, Luis Fernández Portillo y Francisco Santos reflexionan sobre el futuro de la Agenda 2030, defendiendo la pertinencia del enfoque de Desarrollo Global, al tiempo que argumentan acerca de la necesidad de establecer mecanismos institucionales mucho más robustos de gobernanza que permitan hacer frente, con mayores garantías, a las tensiones propiciadas por su naturaleza interdependiente.

Reflexionar sobre el legado de la Agenda 2030 y proyectar una visión más allá de sus límites temporales es imperativo para garantizar que las conquistas alcanzadas sean duraderas y que los desafíos emergentes sean enfrentados con creatividad y determinación. Con este libro pretendemos contribuir al debate global sobre el desarrollo, desde el compromiso colectivo que reclama el bienestar, la justicia y el desarrollo de las personas y del planeta.

V. REFERENCIAS BIBLIOGRÁFICAS

Alonso, J. A., Garcimartín, C., y Martín, V. (2010, junio). Ayuda, calidad institucional e imposición: Algunos desafíos para el sistema de cooperación internacional. En *Conference on Development Cooperation in Times of Crisis and on Achieving the MDGs*. Madrid, España.

Avant, D., Finnemore, M., y Snidall, S. (2010). Conclusion: Authority, legitimacy, and accountability in global politics. En D. Avant, M. Finnemore, y S. Sell (Eds.), *Who governs the globe?* (Cambridge Studies in International Relations, pp. 356-370). Cambridge: Cambridge University Press.

Dearing, J. W., y Rogers, E. M. (1996). *Agenda setting*. Thousand Oaks: Sage.

Goiria, J., Millán, N., y Martínez Martínez, I. (2017). Dentro o más allá de la ayuda: El difícil camino de la coherencia de políticas para el desarrollo. *Revista Iberoamericana de Estudios de Desarrollo, 6*(1), 26-49.

Hadjiisky, M., Pal, L., y Walker, C. (2017). *Public policy transfer: Micro-dynamics and macro-effects*. London: Edward Elgar.

Howlett, M., y Rayner, J. (2007). Design principles for policy mixes: Cohesion and coherence in new governance arrangements. *Policy and Society, 26*(4), 1-18.

Krahmann, E. (2003). National, regional, and global governance: One phenomenon or many? *Global Governance, 9*(3), 323-346.

Marks, G., y Hooghe, L. (2003). National identity and support for European integration (No. SP IV 2003-202). *WZB Discussion Paper*.

Martínez-Osés, P., y Martínez, I. (2016). La agenda 2030: ¿Cambiar el mundo sin cambiar la distribución del poder? *Lan Harremanak: Revista de Relaciones Laborales, 33*, 73-102.

Organización para la Cooperación y el Desarrollo Económico (OCDE). (2006). *Whole of government approaches to fragile states*. OECD Governance, Peace and Security Papers.

Organización para la Cooperación y el Desarrollo Económico (OCDE) y Sustainable Development Solutions Network (SDSN). (2019). *Long-term pathways for the implementation of the SDGs: The governance implications*. Disponible en: https://irp-cdn.multiscreensite.com/be6d1d56/files/uploaded/OECD_SDSN-Working-Paper_2019_Final.pdf

Stone, D. (2008). Global public policy, transnational policy communities, and their networks. *Policy Studies Journal, 36*(1), 19-38.

Stone, D., y Moloney, K. (Eds.). (2019). *The Oxford handbook of global policy and transnational administration.* Oxford: Oxford University Press.

Sustainable Development Solutions Network (SDSN). (2019). *Sustainable development report.* Disponible en: https://resources.unsdsn.org/sustainable-development-report-2019

Töller, A. E. (2011). Voluntary approaches to regulation: Patterns, causes and effects. En *Handbook on the Politics of Regulation.* Edward Elgar Publishing.

Unceta, K., y Gutiérrez Goiria, J. (2018). International cooperation and the development debate: The shortcomings of theory versus the allure of agendas. *Revista de Economía Mundial, 50.*

BLOQUE I:
LA IMPLEMENTACIÓN DE LA AGENDA 2030 EN CUATRO CASOS NACIONALES

La implementación de la Agenda 2030 en España

FERNANDO DE LA CRUZ PREGO
Universidad Complutense de Madrid

I. INTRODUCCIÓN

España es un Estado democrático, de derecho y de bienestar con una economía de mercado. Su forma política es la de una monarquía parlamentaria con un sistema de gobierno basado en la soberanía nacional, la división de poderes y un sistema parlamentario. Su división de poderes se estructura en poder ejecutivo, legislativo y judicial. Cuenta con elecciones libres, universales, secretas y plurales. La norma central de su ordenamiento jurídico es la Constitución Española de 1978 que establece la organización institucional del Estado. La estructura de gobierno territorial se distribuye en las instituciones comunes para todo el territorio, 17 Comunidades Autónomas, dos ciudades autónomas y más de 8.000 entes locales. Además, España pertenece a la Unión Europea a la que ha cedido una amplia diversidad de competencias (Reniu 2018).

A nivel económico, España es la 13 economía del mundo según su PIB, la 36 por su PIB *per capita* y la 25 por su nivel de desarrollo humano. Su economía está altamente concentrada en el sector servicios (más de un 75%). Sus principales productos de exportación son los coches, el refinado de petróleo y los medicamentos envasados. Desde 1999, su moneda es el euro. Por último, los principales indicadores macroeconómicos muestran importantes fluctuaciones en las últimas dos décadas. Durante el inicio del siglo XXI, España mostraba un importante dinamismo económico, que a partir de 2008 se confirmaría como una burbuja inmobiliaria-financiera. Esto derivó en significativas caídas de su PIB, aumento de la deuda, del déficit público, de la balanza comercial y del desempleo. Tras los ajustes de los años 10s, el país recupero la senda del crecimiento y de la creación de empleo. Con la llegada de la crisis del COVID los principales indicadores macroeconómicos volvieron a resentirse (Banco de España 2022).

A nivel social, España presenta una trayectoria histórica de alto desempleo, que actualmente se sitúa en el 13,5%. Además, el país cuenta con un 9,5% de su población en condiciones de pobreza severa y ha visto cómo han aumentado los niveles de riesgo de pobreza, así como los niveles de desigualdad. En materia de alfabetización el grueso de la población (98%) cuenta con estudios de primaria y un 80% de secundaria. Además, el país cuenta con un potente sistema de sanidad pública, que lo ha situado con una esperanza de vida de 83 años de media. En materia de género, el país cuenta con una legislación avanzada y se sitúa en el octavo puesto del Índice Global de Brechas de Género. Finalmente, el país también dispone de un amplio sistema de pensiones público que supone cerca del 50% del gasto público anual (Banco Mundial, 2022).

En materia ambiental, España presenta algunos avances recientes y cuantiosos retos de futuro. Las emisiones de efecto invernadero se redujeron en un 5,6% en 2019. También se han reducido las emisiones de otros contaminantes atmosféricos, salvo en el caso del NH3. El uso energético ha mejorado su eficiencia y aumentado el uso de energías renovables hasta un 20% del consumo energético total. Las superficies terrestres protegidas han aumentado hasta un 35% y las marinas a un 12%. Según la Unión Internacional para la Conservación de la Naturaleza (UICN), un 2,4% de las especies silvestres del país presentan algún grado de amenaza. Según el Ministerio de Sanidad, el 93% de las aguas costeras han sido calificadas como excelentes. En materia de aguas continentales, el país debe mejorar su eficiencia dadas las restricciones en su disponibilidad actual y futura. El principal riesgo se concentra en el consumo de productos fitosanitarios y su alta concentración en las aguas (MTERD 2021).

Finalmente, desde el año 2020 España estuvo gobernada por el gobierno de coalición que conforman el Partido Socialista Obrero Español (PSOE) y UNIDAS PODEMOS. Ambos partidos de perfil progresista mostraron una particular inclinación hacia la Agenda 2030 y su implementación en el país (PSOE 2020). No obstante, con la llegada de la pandemia, el gobierno vio limitada su capacidad de acción en materia de políticas públicas en este sentido.

En cualquier caso, el Plan de Recuperación negociado con la Unión Europea y los fondos asociados supusieron un empujón significativo para la trasformación estructural del país en ámbitos clave como el productivo, el social y el medioambiental, es decir, en sintonía con las dimensiones clave de la Agenda 2030. Tras las elecciones generales celebradas en julio de 2023, se formó un gobierno de coalición progresista entre el PSOE y Sumar que sigue vigente en la actualidad (2025) y dio continuidad a este enfoque en relación con la Agenda 2030.

II. MARCO GENERAL DE DISEÑO E IMPLEMENTACIÓN

2.1. Gestación y enfoque

Desde los inicios de su gestación, España ha sido una firme defensora de la Agenda 2030 y de la construcción de consensos internacionales en pos de un desarrollo humano sostenible. En concreto, España mostró una especial preocupación por la inclusión de los objetivos de: reducción de la pobreza, disminución de las desigualdades, promoción de la sostenibilidad, el enfoque de derechos humanos y de la equidad de género. Además, España lideró en 2013 las consultas globales sobre hambre, seguridad alimentaria y nutrición, apoyó consultas con el sector privado en América Latina, colaboró con el Grupo Abierto para la definición de los ODSs y participó en las negociaciones intergubernamentales a lo largo del 2015 (AECID, 2022).

En relación con la implementación de la Agenda hay que señalar como principal característica el doble rol que está jugando España, tanto en su promoción exterior como en la implementación a nivel doméstico. La promoción exterior se materializa fundamentalmente mediante las políticas de cooperación internacional para el desarrollo que se despliegan a través de distintos ministerios, pero principalmente a través del Ministerio de Asuntos Exteriores y de Cooperación internacional, y su principal entidad gestora, la Agencia Española de Cooperación Internacional para el Desarrollo (AECID). También hay que destacar los aportes españoles a organismos multilaterales promotores de la Agenda 2030, como Naciones Unidas o el Banco Mundial, entre otros.

En cuanto a la vertiente doméstica de la implementación de la Agenda 2030, está íntimamente conectada con el perfil del gobierno progresista que asumió el liderazgo político del país en el año 2019. La estructura de gobernanza de la Agenda 2030 ha transitado por diferentes modelos desde su aprobación en el año 2015. En los primeros años, la responsabilidad del aterrizaje de la Agenda en España recayó en el Ministerio de Asuntos Exteriores y Cooperación que había sido el más activo participante en la negociación internacional previa que dio lugar a este compromiso. Así, en 2017, se creó una unidad responsable de la implementación de la Agenda 2030, liderada por el Embajador Juan Francisco Montalbán, en cuyo seno se elaboró el Primer Informe Voluntario.

Con el cambio de gobierno en 2018, se creó un Comisionado Especial en Presidencia de Gobierno para la Agenda 2030 que, liderado por Cristina Gallach, dio un impulso sustantivo a la implementación de la Agenda en España. Asimismo, con la llegada del nuevo gobierno de coalición que inició su andadura a principios de 2020, este elevó el nivel de relevancia de los temas de la Agenda 2030 y estableció el sistema de gobernanza que se analiza en el siguiente epígrafe. El gobierno de coalición derivado de las elecciones del año 2023 mantuvo la continuidad con la propuesta anterior, aunque con algunos cambios en clave institucional.

2.2. Estructura de Gobernanza de la Agenda 2030

La estructura de la gobernanza de la Agenda 2030 establece tres niveles funcionales de articulación, con mecanismos habilitados para asegurar su interrelación y capacidad ejecutiva y de trabajo, posibilitando así una visión integral e integradora de los esfuerzos (MDSA 2021).

Comisión delegada del Gobierno para la Agenda 2030, que convoca a quince ministerios y cuyas competencias han quedado definidas en el ámbito del estudio, impulso, coordinación y participación en el diseño, elaboración, implementación y evaluación de los planes y estrategias para el cumplimiento por España de la Agenda 2030. Este órgano posibilita generar una coordinación interministerial amplia y está asistido por un grupo de trabajo de carácter técnico, cuya composición está abierta a la participación de todos los ministerios que conforman el Gobierno para un abordaje inter y multisectorial.

Conferencia Sectorial para la Agenda 2030, órgano de cooperación entre la Administración General del Estado, las comunidades autónomas, las ciudades autónomas de Ceuta y Melilla y la Administración local, a través de la Federación Española de Municipios y Provincias (FEMP). Una cooperación basada en el diálogo, el intercambio de experiencias y el impulso de esfuerzos conjuntos que busca maximizar el conocimiento acumulado por los distintos niveles de la administración, desde el ejercicio de las competencias atribuidas en la Constitución y los Estatutos de Autonomía. Su reglamento de funcionamiento ha contemplado, además, la creación de la Comisión Sectorial para la Agenda 2030, como órgano de apoyo y asesoramiento.

Consejo de Desarrollo Sostenible, cuya composición y funcionamiento ha sido objeto de revisión en la actual legislatura dando lugar a un órgano asesor, de colaboración y cauce de la participación que convoca un total de sesenta representantes de 34 plataformas y entidades -en representación de la academia, el sector empresarial, los sindicatos, las organizaciones ecologistas, sociales, y de defensa de los derechos humanos y la paz, organizaciones del ámbito de la cooperación internacional-, así como de 13 consejos consultivos de ámbito estatal. Este último aspecto posibilita la necesaria articulación de los trabajos que se desarrollen en el marco del Consejo de Desarrollo Sostenible con aquellos que se generen en otros órganos consultivos de carácter sectorial. Se han puesto en marcha tres grupos de trabajo (Estrategia de Desarrollo Sostenible, Igualdad de Género y Coherencia de Políticas con el Desarrollo Sostenible) con un papel central en el proceso de definición de la Estrategia de Desarrollo Sostenible 2030.

Además, también se cuenta con la participación de la *Comisión Mixta para la Coordinación y Seguimiento de la Estrategia Española para alcanzar los Objetivos de Desarrollo Sostenible*, creada en el seno de las Cortes Generales, contando con integrantes del Congreso de los Diputados y del Senado.

2.3. Ministerio de Derechos sociales y Secretaría de Estado para la Agenda 2030

Tras las elecciones generales, el PSOE y UNIDAS PODMEOS firmaron el acuerdo de gobierno progresista de coalición (PSOE, 2019). En enero de 2020, el Congreso le otorgó su confianza al socialista Pedro Sánchez como presidente del

Gobierno y este presentó más tarde la composición definitiva de su gabinete, el cual quedó conformado por 22 ministerios, con 11 ministras y 11 ministros. De los 22 ministerios 18 se asignaron al PSOE y 4 a UNIDAS PODEMOS[1]. En concreto, las asignaciones a UNIDAS PODEMOS en relación con la estructura institucional vinculada de forma directa con la Agenda 20303 fueron las siguientes:

Ministerio de Derechos Sociales y Agenda 2030

- Pablo Iglesias Turrión, hasta el 31 de marzo del 2021 (sustituido por Ione Belarra hasta la actualidad).

Secretaría de Estado de Derechos Sociales y Agenda 2030

- Ione Belarra hasta el 31 de marzo de 2021 (sustituida por Enrique Fernández Santiago Romero y por Lilith Verstrynge, que ocupa el puesto en la actualidad).

Dirección General de Políticas Palanca para el Cumplimiento de la Agenda 2030

- Gabriel Castañares Hernández (hasta la actualidad).

Como se puede ver, el Ministerio de Derechos Sociales y Agenda 2030 recayó en Unidas Podemos, en concreto, en Pablo Iglesias Turrión, que también ejerció como vicepresidente de Derechos Sociales. En el Real Decreto 452/2020 se desarrolló la estructura orgánica básica del Ministerio de Derechos Sociales y Agenda 2030, y se modificó el Real Decreto 139/2020 por el que se establecía la estructura orgánica básica de los departamentos ministeriales y se fijaban las funciones de la Secretaría de Estado para la Agenda 2030. Estas funciones recogen, la propuesta y ejecución de la política del Gobierno en materia

---

1 Distribución partidos

de impulso, seguimiento y cooperación para la implementación de la Agenda 2030 para el Desarrollo Sostenible, que se desarrolla a través de las siguientes competencias:

- Colaborar con los órganos competentes de la Administración General del Estado para el cumplimiento de los objetivos de desarrollo sostenible y la Agenda 2030.
- Colaborar con todas las administraciones públicas para el cumplimiento de los objetivos de desarrollo sostenible y la Agenda 2030.
- Garantizar la puesta en marcha y buen funcionamiento de los diferentes mecanismos de gobernanza, coordinación, diálogo y articulación de la implementación de la Agenda 2030.
- Diseñar, elaborar, desarrollar y evaluar los planes y estrategias necesarios para el cumplimiento por España de la Agenda 2030 y, en concreto, la Estrategia de Desarrollo Sostenible. Todo ello respetando el principio de lealtad institucional y en colaboración con los órganos competentes de la Administración General del Estado, con el resto de las administraciones públicas competentes, con la sociedad civil organizada, el sector privado, las instituciones académicas y la sociedad en su conjunto.
- Impulsar, apoyar la preparación y elaboración e implementación de las políticas palanca y medidas acordadas que aceleren en mayor grado el cumplimiento de la Agenda 2030 en nuestro país, sin perjuicio de las competencias atribuidas a otros órganos.
- Promover la implementación de la Agenda 2030 en España a través del impulso a la actividad y contribución de la sociedad civil organizada, el sector privado y otros actores comprometidos con ella.

- Ejercer las funciones de Secretaría de la Comisión delegada del Gobierno para la Agenda 2030.
- Evaluar, verificar y difundir el grado de avance en el cumplimiento de los objetivos de la Agenda 2030.
- Impulsar la elaboración de los sistemas de información y estadística necesarios para acreditar los avances en la consecución de los objetivos de la Agenda 2030 y hacer efectiva la rendición de cuentas, en colaboración con el Instituto Nacional de Estadística y con otras administraciones competentes.
- Colaborar y coordinar con el Ministerio de Asuntos Exteriores, Unión Europea y Cooperación en la interlocución y representación internacional de España en materia de implantación global y de rendición de cuentas del grado de cumplimiento de la Agenda 2030 en España.
- Colaborar con las Cortes Generales en el seguimiento, implementación y rendición de cuentas de la Agenda 2030.

Tras las elecciones del año 2023 y la llegada del nuevo gobierno de coalición se reestructuró la institucionalidad entorno a la Agenda 2030. Las funciones de la Secretaría de Estado para la Agenda 2030 fueron absorbidas por la Secretaría de Estado de Derechos Sociales. Además, se creó la Dirección General de Agenda 2030, que depende directamente del Ministerio de Derechos Sociales, Consumo y Agenda 2030.

2.4. Estrategia de desarrollo sostenible

En junio de 2018 el Consejo de ministros aprueba el Plan de Acción para la implementación de la Agenda 2030 "Hacia una Estrategia Española de Desarrollo Sostenible" como plan transitorio hasta contar con el documento estratégico como tal (GE 2018). En junio de 2021 el Consejo de ministros aprueba la Estrategia de Desarrollo Sostenible 2030. Se trata de un documento que ha contado con la participación de las administraciones autonómicas y locales, la sociedad civil, el sector privado, la academia y el conjunto de la ciudadanía (MDSA 2021).

La Estrategia además se presentó junto al Informe de Progreso del año 2021, que analiza los avances realizados entre marzo 2020 y abril del 2021, y que aporta un anexo estadístico desarrollado por el Instituto Nacional de Estadística (INE) que recopila información de 146 indicadores y 370 sub-indicadores que presenta la información sobre la base de los criterios establecidos por el Grupo Interinstitucional y de Expertos sobre indicadores de los ODSs de Naciones Unidas (INE 2021).

La estrategia identifica los ocho retos país para garantizar una transición social, ecológica y económica:

- Reto país 1. Acabar con la pobreza y la desigualdad
- Reto país 2. Hacer frente a la emergencia climática y ambiental
- Reto país 3. Cerrar la brecha de la desigualdad de género y poner fin a la discriminación
- Reto país 4. Superar las ineficiencias de un sistema económico excesivamente concentrado y dependiente
- Reto país 5. Poner fin a la precariedad laboral
- Reto país 6. Revertir la crisis de los servicios públicos
- Reto país 7. Poner fin a la injusticia global y a las amenazas a los derechos humanos, a los principios democráticos y a la sostenibilidad del planeta
- Reto país 8. Revitalizar nuestro medio rural y afrontar el reto demográfico

Asimismo, cada reto país define una batería de políticas aceleradoras (ocho) para su consecución. Además, de las políticas aceleradoras, se definen otras medidas complementarias como el Informe de Alineamiento de los Presupuestos Generales del Estado con los ODSs, el refuerzo de los futuros marcos normativos y de la contratación y compra pública con los principios y ejes articuladores de la Agenda 2030, y el compromiso explícito de la Coherencia de Políticas para el Desarrollo Sostenible (CPDS). Finalmente, se recogen también los compromisos en materia de rendición de cuentas, que implica la elaboración de un informe anual que posibilite el seguimiento de las distintas actuaciones y alimentará la evaluación intermedia en el año 2024.

En concreto, la estrategia se ha desarrollado en dos fases. La primera fase, fue de identificación de los retos estratégicos, de las políticas aceleradoras y de las actuaciones prioritarias. Pare ello se realizaron tres consultas públicas:

- *Consulta Integral al Sector Empresarial,* coordinada por la Red Española del Pacto Mundial de Naciones Unidas en el que participaron más de 1900 empresas y cuyo resultado se puede ver en el Informe de contribución de las empresas españolas a la EEDS (MDSE 2020a).
- *Mesas temáticas y grupos de trabajo con los movimientos sociales,* que contó con más de 200 organizaciones y cuyos resultados pueden leerse en Informe final del proceso de consulta (MDSE 2020b).
- *Compromiso intergeneracional* coordinado junto a UNICEF para promover una consulta con niños, niñas y adolescentes, cuyo resultado se recoge en el Manifiesto por la Infancia y Adolescencia (UNICEF 2020).
- *Contribuciones realizadas por los grupos de trabajo de Consejo de Desarrollo Sostenible,* que tuvo como resultado el documento Retos País para la Estrategia de Desarrollo Sostenible.

El resultado final de esta primera fase fue el documento de Directrices generales de la Estrategia de Desarrollo Sostenible 2030. A partir de aquí dio inicio la segunda fase enfocada en la concreción de las políticas prioritarias. Se realizaron tres consultas complementarias (MDSA 2021a):

- Sector de la cultura, coordinada por la Red Española para el Desarrollo sostenible y el Ministerio de Cultura.
- Encuentros con jóvenes coordinados por el INJUVE.
- Con entidades locales coordinado por la FEMP.
- Dictamen de la Comisión Mixta para la coordinación y seguimiento de la Estrategia
- Dictamen del Consejo de Desarrollo sostenible (sociedad civil)
- Foro multiactor que aglutinaba a todos los actores

La estrategia se estructura en base a los retos identificados, las políticas aceleradoras para alcanzarlos y las prioridades de actuación dentro de la política, recogiendo las distintas medidas, estrategias, planes de acción, reformas y marcos normativos para su implementación. Además, se señala la necesidad de articularse con el Plan de Recuperación Resiliencia, que a su vez define treinta componentes y diez políticas palanca. Por último, se señala que todos los compromisos quedarán restringidos a la disponibilidad presupuestaria y los recursos humanos y materiales disponibles de la administración pública. Esta aplicación es extensiva a la coyuntura de las CCAA y entidades locales cuándo afecte a sus competencias.

III. MECANISMOS MULTINIVEL Y PARTICIPACIÓN DE LA SOCIEDAD CIVIL

La estrategia española está concebida para articularse entre los diferentes niveles administrativos, así como para incorporar en su diseño diversos ámbitos de la sociedad civil. En relación con el sector público, la coordinación multinivel engloba desde a la Unión Europea y al Gobierno central español hasta a las Comunidades Autónomas y los entes locales. En relación con la sociedad civil, se han incluido en el proceso de consultas a las empresas privadas, las universidades, ONGs, asociaciones de juventud y culturales y sindicatos, entre otros.

3.1. Unión Europea:

Desde su concepción, la UE ha demostrado un amplio compromiso con la Agenda 2030 como se muestra en diversos documentos estratégicos y foros de discusión de alto nivel de la Unión, como el Nuevo Consenso Europeo para el Desarrollo, el documento de Reflexión para una Europea Sostenible de aquí a 2030 y la Plataforma Multisectorial de Alto nivel para el seguimiento de los ODSs en la UE. En este marco, algunos de los logros más relevantes son la incorporación de la Agenda en el Semestre Europeo, en el Marco financiero plurianual y en los fondos Next Generation UE.

Además, en el marco de la ayuda oficial al desarrollo y la política exterior europea, el nuevo instrumento "Europa Global" se ha concebido para implementar la Agenda en los países socios y el enfoque "Equipo Europa" que trata de coordinar los esfuerzos de la Comisión y de los Estados miembros en la provisión de la ayuda al desarrollo desde la perspectiva de la Agenda 2030.

Desde una perspectiva doméstica, y tras la crisis del COVID, la Comisión Europea puso en marcha el instrumento europeo de recuperación dotado con 750.000 millones de euros para apoyar a los Estados miembros en la recuperación postocvid y poder transitar hacia economías verdes, digitalizadas y más resilentes. En el caso de España, esta recibirá 140.000 millones de euros en transferencias directas y créditos reembolsables para financiar su "Plan de Recuperación, Transformación y Resiliencia de España". Una de las exigencias de la Comisión

Europea para aprobar las propuestas de los Estados Miembros es que estas estén alineadas con los ODSs.

3.2. Comunidades autónomas y entidades locales

Las CCAA son un actor clave en la implementación de la Agenda 2030 ya que cuentan con múltiples competencias en ámbitos clave para la implementación de los ODSs (educación, salud, saneamiento, etc.). Para su desarrollo las CCAA han puesto en marcha diferentes elementos: mecanismos de planificación estratégica y de gobernanza territorial, planes y estrategias de implementación, informes de seguimiento y progreso con indicadores a nivel regional y herramientas de concienciación y de sensibilización.

En términos institucionales, se han generado foros para el diálogo como la Conferencia Sectorial para la Agenda 2030. También se han puesto en marcha mecanismos de coordinación interdepartamentales y con otros entes sub-nacionales mediante grupos de trabajo. Estas han adoptado distintos formatos, desde la coordinación por parte de las Consejerías de Presidencia o la dirección colegiada de diversas Consejerías. Estos espacios de diálogo y concertación se han extendido a los actores de la sociedad civil, como pone de manifiesto el Informe de Progreso 2020 "Reconstruir lo Común".

Al igual que las CCAA, los entes locales son actores clave en la implementación de la Agenda 2030 al contar con amplias competencias en ámbitos como la provisión de servicios sociales y el desarrollo territorial. En este sentido, ha sido clave el papel jugado por la FEMP, institución de alcance nacional, que ha contribuido a coordinar y armonizar los esfuerzos locales en la implementación de la Agenda. Así se han establecido diversos mecanismos de coordinación local, como la Comisión ODS Agenda 2030 o la Red de Entidades Locales para la Agenda 2030, que incluye a 296 ayuntamientos y 18 diputaciones.

Dada la importancia del rol de la FEMP la Secretaría de Estado firmó un convenio de colaboración para potenciar su rol como coordinador a nivel local, que se complementó con una Guía para Localización de la Agenda 2030 y una línea de ayudas a gobiernos locales. Por último, se está trabajando para desarrollar herramientas de planificación, gobernanza y seguimiento mediante indicadores de los avances a nivel local.

3.3. Sociedad civil

El Consejo de Desarrollo Sostenible es el foro clave a través del cual la sociedad civil participa en la definición de la implementación de la Agenda. Además, la Secretaría ha coordinado diversas consultas con actores específicos de la sociedad civil para recabar sensibilidades y propuestas concretas. La Secretaría también ha planificado una línea de subvenciones competitivas para ONGDs y su rol como dinamizadores e innovadores en el diseño y ejecución de la Agenda en España.

En cuanto a la academia, esta tiene un rol clave en la formación y sensibilización de la ciudadanía y el alumnado, así como en el desarrollo y transferencia de conocimientos técnicos y tecnológicos tanto para el sector público como privado. El ente clave para la coordinación nacional es la Conferencia de Rectores de las Universidades Españolas (CRUE), que ya ha consensuado siete objetivos para la promoción del desarrollo sostenible y la ciudadanía global desde las Universidades.

Los sindicatos centran su actividad en el ODS 8 "trabajo digno" y juegan un rol clave en el diálogo social y la negociación colectiva. Además, han señalado su especial preocupación con el aumento de las desigualdades en el país y han señalado la necesidad de avanzar en una reforma fiscal que asegure los recursos para una correcta redistribución mediante instrumentos como la renta básica o el salario mínimo interprofesional. Su rol resulta clave en las negociaciones tripartitas (gobierno, empresas, sindicatos) para los acuerdos laborales en el país. Y en el marco de la Agenda a través del Consejo de Desarrollo Sostenible.

Finalmente, son agentes clave en todo lo referente al cambio de modelo productivo y de modos de consumo, tanto desde una perspectiva de sostenibilidad ambiental como social. El gobierno ha coordinado con el Pacto Mundial (Naciones Unidas) la adopción de protocolos y buenas prácticas empresariales en materia de RSC. No obstante, el gran reto en España se centra en las PYMES, que son mayoritarias en su estructura económica, y las cuáles tienen más complicaciones para conocer y adaptarse a las exigencias de la Agenda.

IV. ELEMENTOS TRANSVERSALES: COHERENCIA, ALINEAMIENTO, SEGUIMIENTO, RENDICIÓN DE CUENTAS Y APRENDIZAJE

4.1. Coherencia de Políticas

El enfoque más ambicioso que presenta la propuesta de Estrategia de desarrollo sostenible de España es la intención de aplicar el enfoque de coherencia de políticas, es decir, el extender al conjunto de las políticas públicas los principios y objetivos de la Agenda 2030. Para ello, se fundamenta en las directrices de la OCDE (2019), así como de la UE (2019). Sin embargo, los avances han sido muy limitados, concretándose únicamente en el Grupo de trabajo de Coherencia de Políticas del Consejo de Desarrollo Sostenible. El grueso de esfuerzos en este sentido se ha concentrado en la Dirección General de Políticas de Desarrollo del Ministerio de Asuntos Exteriores y la Secretaría de Estado para la Agenda 2030 con escasos avances, más allá de lo declarativo. Según la planificación estas declaraciones deberían concretarse en avances institucionales para finales de legislatura (2023).

4.2. Alineamiento

Uno de los elementos clave para una correcta implementación de la Agenda es que sus principios se incorporen de forma trasversal, o que estos elementos se alineen con la Agenda, en el conjunto de la acción pública. Estos elementos de alineamiento, que el Gobierno español señala son el presupuesto, las normativas y las compras públicas.

Presupuesto. El Plan de Acción ya incluía una medida como es "Presupuestar para los ODSs: alineamiento de los presupuestos generales del Estado con la Agenda 2030". Desde 2019, el Ministerio de Hacienda coordina el ejercicio de alineamiento presupuestario con el conjunto de los Ministerios que ha derivado en el primero informe a este respecto (Gobierno de España 2020a). Además, se ha modificado la Ley de Presupuestos para que se incluya este Informe como parte del Proyecto de presupuestos anual, junto con los Informes de Género e Infancia. Por último, hay que señalar los esfuerzos del Gobierno por potenciar los esfuerzos en materia de presupuesto con enfoque de género mediante el Informe de Impacto de género de los presupuestos (Gobierno de España 2020b), contribuyendo así al ODS de género.

Normativa. El gobierno ha hecho explícito su compromiso de que toda normativa que se apruebe pase previamente un análisis de su impacto en términos de la Agenda 2030, como así lo muestra la propuesta No de Ley que se presentó en el año 2017. No obstante, no ha habido ningún avance actual en este sentido, salvo el establecimiento de un Grupo de trabajo dentro de la Comisión delegada para la Agenda 2030, que será el encargado de realizar la propuesta normativa al respecto.

Compra pública. Para la incorporación de los criterios de sostenibilidad medioambiental y social en las compras públicas, se han creado dos comisiones. La primera, la Comisión Interministerial de compra pública ecológica, ha propiciado la aprobación del Plan de Contratación Pública Ecológica de la Administración Pública 2018-2025. Igualmente, la Comisión Interministerial de compra pública social,

4.3. Seguimiento y monitoreo

En materia de seguimiento en el avance de los ODSs, el gobierno español se basa en el Marco de Indicadores Mundiales desarrollado por Naciones Unidas. En lo concreto, el Instituto Nacional de Estadística (INE) es el responsable de su coordinación, diseño y recopilación de los datos. Para ello, en el Programa Anual de 2018 se incluyó en el Plan Estadístico Nacional un nuevo marco de indicadores denominado “Indicadores de la Agenda 2030 para el Desarrollo Sostenible” que se desarrollan en colaboración con los diferentes Ministerios. Además, el INE lanzó en 2018 una plataforma nacional ODS para potenciar su difusión.

El INE también ha implicado a la Comisión Permanente del Consejo Superior de Estadística a la Comisión Interministerial de Estadística y al Comité Interterritorial de Estadística, así como a los Institutos estadísticos autonómicos y al Ministerio de Agenda 2030. También ha colaborado con Naciones Unidas (departamento de Asuntos económicos y sociales) y la Unión Europea (Eurostat) en la definición de los indicadores y la armonización de estos.

Como resultado el INE cuenta con 146 indicadores y 370 subindicadores, que suponen una tasa de cobertura del 60% sobre el total de indicadores. Sin embargo, estos presentan significativas carencias en relación con sus líneas de base, la fijación de metas y los períodos para su alcance.

V. CONCLUSIONES

Tras los expuesto, se puede decir que España ha realizado importantes esfuerzos por transversalizar la Agenda 2030 y los ODS en sus políticas públicas, aunque aún tiene por delante importantes retos normativos, técnicos y presupuestales para alcanzar un nivel de aterrizaje eficaz. En cuanto a los logros, hay que destacar la voluntad política que se despliega desde el nivel más alto de los poderes del Estado hasta los niveles operativos ministeriales. Además de su articulación con una amplia variedad de actores públicos y privados. Por último, hay que destacar la propuesta de estrategia española, que tiene un enfoque particularmente ambicioso en su alcance por la integralidad de la propuesta. En cuanto a los retos a futuro, España, una vez establecidas las bases políticas, institucionales y estratégicas debería profundizar en los aspectos técnico operativos, que permitan incorporar y ejecutar las políticas públicas españolas de forma eficaz, coordinada y transparente.

VI. REFERENCIAS BIBLIOGRÁFICAS

Agencia Española de Cooperación Internacional para el Desarrollo (AECID). (2019). *La AECID y la Agenda 2030: Una alianza desde la cooperación internacional.* Madrid.

Banco de España. (2022). *Estadísticas, síntesis de indicadores económicos.* Disponible en: https://www.bde.es/webbde/es/estadis/infoest/sindi.html

Banco Mundial. (2022). *Datos ODS España.* Disponible en: https://datos.bancomundial.org/pais/espana

Gobierno de España. (2018). *Plan de acción para la implementación de la Agenda 2030: Hacia una estrategia de desarrollo sostenible.* Madrid. Disponible en: https://www.mdsocialesa2030.gob.es/agenda2030/documentos/plan-accion-implementacion-a2030.pdf

Instituto Nacional de Estadística (INE). (2021). *Indicadores de la Agenda 2030 para el desarrollo sostenible.* Disponible en: https://www.mdsocialesa2030.gob.es/agenda2030/documentos/anexo-estad.ine-esp2.pdf

Ministerio de Derechos Sociales y Agenda 2030. (2021a). *Estrategia de desarrollo sostenible 2030: Un proyecto de país para hacer realidad la Agenda 2030.* Gobierno de España. Madrid. Disponible en: https://www.mdsocialesa2030.gob.es/agenda2030/documentos/eds-cast-acce.pdf

Ministerio de Derechos Sociales y Agenda 2030. (2021b). *Retos país para la estrategia de desarrollo sostenible: Grupo de trabajo de la Comisión Permanente del Consejo de Desarrollo Sostenible.* Madrid. Disponible en: https://www.mdsocialesa2030.gob.es/agenda2030/documentos/retos-pais-eds.pdf

Ministerio de Derechos Sociales y Agenda 2030. (2020a). *Contribución de las empresas españolas a la estrategia de desarrollo sostenible 2030: Una consulta integral.* Disponible en: https://www.mdsocialesa2030.gob.es/agenda2030/documentos/contribucion-empresarial-eds.pdf

Ministerio de Derechos Sociales y Agenda 2030. (2020b). *Elaboración de la metodología, coordinación y dinamización de un foro de movimientos sociales para la estrategia de desarrollo sostenible 2020-2030.* Disponible en: https://www.mdsocialesa2030.gob.es/agenda2030/documentos/Informe-consultoria-foro-mmss.pdf

Ministerio para la Transición Ecológica y el Reto Demográfico. (2021). *Perfil ambiental de España 2020.* Gobierno de España. Madrid. Disponible en: https://www.miteco.gob.es/es/ministerio/servicios/informacion/pae2020_es_tcm30-533854.pdf

Partido Socialista Obrero Español (PSOE). (2020). *Coalición progresista: Un nuevo acuerdo para España.* Disponible en: https://www.psoe.es/media-content/2019/12/30122019-Coalici%C3%B3n-progresista.pdf

Reniu, J. (2018). *Sistema político español.* Huygens Editorial. Barcelona, España.

UNICEF. (2020). *Manifiesto por la infancia y la adolescencia.* Madrid. Disponible en: https://www.mdsocialesa2030.gob.es/agenda2030/documentos/manifiesto-infancia-adolescencia.pdf

La implementación de la Agenda 2030: estudio de caso de Uruguay

NATALIA MILLÁN ACEVEDO
Universidad Complutense de Madrid

I. INTRODUCCIÓN

Como se ha descrito en capítulos anteriores, la Agenda 2030 de Desarrollo sostenible se erige como una estrategia trasnacional, política y normativa para dar respuesta a la crisis global del desarrollo e implementar procesos y políticas nacionales con objeto de promover la equidad, la sostenibilidad y la justicia en las sociedades humanas. En este marco, el presente capítulo analiza la implementación de la Agenda 2030 en la República Oriental del Uruguay (en adelante Uruguay), entre 2015 y 2020.

El enfoque del estudio se orienta a analizar los mecanismos, actores y procesos destinados a poner en práctica la Agenda 2030 de Desarrollo Sostenible en el gobierno uruguayo. Cabe destacar que, en la medida que esta Agenda integra todos los procesos, actores y políticas que se desarrollan en un Estado, se vuelve un objeto de estudio inabarcable en su totalidad. Por ello, y con el fin de delinear claramente el alcance de este trabajo, el análisis se centró en los actores, procesos e instrumentos transversales que ha desarrollado el Gobierno uruguayo entre 2015 y 2020. El objetivo de este capítulo es tanto describir los elementos fundamentales de las dinámicas llevadas a cabo en este país sudamericano como analizar los procesos, potencialidades y debilidades de esta experiencia con el ánimo de profundizar en el conocimiento académico sobre las políticas públicas orientadas al desarrollo sostenible.

En este marco el presente capítulo se desarrolla de la siguiente manera: luego de esta introducción la segunda sección explica la metodología del estudio y las herramientas de recolección de datos, el tercer epígrafe describe la situación del país asi como los actores internacionales involucrados en la implementación de la Agenda, el cuarto epígrafe se centra en el marco normativo y político desarrollado para la implementación de la Agenda, el quinto epígrafe estudia los principales actores y el sexto epígrafe termina reflexionando comprehensivamente sobre las principales potencialidades y desafíos de estos procesos. El artículo concluye con algunas reflexiones sobre la importancia de la Agenda como proceso de transformación de las políticas públicas en clave de desarrollo, sostenibilidad y paz.

II. METODOLOGÍA

La metodología utilizada se basó en los enfoques metodológicos del estudio de caso. En este marco, se ha optado por un trabajo de investigación cualitativa, utilizando la entrevista semiestructurada como técnica principal de recolección de información. Se trata de un tipo de método estandarizado no programado en el que las y los entrevistados son expuestos a un guion similar, pero asumiendo una amplia flexibilidad en los ejes que guían las preguntas.

El trabajo de campo fue desarrollado en Montevideo en los años 2021, 2022 y 2023, a través de la realización de 39 entrevistas en profundidad. En esta muestra se incluyeron actores del sistema político uruguayo -principalmente a responsables del Gobierno del Frente Amplio entre 2015 y 2020-; consultores e investigadores que participaron en el proceso de implementación de la Agenda; autoridades y profesores de la Universidad de la República Oriental del Uruguay (en adelante UDELAR); actores de la sociedad civil (sindicatos, empresas, expertos independientes) e instituciones multilaterales (CEPAL, Naciones Unidas, SEGIB).

Tabla 1. Entrevistas realizadas por grupos

	Responsables de instituciones gubernamentales	Investigadores UDELAR	Consultores	Instituciones multilaterales	Sociedad civil
Total personas entrevistadas	15	11	6	4	3

Fuente: elaboración propia

Adicionalmente, una vez terminado el período de análisis en terreno, se desarrollaron dos grupos de discusión para analizar y contrastar los resultados preliminares del Estudio de caso, con investigadores y expert@s en temas de desarrollo de Uruguay. Los grupos de discusión se llevaron a cabo en formato online en el mes de septiembre de 2021, y en estos participaron, también, varios de los entrevistados previamente.

En lo que referente a la recolección de información, además de las entrevistas, se utilizaron bases de datos, leyes, decretos, documentos, informes y artículos académicos. En el caso de Uruguay, las fuentes principales de análisis fueron: i) los informes nacionales voluntarios presentados antes Naciones Unidas; ii) base de datos CEPAL; iii) informes de la OPP y la AUCI sobre los temas de desarrollo sostenible y la Agenda 2030; iv) decretos y leyes del Gobierno y el Parlamento uruguayo; v) análisis y estudios académicos sobre los actores y procesos políticos de Uruguay.

Como elemento adicional a lo ya expresado en este informe, cabe destacar el acceso a la información. En el caso del Gobierno del Frente Amplio (entre 2015 y 2020) es importante destacar que se ha podido acceder a las máximas autoridades que se mostraron muy abiertas y colaborativas para poder realizar el estudio (Director de la OPP, Directora de la AUCI, Director Planificación OPP, Director descentralización OPP, etc, responsables de políticas) y además, se pudo contar en el trabajo de campo con distintas autoridades de la UDELAR (Rector, Decana de la Facultad de Ciencias sociales, etc.) lo que supuso un espacio muy importante de aprendizaje para el equipo de investigación. Muy por el contrario, el Gobierno que presidía el país durante el período de desarrollo de la investigación (2020-2025) se ha negado a recibir a este grupo de investigación.

Por último, y en lo que respecta al espectro temporal, se ha examinado el período comprendido entre 2015 y 2020 (primer quinquenio de implementación de la Agenda) que coincide con el tercer Gobierno de la coalición de izquierdas Frente Amplio que gobernó el país hasta 2020. Por razones metodológicas y de límites del objeto de estudio, no se han podido analizar las acciones impulsadas por el Gobierno de coalición de corte conservador (a partir de 2020 a la fecha) no sólo por el escaso período de tiempo para realizar un análisis, sino porque este período ha coincidido con la crisis global de la COVID 19 lo que hizo extremadamente dificultoso el análisis.

III. SITUACIÓN DEL PAÍS Y ACTORES EN LA IMPLEMENTACIÓN DE LA AGENDA

3.1. Dimensiones del desarrollo

Antes de analizar concretamente los elementos de implementación de la Agenda, conviene describir sucintamente las cuestiones básicos relativas al nivel de desarrollo del país. Así, y en lo que respecta a la región sudamericana, Uruguay es un país significativamente destacado en lo que referido a diversos índices relacionados con el desarrollo; de esta forma, el país presenta un desempeño positivo en: compromiso con la democracia, nivel de desarrollo humano, capacidades institucionales, PIB per cápita y bajo nivel de pobreza.

Tabla 2: Principales indicadores de Desarrollo y Sostenibilidad en los países más poblados de América del Sur

	Indice de Desarrollo Humano (2019)	Democracy Index (2020)	Gasto público social como porcentaje del PIB (2018-2019)**	Porcentaje de pòblación bajo la línea de pobreza (datos 2015- 2020)	Índice de Desarrollo Sustentable (2020)
Uruguay	0,817	8,38	16	12	0,529
Argentina	0,845	7,02	13,6	42	0,777
Bolivia	0,718	5,7	12	37	0,773
Brasil	0,765	6,97	17,2	S/D	0,754
Chile	0,851	7,97	16,5	11	0,737
Colombia	0,767	6,96	12,5	43	0,801
Ecuador	0,759	6,27	9,1	33	0,783
Paraguay	0,728	6,24	8,9	27	0,759
Perú	0,777	6,6	S/D	20	0,818
Venezuela	0,711	3,16	S/D	33	0,712

Fuente: elaboración propia con datos de *World Bank Database* **(Banco Mundial),** *Human Development Index Indicators,***y** *Sustantable Development Index* **(Naciones Unidas),** *CepalStat* **(CEPAL) y** *Democracy index* **(The Economist).**

Los datos presentados en la Tabla, corroboran que, en comparación con el resto de Sudamérica, Uruguay es un país que posee una situación económica y política estable, con un Estado fuerte y con capacidades institucionales para poder promover políticas de protección a la ciudadanía e impulso de la seguridad humana (Banco Mundial, 2021; Amarante e Infante, 2016) lo que ha permitido gestionar de manera más integral y comprehensiva (en términos de protección social) la crisis derivada de la pandemia de la COVID 19 (Filgueira et al., 2020).

Ahora bien, en lo que respecta a la dimensión ambiental Uruguay presenta serias debilidades que se relacionan, principalmente, con un sistema productivo altamente contaminante basado en la producción ganadera extensiva, que es la que más contribuye a la generación de gases de efecto invernadero (Gobierno de Uruguay, 2019). Este desequilibrio entre la dimensión ambiental, y el resto de las dimensiones del desarrollo se observa en el Gráfico 1, donde se cruzan las posiciones que ocupa el país en distintas variables del Índice de Desarrollo Humano (IDH) (ajustado también por desigualdad y por género) y el Índice de Desarrollo Sostenible (IDS). La conclusión que se puede inferir de este ejercicio es que Uruguay se posiciona en puestos extremadamente bajos cuando la dimensión de sostenibilidad se incorpora al análisis.

Gráfico 1. Posición de Uruguay en los índices de desarrollo Humano y de Desarrollo Sostenible

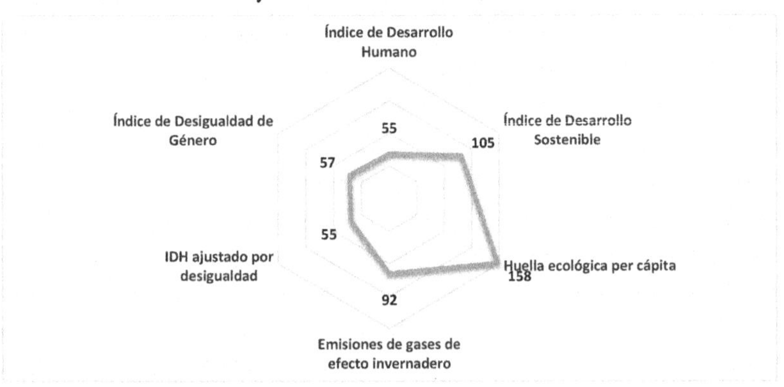

Fuente: elaboración propia en base a Naciones Unidas, 2018 y Naciones Unidas, 2019a.

Este hecho nos remite al problema fundamental del desarrollo sostenible que es la incompatibilidad, a priori, entre el sistema productivo y político basado únicamente en el crecimiento económico y la sostenibilidad ambiental (Naciones Unidas 2019b; Hickel, 2020). En este sentido, el gráfico 2 revela como Uruguay, -que desde 2017 es un país de renta alta de acuerdo con el Banco Mundial- ha experimentado un crecimiento económico contrario a la sostenibilidad ambiental; en otras palabras, a medida que el PIB per cápita se incrementaba se reducía el Índice de Desarrollo Sustentable.

Gráfico 2. Evolución del PIB per cápita y del índice de Desarrollo Sostenible entre 1990 y 2020

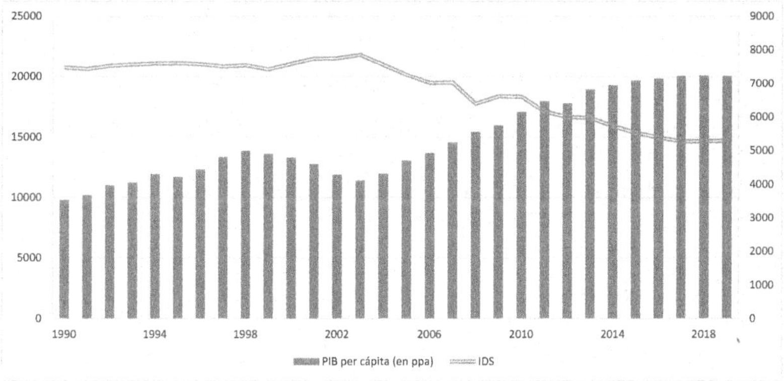

Fuente: elaboración propia en base a Naciones Unidas, 2019a y *Sustantable Development Index*

Más allá de los indicadores analizados, cabe considerar que Uruguay ya contaba con importantes potencialidades para promover el desarrollo sostenible, que principalmente, se relacionan con : i) un Estado fuerte con capacidades para promover políticas públicas; ii) un sistema democrático consolidado y con alta legitimación por parte de la ciudadanía (Boidi y Queirolo, 2008); iii) una densidad de población baja lo que permite gestionar mejor algunos desafíos relacionados con la seguridad humana; iv) un país con altos niveles de desarrollo humano.

Además, el país había fortalecido sus competencias en temas de cooperación creando, en 2010, la Agencia Uruguaya de Cooperación (AUCI), y tenía una posición clara con respecto a su papel como país en el escenario internacional. En este marco, el país había promovido una estrategia de *desarrollo en transición*, planteando que, a pesar de haberse incorporado a la categoría de renta alta, aún tenía desafíos y problemas institucionales que ameritaban su inclusión activa en el sistema internacional de cooperación (Vignolo y Van Rompaey, 2018).

No obstante, el país también ostenta debilidades que se relacionan con: i) un sistema productivo concentrado en la ganadería intensiva y, por tanto, altamente contaminante; ii) una estructura institucional pública relativamente conservadora con limitada capacidad de innovación y modernización (Ramos y Milanesi, 2016; iii) un sistema descentralizado con importantes falencias, alta heterogeneidad y poca experiencia en la evaluación de políticas públicas (Freigedo, 2013; Freigedo et al.; 2020).

3.2. Ciclo político

El período comprendido entre 2015 y 2020 (primer quinquenio de implementación de la Agenda) coincide con el tercer Gobierno de la coalición Frente Amplio que gobernó el país hasta 2020. Se trata del tercer período de Gobierno de esta coalición de izquierdas donde ha habido relativa consistencia entre los valores y visiones del Frente Amplio y la Agenda 2030. Entre 2020 y 2024 ascendió al poder una coalición de partidos conservadores, liderados por el Partido Nacional, con el presidente Luis Alberto Lacalle Pou, con una visión de corte liberal conservadora que parece denotar menos coherencia con los contenidos y posturas de la Agenda 2030.

3.3 Crisis del COVID y cómo ha afectado al país en términos generales

Como al resto de países del mundo, la crisis de la COVID 19 ha tenido importantes consecuencias en el período comprendido entre 2020 y 2021. Como se ha comentado, el primer año (2020) la gestión de la pandemia fue muy exitosa y el nivel de contagios, ingresos y muerte extremadamente bajo en comparación al resto del mundo. Por el contrario, el primer semestre de 2021 fue extremadamente grave y el Gobierno se vio muy cuestionado por su gestión de la pandemia basada en el concepto de "libertad responsable".

3.4 Instituciones regionales o internacionales relacionadas con la implementación de la Agenda 2030.

En lo que respecta a los Organismos Internacionales hubo tres actores fundamentales que se ordenan por nivel de importancia: i) el Programa de Naciones Unidas para el Desarrollo (PNUD), que formó parte de los procesos de implementación de la Agenda tanto a escala nacional como descentralizada; ii) la CEPAL donde se ha generado un espacio latinoamericano fundamental para la rendición de cuentas, el intercambio de información y el seguimiento de los indicadores; iii) diversas Agencias de Naciones Unidas que participaron con Administraciones públicas uruguayas en programas concretos; y, iv) la SEGIB que se configura como un espacio de diálogo político que también tiene una unidad dedicada a los temas de la Agenda.

Figura 1. El papel de los Organismos Internacionales en la promoción de la Agenda 2030 en Uruguay

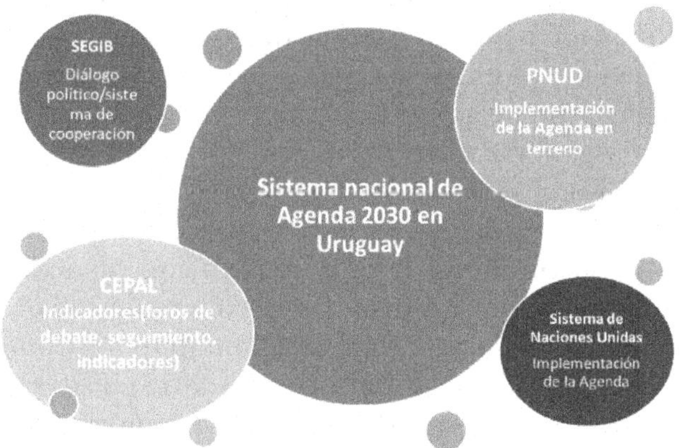

Fuente: elaboración propia.

IV. MARCO NORMATIVO Y MARCO POLÍTICO DE IMPLEMENTACIÓN DE LA AGENDA

4.1 Posición del país y posiciones políticas con respecto a la Agenda 2030

A partir de la aprobación de la Agenda 2030 en septiembre de 2016, desde la AUCI se empieza a promover la idea de que era necesario incorporar una mirada amplia a esta agenda y desarrollar mecanismos y recursos para impulsar su implementación. En este sentido, el sistema de cooperación uruguayo actuó como un agente impulsor de la Agenda, que fue apropiada por la Oficina de Planeamiento y Presupuesto (OPP) del Gobierno uruguayo durante el año 2016.

En este sentido, tal como se observa en las entrevistas y los documentos analizados, parece existir una importante consistencia entre el programa político, las narrativas oficiales y los valores que guiaban al Gobierno del Frente Amplio y la propuesta política de la Agenda 2030. Si bien es cierto que la Agenda es amplia y en ocasiones deliberadamente ambigua (dando opción a que las Administraciones puedan asumir esta estrategia independientemente de su orientación política), los contenidos que propone (así como sus Objetivos y Metas) se orientan a generar procesos de fortalecimiento de las capacidades del Estado para reconfigurar políticas públicas en clave de desarrollo sostenible. En este sentido, la Agenda propone la configuración de un Estado fuerte y con capacidades para intervenir en los mercados lo que es coherente con el proyecto político-narrativo que esgrime el Frente Amplio (Comisión Nacional de Programa del Frente Amplio, 2018). Esto supuso una importante fortaleza para que la OPP promoviera la Agenda 2030 dentro del Gobierno y, además, redujo las posibles resistencias e inercias que los procesos relacionados con los ODS pudieran suscitar.

Ahora bien, este compromiso político que se generó a favor de la Agenda se circunscribió centralmente a la OPP y en especial, al director de esta Administración Pública. En este sentido, cabe recordar que las políticas las generan las personas y sus propias visiones, intereses y motivaciones; en el caso de Uruguay este liderazgo ha sido crucial para entender el impulso que se la ha dado a la Agenda en el país. No obstante, no se observa que este compromiso haya sido compartido con la misma intensidad ni en el resto de los Ministerios del Gobierno, ni en la propia Oficina del presidente de la República. Y, a este respecto, cabe reflexionar que al ser el desarrollo sostenible un proceso de transformación extremadamente ambicioso, complejo y que por lo que necesita de una apropiación política al más alto nivel, circunstancia que no se experimentó en Uruguay en el período analizado.

4.2. Estrategia de Desarrollo 2050

En 2015 se reestableció en la OPP la Dirección de Planificación cuyo objetivo era instalar nuevas agendas de políticas públicas con la participación de la sociedad civil (García, 2018). El aporte más significativo en este marco fue la presentación, en 2019, de la *Estrategia de Desarrollo 2050* (Presidencia de Uruguay, 2019). La Estrategia establece una visión del desarrollo sostenible adaptada a los marcos y propuesta que plantea la Agenda 2030, incorporando elementos sociales, económicos, ambientales, institucionales y de género y estableciendo la planificación como un elemento medular de cualquier proceso político (Presidencia de Uruguay 2019: 19). Además, se estableció a través de un Decreto Ley (Gobierno de Uruguay, 2019) un sistema integral y transversal de planificación del desarrollo con el objeto de impulsar una mejor coordinación entre la prospectiva, la planificación estratégica y los distintos niveles de planificación (Presidencia de Uruguay, 2019b).

Desde la perspectiva del desarrollo sostenible, el hecho de haber desplegado una Estrategia a largo plazo acompañada de un sistema de planificación trasversal es una dinámica extremadamente positiva para la promoción de la sostenibilidad, el impulso de la coherencia de políticas, el establecimiento de una posición democrática y soberana mediante la disposición de un sistema de planificación de políticas públicas. En otras palabras, si este proceso se hubiera sostenido[1] podría considerarse como un punto de inflexión para el avance en la Agenda 2030, y, por tanto, es una fundamental fortaleza del Gobierno uruguayo en cuanto al objeto de estudio que se está analizando.

No obstante, cabe mencionar que este proceso tuvo ciertas limitaciones relacionadas principalmente con la falta de recursos humanos propios en la Dirección de Planificación lo que limitó las competencias para integrar todos los aspectos de esta Estrategia, dependiendo excesivamente de consultorías y asesorías externas. Además, el ciclo de planificación de la *Estrategia 2050* se desenvolvió de manera relativamente desligada del proceso de seguimiento de la Agenda 2030, y la elaboración de los INV, aunque ambos estaban situados en el seno de la OPP.

---

1 El nuevo Gobierno establecido en Uruguay en 2050 no ha asumido la *Estrategia de Desarrollo 2050* y, de hecho, se ha desmantelado, en este año, la Dirección de Planificación de la OPP (Ministerio de Economía y Finanzas, 2020).

V. INSTITUCIONES, ACTORES E INSTRUMENTOS EN LA IMPLEMENTACIÓN DE LA AGENDA 2030 DESDE 2015 A 2020

5.1 Sistema de implementación

Se definió un sistema de promoción de la Agenda donde la OPP era el actor principal que contaba con dos socios principales: Instituto Nacional de Estadística (INE) y la AUCI (Presidencia de Uruguay, 2017a). Estas tres instituciones forman parte de la Oficina de Presidencia, aunque, como se ha comentado, el nivel de compromiso de la figura del Presidente era bastante menor que la apropiación que sostuvo la OPP en el período analizado.

A partir de aquí, la OPP desarrolló mecanismos de promoción de la Agenda con cuatro tipos de actores principales: i) Ministerios, que forman parte del gobierno y con los cuales había una comunicación fluida; ii) Gobiernos Departamentales, actores con los que se desarrollaron estrategias de localización de la Agenda en períodos puntuales[2]; iii) Organismos de la sociedad civil con los cuales hubo diversas instancias de comunicación en forma de jornadas de diálogo, consultorías y comunicaciones informales; y, iv) Organismos Internacionales, principalmente del sistema de Naciones Unidas que trabajaron apoyando a la OPP y al Gobierno en la implementación de la Agenda 2030 en terreno.

---

[2] De acuerdo con los documentos del Gobierno uruguayo, se pusieron en marcha 11 procesos de implementación de la Agenda en un total de 17 Gobiernos Departamentales. Estos procesos permitieron avanzar en la difusión de la Agenda y desarrollar una metodología propia de localización (Freigedo et al.; 2020).

Figura 2. Esquema institucional de implementación de la Agenda 2030 en Uruguay entre 2015 y 2020

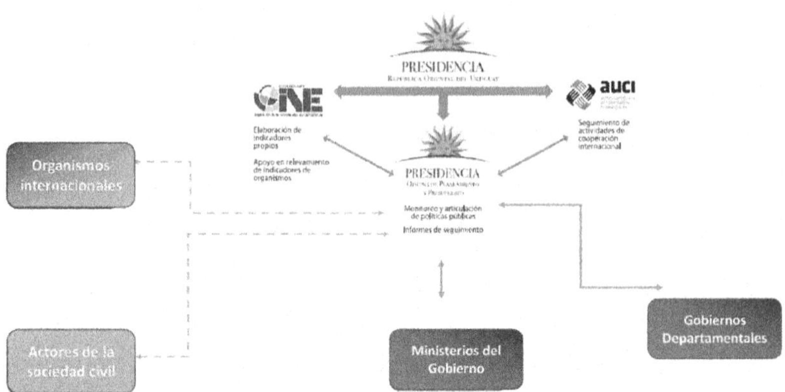

Fuente: elaboración propia

Como se observa, no hubo ninguna dotación presupuestaria específica para la implementación de la Agenda ni ningún tipo de Consejo, Comité u Órgano disponiendo, únicamente, de las capacidades institucionales que ya tenía el país. Si bien es cierto que el Gobierno uruguayo está dotado de administraciones públicas relativamente competentes, la Agenda es un desafío gubernamental extremadamente ambicioso y complejo que demanda importantes competencias políticas y técnicas, por lo que es deseable, al menos contar con ciertos mecanismos de soporte que en Uruguay no se configuraron.

5.2. Informes Nacionales Voluntarios (INV)

De acuerdo con el trabajo de campo realizado, el esquema de promoción de la Agenda 2030 en Uruguay se orientó, principalmente, a la elaboración de los INV. En este sentido, en el periodo comprendido entre 2016 y 2021 (ya incorporado a este análisis el cambio de Gobierno) Uruguay ha sido el país que más INV ha presentado con respecto a los países de América Latina (Tabla 2).

Tabla 3. Presentación de INV antes Naciones Unidas entre 2016 y 2021.

Presentación Examen Nacional Voluntario (Foro de Alto Nivel Naciones Unidas)			
Uruguay	4	Panamá	2
Mexico	3	Paraguay	2
Colombia	3	R. Dominicana	2
Guatemala	3	Brasil	1
Chile	2	Cuba	1
Ecuador	2	El salvador	1
Perú	2	Nicaragua	1
Argentina	2	Venezuela	1
Costa Rica	2	Bolivia	1
Honduras	2		

Fuente: elaboración propia en base a Foro de Alto Nivel de Desarrollo Sustentable, Naciones Unidas

De esta forma, los INV son fundamentales en este estudio de caso en tanto que al no disponer de otros documentos gubernamentales sobre la Agenda 2030, este informe es, en la práctica, el único documento que se posiciona oficialmente sobre esta temática. No obstante, estos pliegos se orientan principalmente a rendir cuentas de los avances de Uruguay con respecto a los ODS, sin explicitar detalladamente, los lineamientos, estrategias, procesos y prácticas de transformación previos a la rendición de cuentas.

5.3. El papel de la sociedad civil en la configuración, implementación y seguimiento de la Agenda 2030

La Agenda se presenta como una alternativa multiactor y multinivel, lo que demanda, mecanismos estables y formales de promoción y seguimiento de dinámicas políticas orientadas al desarrollo sostenible. Sin embargo, si bien desde la OPP se desarrollaron diversas consultas con la sociedad civil durante el 2016 y 2017, a partir de allí las relaciones con los actores sociales fueron de tipo informal o a través de consultorías con investigadores sociales y actores de la UDELAR. Unido al punto anterior, el no disponer de un Consejo o Institución que permita integrar a diversos actores, desarrollar procesos continuos de consulta y seguimiento y disponer de miradas diversas (y en ocasiones críticas) que exceden al Gobierno, parece destacarse como una debilidad del diseño institucional en la promoción de la Agenda.

VI. FORTALEZAS Y DEBILIDADES EN LA IMPLEMENTACIÓN DE LA AGENDA

Una vez descrito el caso uruguayo, el presente epígrafe pretende reflexionar sobre las fortalezas y debilidades del sistema de implementación de la Agenda, así como las lecciones aprendidas de esta experiencia. A continuación, se realiza un análisis que intenta integrar estos tres elementos en este estudio de caso.

En primera instancia, hay que destacar de manera positiva las capacidades del sistema institucional de la Administración Pública uruguaya y el rol de los actores para poner en marcha procesos de promoción de ODS y la elaboración de INV. Estos actores han comprendido de manera cabal la importancia de la Agenda: así el sistema de cooperación (AUCI) ha sido el actor promotor e inspirador para asumir un compromiso con los ODS; la OPP desempeñó el papel central en el proceso de gobernanza e implementación; y, el INE ejerció un rol fundamental en la sistematización de indicadores. Cabe recordar que el sistema de cooperación es una institucionalidad que posee *know how* en temas de desarrollo sostenible y es deseable que actúe como iniciador de estos procesos al tiempo que se necesita de un actor con legitimidad política y técnica para asumir la Agenda, como es el caso de la OPP. Por ello, la conjugación de estos actores, su complementariedad y su posición política en la Administración Pública uruguaya son importantes fortalezas en la experiencia de este país.

En términos de aprendizaje, el caso uruguayo nos confirma que la política está construida por visiones, ideas, valores e intereses y esto define, de manera muy importante, la posibilidad de avanzar en los procesos de transformación. Para entender las luces y sombras del caso estudiado, es necesario comprender que hubo un compromiso de tipo personal del Director de la OPP con la Agenda y que este hecho fue un motor fundamental en el trabajo por el desarrollo en estos años; asimismo, desde Presidencia no parece haberse asumido la importancia de la Agenda con el mismo entusiasmo, y en ese sentido, el proceso uruguayo se vio debilitado. Por último, estas visiones se presentaban de manera divergente con otros Ministerios, especialmente el Ministerio de Economía y Finanzas, que parece haber tenido una visión más liberal sobre el desarrollo de la economía y por tanto, se mostraba menos favorable a los procesos de intervención y planificación que promovía la OPP.

En segundo lugar, la historia, características, visiones, competencias y capacidades de la OPP parecen idóneas para asumir una tarea tan compleja como la promoción de la Agenda 2030. Se trata de una Oficina creada bajo la creencia de que el Estado es el actor principal en la planificación del desarrollo y, por tanto, se deben crear administraciones públicas fuertes que puedan intervenir activamente en los procesos políticos y del mercado (Bértola, et.al; 2018). En este marco, la OPP se destaca por sus significativas competencias que se potenciaron en 2015 con la reinstauración de la Oficina de Planificación y los procesos de la *Estrategia de Desarrollo 2050*. Adicionalmente, la OPP es un actor transversal dentro del Gobierno uruguayo, lo que le permite acceder a diversos Ministerios y gobiernos descentralizados adquiriendo una visión de conjunto en lo que respecta a las políticas de desarrollo sostenible. Todo ello, se ha plasmado en la exitosa gestión de la Organización al momento de realizar los INV y su activo papel en la promoción de la Agenda 2030 al interior del Gobierno uruguayo.

Ahora bien, como se ha comentado, el desarrollo sostenible es un problema político y requiere para su tratamiento, del más alto nivel político. Además, los INV no pueden ocupar el rol de instrumento principal de ejecución de la Agenda como es el caso de Uruguay. Todo ello, lleva a analizar un importante riesgo en la implementación de la Agenda (que además trasciende al caso uruguayo) que se relaciona con visualizar a los ODS como un problema técnico y de rendición de cuentas, más que como una dinámica de transformación política compleja y multidimensional que necesariamente supone un conflicto político (Martínez y Martínez, 2016; Santander, 2020; Millán, 2021). Y en este sentido, la implementación de la Agenda puede convertirse en un proceso tecnocrático orientado a rendir cuentas y a mantener espacios reputacionales sin modificar, realmente, las dinámicas políticas orientados al desarrollo sostenible.

En tercer lugar, cabe destacar la estructura institucional por Ministerios y la cultura organizacional compartimentalizada y vertical que parece caracterizar al Gobierno uruguayo. Como se ha explicado, los elementos intersubjetivo -tales como ideas, deseos, visiones, relatos e intereses- son fundamentales para explicar los procesos orientados al desarrollo sostenible. Además, este conjunto de significados compartidos construye espacios, instituciones y formas de trabajo que adquieren una materialidad especifica y determinan procesos y comportamientos políticos. En el caso uruguayo existe una cultura de gobierno compartimentalizada, donde cada Ministerio es, en sí mismo, una estructura de poder que posee su propia agenda, intereses, objetivos y procesos al tiempo que los espacios de coordinación y diálogo, aunque existen, son relativamente limitados.

Esta forma de gestionar los asuntos públicos supone un verdadero reto para la Agenda 2030 que propone una perspectiva holística, transversal, multidimensional y participativa que entra en contradicción con las reglas e historias codificadas que se han construido colectivamente en la Administración pública uruguaya. Por ello, en términos amplios, la Agenda 2030 parece configurarse como un hecho normativo que dialoga de manera conflictiva con las dimensiones nacionales estructuradas por Ministerios y que suponen competencias específicas, lógicas de poder autónomas y reducidos espacios de diálogo, coordinación y colaboración.

En cuarto lugar, es necesario mencionar las dinámicas relativas a la participación de la sociedad civil, aun cuando este trabajo se centre metodológicamente en los procesos gubernamentales de promoción de la Agenda 2030. En este sentido, la participación de la sociedad civil ha sido fluctuante, con interesantes procesos de consulta entre 2016 y 2017 a través del Foro *Dialogo Social* (Presidencia de Uruguay, 2017b), el establecimiento de espacios de conversación informales con agentes sociales y sindicatos y la incorporación de actores de la academia y la investigación como consultores (especialmente para la elaboración de los INV). Sin embargo, no han sido creados espacios formales de participación lo que comprime drásticamente el potencial de la sociedad civil para dinamizar y promover la Agenda y cuestiona los ámbitos de participación política y calidad democrática que son fundamentales en los mecanismos orientados a promover el desarrollo sostenible.

En quinto lugar, es necesario enmarcar el proceso de polarización política que -al igual que el resto de las democracias occidentales- ha experimentado el país (Moreno, 2020) lo que ha afectado al trabajo por el desarrollo sostenible. Así, desde principios de los 2000 se ha profundizado en la sociedad la dicotomía derecha/izquierda y la división identitaria-emocional entre la ciudadanía (Moreno, 2000). Es preciso señalar en este aspecto que la dinámica competitiva partidista implica ciertas restricciones para el desarrollo sostenible que requiere de políticas a largo plazo (que trasciendan los ciclos políticos) mientras que los partidos políticos necesitan resultados a corto plazo que los acredite para volver a presentarse a las elecciones. En este aspecto, no parece que se haya podido establecer un proceso sostenido de implementación de la Agenda más allá del INV, que el nuevo Gobierno uruguayo ha presentado en 2021 (Presidencia de la República, 2021). Así, se ha desmantelado la Dirección de Planificación de la OPP, se ha apostado por una política más centrada en la estabilidad macroeconómica y la no intervención estatal, se han suprimido los procesos de localización de la Agenda y no se han incorporado mecanismos de participación de la sociedad civil[3]. A pesar de que por cuestiones metodológicas ya explicitadas no se puede realizar un análisis sobre el gobierno de corte conservador (2020-20224), si parece posible estipular que, en temas de ODS y desarrollo sostenible, son extremadamente limitadas aquellas iniciativas políticas que han logrado trascender al Gobierno del Frente Amplio. La Figura 4 ilustra lo expuesto en este epígrafe.

[3] Este equipo de investigación no ha podido concertar una entrevista con el nuevo equipo de OPP encargado de los temas de la Agenda 2030, a pesar de la insistencia durante todo el trabajo de campo. A nuestro juicio, se trata de un dato destacable dado que en Uruguay no hay mecanismos formales de participación de la sociedad civil, y, por tanto, la negativa a atender a este equipo (y suponemos que esto es una práctica generalizada) afecta negativamente la calidad democrática, la transparencia y la rendición de centas del Gobierno actual (2020- 2025) en esta temática.

Figura 4. Elementos destacables en la implementación de la Agenda 2030 en Uruguay entre 2015 y 2020

- Visión del desarrollo y compromiso político
  - Coherencia entre la Agenda y el Programa Político del Frente Amplio
  - Fuerte liderazgo de la OPP
  - Falta de compromiso político por parte de Presidencia
- Contenidos y visión de la Estrategia de Desarrollo 2050
  - Visión del desarrollo sostenible y multidimensional
  - Distanciamiento entre los procesos de elaboración de la Estrategia 2050 y los mecanismos de la Agenda 2030
  - Debilidades en los recursos humanos y excesiva dependencia de consultorías externas
- Cultura organizacional, visiones y estructuras de poder
  - Distancia entre la cultura organizacional de la Administración uruguaya y la propuesta de transversalización de la Agenda
  - Diferentes visones e intereses de los Ministerios con respecto a la Agenda 2030.

Fuente: elaboración propia

VII. REFLEXIONES FINALES Y LECCIONES APRENDIDAS DEL ESTUDIO DE CASO

Todo lo explicado hasta el momento, permite reflexionar sobre la dimensión política de la Agenda 2030 y su estrecha relación con los ciclos políticos, las estructuras de poder y los elementos intersubjetivos (valora, ideas, intereses) que construyen y transforman la realidad. En este sentido, la Agenda parte del fundamento de que nos encontramos frente a una crisis multidimensional del desarrollo (Naciones Unidas, 2015:4) que demanda una reconfiguración de políticas, actores y procesos en clave de justicia y sostenibilidad. De acuerdo con el marco analítico de esta investigación, esto sólo es posible a través del fortalecimiento del Estado y de la implementación de políticas públicas orientadas a la redistribución, la protección de los derechos humanos y la promoción de un sistema económico que se desarrolle en armonía con el planeta. De esta forma, la Agenda 2030 requiere de proyectos políticos democráticos, que apuesten por la intervención del Estado en la economía, el control de los mercados y la promoción del bien común por encima de los intereses del capital.

En el caso de Uruguay, se destaca el hecho de que esta visión política era compartida por el Gobierno del Frente Amplio lo que le permitió implementar una significativa gama de mecanismos de promoción de la Agenda al tiempo de reducir posibles resistencias y limitaciones por parte de diversos actores políticos que formaban parte del Gobierno.

Ahora bien, la Agenda debe ser concebida como una apuesta por la transformación radical de los actores y procesos y no como un sistema reactivo de rendición de cuentas; en este punto, se ha observado una importante restricción en el caso de estudio de Uruguay, donde se ha puesto mayor énfasis en mecanismos de rendición de cuentas (como son los INV) con un objetivo claramente reputacional. En este sentido, el entender la Agenda 2030 como un proceso técnico y despolitizado y, por tanto, incapaz de transformar la realidad del desarrollo sostenible, es claramente el mayor riesgo al que se enfrenta esta Agenda de Desarrollo.

Como se ha visto, el estudio de caso realizado permite valorar las potencialidades y los límites que tiene un país considerado de renta alta (aunque aún en transición al desarrollo) al momento de incorporar un hecho normativo internacional que demanda la transformación radical, transversal y completa de las prácticas políticas. A este respecto, no parece probable que un Estado con capacidades, competencias y un modelo de desarrollo propio pretenda transformar sus políticas en función de una estrategia internacional de Naciones Unidas; por ello, la lección aprendida es que deberían limitarse las expectativas sobre la capacidad de transformación *real* que tiene esta Agenda en el marco de las políticas públicas nacionales.

Por otro lado, lo que se ha observado en el estudio realizado es que las propuestas de Naciones Unidas puedan cumplir un rol de promoción, difusión y apropiación de los temas del desarrollo sostenible, mejorando el conocimiento, las herramientas y la sensibilidad de los actores políticos. Y por ello, la Agenda 2030 puede erigirse como agente promotor del desarrollo sostenible pero no como un elemento trasformador y cardinal de los actores y los procesos políticos.

REFERENCIAS BIBLIOGRÁFICAS

Amarante, V., & Infante, R. (2016). *Hacia un desarrollo inclusivo: El caso de Uruguay.* CEPAL y OIT. Santiago de Chile: Servicio de Publicación de las Naciones Unidas.

Banco Mundial. (2021). *Uruguay: Panorama general.* Recuperado el 2 de noviembre de 2021, de https://www.bancomundial.org/es/country/uruguay/overview#3

Bértola, L., Álvarez, J., Bertoni, R., Casa, M., Jauge, M., Ramos, C., Rey, M., Rius, A., Rodríguez, J., & Sarlo, O. (2018). *50 años de la historia de la OPP.* Montevideo: Fin de Siglo Editorial.

Comisión Nacional de Programa del Frente Amplio. (2018). *Propuesta bases programáticas del Frente Amplio 2015-2020.* Recuperado el 5 de noviembre de 2021, de https://www.frenteamplio.uy/documentos

Filgueira, F., Galindo, L., Giambruno, C., & Blofield, M. (2020). *América Latina ante la crisis del COVID-19: Vulnerabilidad socioeconómica y respuesta social.* Santiago de Chile: Servicio de Publicación de las Naciones Unidas.

Freigedo, M. (2013). Las capacidades institucionales en el marco de la descentralización fiscal de los gobiernos subnacionales en Uruguay: Un análisis de tres gobiernos frenteamplistas. *Revista Perspectivas de Políticas Públicas, 3*(5), 11-43.

Freigedo, M., Milanesi, A., & Rak, Á. (2017). Dimensiones político-institucionales del desarrollo de sistemas de evaluación: Un análisis a partir del caso uruguayo. *Política y Cultura, 47,* 117-141.

Freigedo, M., Milanesi, A., & Ferreira, C. (2020). RIA: Aplicación de una metodología para el seguimiento de la localización de los ODS. *Cuadernos del CLAEH, 39*(112), 119-132.

García, Á. (2018). Prólogo. En Bértola (Ed.), *50 años de la historia de la OPP* (p. xx-xx). Montevideo: Fin de Siglo Editorial.

Gobierno de Uruguay. (2019). *Decreto N° 295/019: Creación del Sistema de Planificación Estratégica para el Desarrollo.* IMPO: Normativa y Avisos Legales del Uruguay. Recuperado el 15 de noviembre de 2021, de https://www.impo.com.uy/bases/decretos/295-2019

Hickel, J. (2020). The sustainable development index: Measuring the ecological efficiency of human development in the Anthropocene. *Ecological Economics, 167,* 1-9. https://doi.org/10.1016/j.ecolecon.2019.05.011

Martínez, P., & Martínez, I. (2016). La Agenda 2030: ¿Cambiar el mundo sin cambiar la distribución del poder? *Lan Harremanak, 33,* 73-102.

Millán Millán, N. (2014). Una propuesta metodológica para analizar la coherencia de políticas para el desarrollo. *Revista Política y Sociedad, 51*(33), 671-692. https://doi.org/10.xxxxxx

Naciones Unidas. (2019). *Informe de los Objetivos de Desarrollo Sostenible 2019.* Recuperado el 3 de noviembre de 2021, de https://unstats.un.org/sdgs/report/2019/The-Sustainable-Development-Goals-Report-2019_Spanish.pdf

Presidencia de Uruguay. (2021). *Informe Nacional Voluntario 2021.* Recuperado el 5 de noviembre de 2021, de https://sustainabledevelopment.un.org/content/documents/283682021_VNR_Report_Uruguay.pdf

Ramos, C., & Milanesi, A. (2016). The neo-Weberian state and the neo-developmentalist strategies in Latin America: The case of Uruguay. *International Review of Administrative Sciences, 86*(2), 261-277. https://doi.org/10.xxxxxx

Vignolo, A., & Van Rompaey, K. (2020). Uruguay: Una respuesta política a la graduación y a la Agenda 2030. *Fundación Carolina: Documento de Trabajo, 27.* Recuperado el 3 de noviembre de 2021, de https://www.fundacioncarolina.es/wp-content/uploads/2020/01/DT_FC_27.pdf

Desafíos en la implementación de la Agenda 2030 en países en desarrollo. El caso de República Dominicana

ANTONIO SIANES
FRANCISCO SANTOS-CARRILLO
LUIS A. FERNÁNDEZ-PORTILLO
ADELA TOSCANO-VALLE
Universidad Loyola Andalucía

I. INTRODUCCIÓN

La Agenda 2030 para el Desarrollo Sostenible es una estrategia global aprobada por la Asamblea General de las Naciones Unidas en 2015, cuyo objetivo es cambiar el rumbo del mundo hacia un camino resiliente centrado en promover el desarrollo sostenible (Naciones Unidas, 2015). La adopción de la Agenda 2030 fue considerada un logro notable de la comunidad internacional, ya que representó un compromiso global sin precedentes (Helgason, 2016). De hecho, la Agenda 2030 no solo fue negociada y ratificada por la inmensa mayoría de los países del mundo, sino que también incluyó en su proceso de mediación a otros organismos públicos, organizaciones de la sociedad civil y el sector privado, que compartieron su visión global del mundo (Sianes, 2021). Sin embargo, ni la arquitectura de gobernanza del desarrollo sostenible ni el diseño institucional de la Agenda ofrecían garantías de implementación. Como era previsible, cambios en la coyuntura mundial afectaron a la capacidad de orquestación del Foro Político de Alto Nivel de Naciones Unidas (Abbott & Bernstein, 2015), y modificaron las preferencias nacionales (Santos-Carrillo et al., 2020).

A los pocos años de iniciarse la implementación de la Agenda 2030, quedó claro que el accionamiento real de los Estados iba a requerir arreglos institucionales y procedimientos de implementación más profundos que los establecidos (Weitz et al., 2018). Este tránsito de preocupaciones de gobernanza hacia preocupaciones de implementación es aún más evidente ahora que estamos a mitad del período de ejecución de la Agenda 2030, más aún cuando la coyuntura global parece estar viviendo un momento de contestación sobre su legitimidad. Todo ello torna pertinente la realización de estudios empíricos que pongan de manifiesto cómo los países están abordando la implementación de la Agenda, las dificultades que están enfrentando, y los mecanismos desplegados para abordarlas. Algo que resulta más acuciante en regiones en desarrollo como Latinoamérica, donde encontrar referentes de los que extraer aprendizajes puede contribuir a mejorar significativamente los niveles de despliegue de la Agenda 2030, así como el rendimiento alcanzado en términos de consecución de los Objetivos de Desarrollo Sostenible (ODS).

Con este fin, se presentan los resultados alcanzados de sistematizar el estudio de caso de República Dominicana, un país que destaca en la región latinoamericana por contar con instrumentos de planificación vigentes a mediano plazo, y que ha realizado un ejercicio de alineación de objetivos nacionales de desarrollo con los 17 ODS. Su análisis contribuye a abordar la pregunta de investigación: cómo los países en desarrollo están afrontando los desafíos de implementación de la Agenda 2030, estableciendo marcos institucionales de gobernanza y nuevos métodos de coordinación de políticas y procedimientos burocráticos.

II. MARCO TEÓRICO: LA AGENDA 2030 COMO MARCO DE GOBERNANZA PARA ALCANZAR UN DESARROLLO INCLUSIVO Y SOSTENIBLE

La Agenda 2030 tiene como objetivo principal orientar las políticas públicas y las intervenciones privadas hacia un desarrollo inclusivo y sostenible, sin dejar a nadie atrás (Naciones Unidas, 2015). Los 17 ODS, con 169 metas a alcanzar entre 2015 y 2030, abarcan sectores diversos, desde la pobreza hasta el cambio climático y la gobernanza global (Hepp et al., 2019). Esta ambición, sin embargo, explica las dificultades en su implementación y la falta de vías claras hacia el éxito (Schneider et al., 2019).

La complejidad de una agenda tan integral plantea retos significativos en términos de gobernanza e implementación. La Agenda, al ser multisectorial y multinivel, requiere un enfoque holístico que vincule estructuras y actores para trabajar en conjunto (Fuso Nerini et al., 2018; Scheyvens et al., 2016). La implementación, que involucra a gobiernos, sociedad civil y empresas, depende de estrategias de orquestación que trabajen con organizaciones intermediarias utilizando métodos blandos de influencia y procedimientos burocráticos. La generación de múltiples trade-offs destaca la necesidad de mecanismos que faciliten la coordinación y cooperación entre actores clave (Kroll et al., 2019; Sachs et al., 2022).

Estos desafíos se ven exacerbados en el contexto post-COVID-19, donde los recursos son limitados. Los países desarrollados podrían reducir su cooperación internacional para atender necesidades internas, mientras que los países en desarrollo reevalúan sus prioridades ante la escasez de recursos (Santos-Carrillo et al., 2020; Elavarasan et al., 2022; Ranjbari et al., 2021). Además, los procesos de financiamiento internacional ya estaban estancados, lo que sugiere la necesidad de revisar el diseño institucional de la Agenda (Abdal & Ferreira, 2021; Santos-Carrillo et al., 2020).

A nivel nacional, la implementación de la Agenda 2030 presenta otros desafíos. La priorización de los objetivos y metas depende de la situación de cada país (Lusseau & Mancini, 2019). Sin embargo, los responsables políticos encuentran difícil traducir los objetivos globales en acciones concretas, lo que dificulta su implementación efectiva (Koasidis et al., 2022). Este riesgo de parálisis afecta especialmente a países con menos recursos técnicos, lo que puede llevar a la priorización arbitraria de ODS, eligiendo aquellos más fáciles de lograr (Allen et al., 2019). La comunidad internacional asume que no todos los ODS se abordarán en todos los países, lo que exige una concentración sectorial y geográfica de esfuerzos (van Zanten & van Tulder, 2021).

En resumen, la implementación de la Agenda 2030 en cada país enfrenta retos de gobernanza complejos, especialmente en países en desarrollo y en un contexto postpandemia. Identificar cómo se abordan estos desafíos en países de referencia puede ser crucial ahora que la Agenda 2030 ha pasado su ecuador. Este artículo se centra en el estudio de caso de República Dominicana, cuya experiencia puede ofrecer aprendizajes valiosos para otros países en desarrollo, especialmente en Latinoamérica.

III. METODOLOGÍA

El análisis se basa en la metodología del estudio de caso propuesta por Gerring (2004, 2007). Esta metodología tiene como objetivo, por un lado, profundizar en el conocimiento sobre República Dominicana para aumentar la comprensión de un problema de investigación y, por otro, extrapolar aspectos clave que permitan anticipar tendencias en otros países de la región latinoamericana.

El estudio se organiza en seis ejes de análisis, basados en la metodología desarrollada en el proyecto GlobalGob2030:

1) Estructura multinivel de gobernanza de la Agenda 2030; 2) Marco político e institucional para su implementación; 3) Medios para la implementación, incluyendo instituciones, actores e instrumentos; 4) Mecanismos de seguimiento y monitoreo; 5) Marco presupuestario y fuentes de financiación; y 6) El papel de la sociedad civil en la configuración, implementación y seguimiento de la Agenda 2030. Estos ejes responden a los desafíos identificados en el marco teórico, como la necesidad de un marco institucional que facilite la gobernanza efectiva y nuevos métodos de coordinación.

El análisis se basa en fuentes secundarias y primarias. La información secundaria proviene de informes y reportes oficiales, incluyendo los Informes Nacionales Voluntarios de República Dominicana de 2018 (CDS, 2018) y 2021 (CDS, 2021), así como informes de instituciones internacionales como Naciones Unidas (NNUU, 2022) y la CEPAL (CEPAL, 2018, 2019, 2021). También se incluyen informes de actores nacionales como Alianza ONG (Alianza-ONG, 2018) y Fundación CIDEAL (Jiménez Sosa, 2020).

Esta información secundaria se contrastó con datos primarios obtenidos de 17 entrevistas individuales realizadas entre julio y septiembre de 2022. Los entrevistados, clasificados en funcionarios públicos y representantes de la sociedad civil y cooperación internacional, pertenecen a las instituciones más relevantes en la implementación y seguimiento de la Agenda 2030 en el país. Las entrevistas, realizadas siguiendo los modelos de la metodología GlobalGob2030 (Millán-Acevedo & Martínez-Martínez, 2023), sirvieron para contrastar la información obtenida de los informes. En la Tabla 1 se detalla la institución y el cargo de los entrevistados, manteniendo la confidencialidad. Aunque el número de entrevistas no permite análisis estadísticos detallados, se contrasta la opinión de los funcionarios públicos con la de otros actores relevantes.

Tabla 1. Listado anonimizado de informantes clave entrevistados.

Nº	Institución	Cargo
1	Ministerio de Economía, Planificación y Desarrollo. Dirección General de Desarrollo Económico y Social	Especialista sectorial
2	Ministerio de Economía, Planificación y Desarrollo. Dirección General de Desarrollo Económico y Social	Encargado de División de Desarrollo Productivo
3	Ministerio de Economía, Planificación y Desarrollo. Departamento de Desarrollo Sostenible de la Dirección General de Desarrollo Económico y Social	Técnico socioeconómico
4	Ministerio de Economía, Planificación y Desarrollo. Departamento de Monitoreo y Seguimiento de Intervenciones Territoriales	Encargado del Departamento
5	Ministerio de Economía, Planificación y Desarrollo. Viceministerio de Planificación. Departamento de Desarrollo Sostenible.	Especialista sectorial
6	Ministerio de Economía, Planificación y Desarrollo. Dirección General de Estudios Económicos y Sociales, articulado al Vm. de Planificación, Departamento de desarrollo sostenible	Coordinador del Departamento
7	Ministerio de Industria, Comercio y Mipymes. Viceministerio de Fomento a la Mipyme. División de articulación productiva	Encargado de la división
8	Oficina Nacional de Estadística	Directora de Estadísticas Demográficas, Sociales y Ambientales
9	Oficina Nacional de Estadística	Directora de Normativas y Metodologías
10	Oficina de Coordinación de Naciones Unidas	Jefa de la Oficina
11	Oficina del coordinador residente del sistema de las NNUU en la RD.	Oficial de alianzas y financiación para el desarrollo.
12	Instituto Dominicano de Desarrollo Integral (IDDI) Departamento de Promoción Social	Directora del Departamento

13	Instituto Dominicano de Desarrollo Integral (IDDI)	Técnica de Proyectos de Cooperación Internacional
14	PNUD	Oficial de programas
15	AECID OTC	Responsable de programas
16	GIZ	Responsable Comunicaciones proyecto Caribe Circular
17	FAMSI	Representante para RD y Haití

Fuente: Elaboración propia.

IV. PRESENTACIÓN Y JUSTIFICACIÓN DE REPÚBLICA DOMINICANA COMO CASO DE ESTUDIO

La selección de un país como caso de estudio se justifica cuando presenta características únicas que pueden aportar una nueva comprensión sobre el problema de investigación (Seawright & Gerring, 2008). En este contexto, la elección de República Dominicana se basa tanto en sus características idiosincráticas como en su potencial para extrapolar tendencias aplicables a otros países de la región latinoamericana.

República Dominicana es una nación insular en el Caribe, compartiendo territorio con Haití. Con una población de más de 10 millones de habitantes, es un país multicultural con una población joven, donde casi el 50% es menor de 26 años. Sus indicadores de desarrollo son generalmente altos, con un IDH de 0,756 en 2021, alineándose con el promedio de América Latina y Caribe (IDH de 0,766 en 2021). Esta posición la convierte en un referente dentro de la región, tanto para naciones peninsulares como insulares.

Sin embargo, los niveles de desarrollo de República Dominicana varían según el grupo de comparación (ver Tabla 2).

Comparada con países latinoamericanos más desarrollados, muestra niveles de renta y educación inferiores, pero destaca frente a países caribeños donde la pobreza multidimensional y la desigualdad social son más prevalentes. Esta disparidad es evidente al compararla con Haití, su vecino, donde las diferencias en desarrollo subrayan la importancia de las instituciones en los procesos de desarrollo y en la lucha contra la pobreza.

Tabla 2. Principales indicadores de Desarrollo y Sostenibilidad en República Dominicana

	IDH 2020	Democracy Index 2022	Gasto público social / PIB	Porcentaje de población bajo la línea de la pobreza	Índice de desarrollo sustentable
República Dominicana	0,756	6,8	22,09%	<2$ -- 16,2% <1$ -- 2,8%	0,698

Fuente: World Bank Database (Banco Mundial), Human Development Index Indicators, y Sustainable Development Index (Naciones Unidas), CepalStat (CEPAL) y Democracy index (The Economist).

El alto IDH de República Dominicana se debe en parte a su crecimiento económico sostenido, con tasas de crecimiento anual del PIB per cápita en torno al 6% en los últimos años, incluso durante la pandemia de COVID-19. No obstante, este crecimiento ha venido acompañado de una creciente desigualdad, exacerbada por la pandemia. La desigualdad no solo se manifiesta en términos de pobreza, sino también en la concentración de riqueza, como lo indica el Índice de Gini, que se ha mantenido en torno a 0,43 en los últimos cinco años, una cifra elevada incluso para América Latina. Esta desigualdad reduce significativamente el IDH del país; corregido por desigualdad, el IDH cae a 0,595, un descenso considerable.

La capacidad del gobierno para mitigar esta desigualdad es limitada debido a la baja recaudación fiscal, siendo República Dominicana el segundo país de América Latina y Caribe con menor recaudación en porcentaje del PIB, alrededor del 13-

14%. Esto limita la posibilidad de corregir la desigualdad a través de transferencias de renta, impactando negativamente en la estabilidad social y económica a mediano plazo. La limitada Ayuda Oficial al Desarrollo, ahora enfocada principalmente en préstamos blandos y cooperación técnica, también restringe las opciones del país para abordar estos desafíos.

Estas características hacen de República Dominicana un caso de estudio relevante en América Latina. A pesar de sus altos índices de desarrollo, enfrenta uno de los problemas más acuciantes de la región: la desigualdad. Además, en términos de implementación de la Agenda 2030, se destaca por sus instrumentos de planificación y el alineamiento de políticas nacionales con los ODS. Su experiencia puede ofrecer lecciones valiosas para otros países de la región, especialmente en el Caribe, justificando así su selección para este estudio de caso.

V. RESULTADOS Y DISCUSIÓN

A fin de evidenciar cuál es el marco institucional de gobernanza de la Agenda 2030 en República Dominicana, y cómo se han desplegado los métodos de coordinación de políticas y procedimientos para su implementación, los resultados se presentan siguiendo los seis ejes de sistematización detallados en la metodología.

5.1. Estructura multinivel de gobernanza de la Agenda 2030

La implementación de la Agenda 2030 en República Dominicana involucra una amplia red de actores e instituciones a nivel global y regional, lo que añade complejidad al proceso de gobernanza, pero también ofrece oportunidades para la acción conjunta.

A nivel global, la implementación sigue los lineamientos del Foro Político de Alto Nivel del Consejo Económico y Social de las Naciones Unidas (HLPF) y se apoya en el Marco de Cooperación de las Naciones Unidas para el Desarrollo Sostenible a nivel nacional. El HLPF juega un papel fundamental en el seguimiento de la Agenda, pero enfrenta limitaciones en términos de autoridad política y recursos, lo que disminuye su capacidad de incidencia directa sobre los estados. El Marco de Cooperación, reformado en 2018, busca mejorar la agilidad y coherencia en la implementación de la Agenda 2030. Este marco guía todo el ciclo de programas de Naciones Unidas en los países, impulsando la planificación, implementación, seguimiento y evaluación del apoyo colectivo de Naciones Unidas para lograr los objetivos de la Agenda. Desde 2021, en coordinación con el gobierno dominicano, se trabaja en la formulación del Marco de Cooperación 2023-2027, con un enfoque principal en la planificación e implementación de la Agenda.

A nivel regional, República Dominicana participa en el Foro de los Países de América Latina y el Caribe sobre el Desarrollo Sostenible, un espacio auspiciado por la CEPAL que facilita el seguimiento de la Agenda 2030 y la Agenda de Acción de Addis Abeba sobre el Financiamiento para el Desarrollo. Este foro, que congrega a estados, sector privado y sociedad civil, así como a organismos regionales y bancos de desarrollo, ha celebrado cinco reuniones anuales desde 2017, acompañadas de informes que evalúan el progreso regional.

Otro espacio relevante a nivel regional es el Sistema de Integración Centroamericana (SICA), del cual República Dominicana es miembro desde 2013. En 2017, SICA incorporó la Agenda 2030 en su agenda regional, y en 2018 aprobó la Agenda Regional Intersectorial sobre Protección Social e Inclusión Productiva con Equidad (ARIPSIP), alineada con los ODS del sector social. Posteriormente, en 2020, se aprobó la Política Social Integral del SICA (PSIR), que también sigue este alineamiento. Sin embargo, la crisis institucional en SICA desde 2021 ha afectado la coordinación y cooperación regional, aunque no se han evidenciado impactos significativos en la relación de República Dominicana con estas instituciones.

Los actores de la cooperación internacional, que han operado en República Dominicana durante décadas, han visto reducida su influencia debido a la disminución de fondos tras la clasificación del país como de renta media alta. Actualmente, la mayoría de los recursos provienen de financiamiento multilateral, principalmente en forma de préstamos.

5.2. Marco político e institucional para la implementación de la Agenda

El marco institucional para la implementación de la Agenda 2030 en República Dominicana se basa en tres instrumentos principales: la Estrategia Nacional de Desarrollo (END) 2030, la Comisión Nacional Interinstitucional de Desarrollo Sostenible (CDS) y el Plan Nacional Plurianual del Sector Público (PNPSP) 2020-2024, todos bajo la supervisión del Ministerio de Economía, Planificación y Desarrollo (MEPyD).

La END, aprobada en 2012 y en vigor desde 2014, se originó a partir de la agenda de los Objetivos de Desarrollo del Milenio 2000-2015. Aunque fue promulgada antes de la Agenda 2030, la END adoptó un enfoque de desarrollo sostenible, con cuatro ejes estratégicos, divididos en diecinueve objetivos generales, cincuenta y ocho específicos y cuatrocientas sesenta líneas de acción. La creación de la Comisión Presidencial sobre los Objetivos del Milenio y el Desarrollo Sostenible (COPDES) impulsó la formulación de la END, involucrando a agencias gubernamentales, sector privado, autoridades locales, sociedad civil y agencias de Naciones Unidas.

En 2016, dentro del marco de la END, se estableció la Comisión Nacional Interinstitucional de Alto Nivel para el Desarrollo

Sostenible (CDS) con el objetivo de coordinar la implementación de la Agenda 2030 mediante la articulación entre los ODS y la planificación nacional. La CDS facilita el alineamiento interinstitucional y la creación de sinergias, brindando asistencia técnica y metodológica en colaboración con el MEPyD. La CDS está compuesta por 56 organizaciones, incluyendo 39 gubernamentales y 17 no gubernamentales, de las cuales 9 son de la sociedad civil, 7 del sector empresarial y 1 del sector sindical.

La CDS ha desarrollado una estructura organizativa que incluye cuatro subcomisiones técnicas (Personas, Prosperidad, Planeta e Institucionalidad), una secretaría técnica, un comité de indicadores, un comité de financiación del desarrollo y un comité estratégico. Estas subcomisiones, coordinadas por diferentes organismos gubernamentales, están directamente vinculadas a los cuatro ejes estratégicos de la END.

El PNPSP es el instrumento de planificación nacional a mediano plazo que articula el programa de gobierno con los planes estratégicos de las entidades públicas, alineado con la visión y los objetivos de la END. El PNPSP 2021-2024 prioriza 33 políticas que abordan problemáticas identificadas en diagnósticos del país, y que están articuladas en torno a los cuatro ejes de la END, con un nivel de alineamiento del 68% con las metas de la Agenda 2030.

5.3. Elementos clave y medios para la implementación de la Agenda. Instituciones, actores e instrumentos

La implementación de la Agenda 2030 en República Dominicana enfrenta desafíos relacionados con la complejidad de la acción colectiva necesaria para articular de manera coherente y eficaz un conjunto numeroso y heterogéneo de políticas públicas. La voluntad política no es suficiente; se requiere un diseño institucional eficaz que congregue a los actores clave y permita una participación coordinada.

El MEPyD es el principal agente impulsor del entramado político e institucional, coordinando las acciones de la CDS y alineando las políticas con el programa de gobierno 2020-2024. Aunque la mayoría de los ministerios gubernamentales se han incorporado progresivamente al marco institucional de la Agenda, el informe MAPS de Naciones Unidas destaca la necesidad de un mayor protagonismo del Ministerio de Hacienda.

La participación de la sociedad civil en la implementación de la Agenda es limitada y su liderazgo poco significativo. Las fuentes subrayan la necesidad de un papel más activo, especialmente de actores clave que forman parte de la CDS, como el Consejo Económico y Social, que, a pesar de contar con amplias atribuciones legales, ha tenido un rol marginal.

Entre las fortalezas de la Agenda 2030 en República Dominicana se encuentra el alto nivel de alineamiento entre los ODS y la planificación nacional, facilitado por la continuidad política ofrecida por el nuevo gobierno. Sin embargo, existen brechas significativas en los indicadores, que requieren una acción más intensa, eficaz y eficiente. Los déficits en materia de fiscalidad, junto con la disminución de fondos de cooperación internacional, colocan la cuestión de la financiación como la mayor debilidad. Además, la escasa capacidad institucional para formular y coordinar políticas públicas es otro obstáculo importante. Los actores entrevistados destacaron la baja dotación de recursos técnicos en las instituciones como un problema mayor que la escasez de recursos financieros. Los funcionarios públicos mostraron mayor preocupación por este tema que otros actores entrevistados.

Estas debilidades generan desconfianza en los actores no gubernamentales, cuya participación sigue siendo insuficiente. Los actores entrevistados reconocen las carencias institucionales del país y otorgaron alta prioridad al ODS16, que aborda la paz, justicia e instituciones sólidas. Sorprendentemente, los funcionarios públicos dieron más peso a este objetivo que el resto de los actores.

5.4. Mecanismos de seguimiento y monitoreo. El papel de los Informes Nacionales Voluntarios

Los Informes Nacionales Voluntarios (INV) son los principales mecanismos de seguimiento de la implementación de la Agenda 2030 en República Dominicana. Hasta la fecha, el país ha presentado dos INV: el de 2018, titulado "Compromisos, avances y desafíos con el desarrollo sostenible" (CDS, 2018), y el de 2021, titulado "Crecimiento con equidad y respeto al medioambiente" (CDS, 2021).

Además de los INV, diversos organismos de Naciones Unidas han realizado evaluaciones para apoyar la implementación. En 2016 y 2020, se llevaron a cabo evaluaciones RIA (Rapid Integrated Assessment), que identificaron un nivel de alineamiento del 72% en 2016 y del 91% en 2020 entre el marco de políticas nacionales y la Agenda 2030. En 2018, una misión MAPS identificó cinco objetivos aceleradores: reducción de la pobreza multidimensional, competitividad y empleo decente, consumo y producción sostenible, resiliencia frente al cambio climático, e institucionalidad sólida e incluyente. Comparando estos objetivos con los ODS priorizados por los actores entrevistados, el ODS1 (reducción de la pobreza) ocupa el tercer lugar en importancia; el ODS8 (empleo y crecimiento económico) el primer lugar; el ODS12 (consumo y producción sostenible) el decimosexto; el ODS13 (acción por el clima) el noveno, y el ODS16 (paz, justicia e instituciones sólidas) el segundo. Esta coincidencia en prioridades subraya la importancia de estos objetivos en el contexto dominicano.

La misión MAPS también sugirió la participación del Ministerio de Hacienda en cada una de las subcomisiones de la CDS y la creación de un Comité de Financiación. Además, se han elaborado informes de avances por parte de organizaciones no gubernamentales, que contribuyen a ofrecer una visión diferenciada del proceso.

En cuanto a los indicadores de seguimiento, la CDS cuenta con una comisión específica encargada de su diseño. No obstante, establecer indicadores y mecanismos de seguimiento efectivos sigue siendo un reto. Según los informes, el 45% de los indicadores carecen de información disponible para su medición, lo que representa un obstáculo significativo para el seguimiento adecuado.

5.5. Marco presupuestario de la Agenda y fuentes de financiación

El principal mecanismo de financiación de la Agenda 2030 en República Dominicana son los Presupuestos Generales del Estado, complementados por un Comité de Financiamiento en la CDS. Sin embargo, la información sobre las fuentes de financiación y la dotación financiera de la Agenda es limitada.

La financiación de la Agenda enfrenta múltiples desafíos, destacándose en todos los informes de seguimiento consultados. La débil capacidad de recaudación fiscal limita la financiación de las políticas públicas, generando un déficit estructural en torno al 3% del PIB. La END establece la necesidad de un pacto o reforma fiscal que permita al Estado financiar el desarrollo sostenible y garantizar la sostenibilidad fiscal a largo plazo. Elevar la presión tributaria, reducir la evasión y mejorar la calidad del gasto son las fórmulas clásicas mencionadas en la END, pero este proceso está lejos de materializarse.

La capacidad de financiación externa, a través de préstamos de organismos multilaterales y banca privada, es limitada. Por su parte, la financiación procedente de fuentes vinculadas a la Ayuda Oficial al Desarrollo (AOD) y otros mecanismos de ayuda no reembolsable ha disminuido y no parece posible su incremento a corto plazo. En consecuencia, la financiación del desarrollo depende en gran medida de la Inversión Extranjera Directa (IED) y del flujo de remesas, que representan alrededor del 8% del PIB.

Ante este panorama, el MEPyD, el Ministerio de Hacienda y el PNUD han implementado mecanismos para optimizar los recursos disponibles. El informe MAPS también sugiere la promoción de asociaciones público-privadas, incluyendo actores no gubernamentales con intereses en la Agenda. Sin embargo, a pesar de estos esfuerzos, la financiación sigue siendo el principal obstáculo para la implementación de la Agenda 2030 en el país.

5.6. El papel de la sociedad civil en la configuración, implementación y seguimiento de la Agenda 2030

Los representantes gubernamentales reconocen la necesidad de integrar más activamente a la sociedad civil en la implementación de la Agenda. Se planea promover alianzas intersectoriales y redes que faciliten la apropiación de la Agenda 2030. Aunque se ha ampliado la membresía de la CDS para incluir a la sociedad civil, la creación de un mecanismo coordinado de trabajo con estos actores sigue siendo una tarea pendiente.

La participación de la sociedad civil en los INV ha sido limitada y tiene un carácter más consultivo que vinculante. La Administración Pública espera que el sector privado asuma un rol más decisivo en el crecimiento inclusivo y la generación de empleos. Se presentó en 2020 la Hoja de Ruta de Producción y Consumo Sostenible, pero su implementación y seguimiento aún están pendientesLos representantes gubernamentales reconocen la necesidad de integrar más activamente a la sociedad civil en la implementación de la Agenda. Se planea promover alianzas intersectoriales y redes que faciliten la apropiación de la Agenda 2030. Aunque se ha ampliado la membresía de la CDS para incluir a la sociedad civil, la creación de un mecanismo coordinado de trabajo con estos actores sigue siendo una tarea pendiente.

La participación de la sociedad civil en los INV ha sido limitada y tiene un carácter más consultivo que vinculante. La Administración Pública espera que el sector privado asuma un rol más decisivo en el crecimiento inclusivo y la generación de empleos. En esta línea, se presentó en 2020 la Hoja de Ruta de Producción y Consumo Sostenible en República Dominicana, pero la priorización de sectores productivos, la definición de criterios y la identificación de responsables para el seguimiento y monitoreo de dicha Hoja de Ruta están aún pendientes.

VI. CONCLUSIONES, LIMITACIONES Y LÍNEAS FUTURAS DE INVESTIGACIÓN

La implementación de la Agenda 2030 en la República Dominicana muestra un progreso desigual con avances y fortalezas, pero también con debilidades estructurales. Este trabajo se ha articulado en torno a seis ejes de análisis, cuyos hallazgos y aprendizajes se sintetizan a continuación en la Tabla 3.

Tabla 3. Principales hallazgos y aprendizajes

Ejes de sistematización	Hallazgos	Aprendizajes
Estructura multinivel de gobernanza	Existencia de espacios y mecanismos multinivel activos, pero con déficit de autoridad en el nivel global y regional y coyuntura de crisis en el conjunto	Débil accionamiento y problemas de coordinación y cumplimiento
Marco político e institucional para la implementación	Estructura institucional compleja (END, CDS, PNPSP, SNPIP) y abigarrada (subcomisiones CDS), pero concentrada en el MEPyD	Centralidad de la voluntad política para construir una política de estado alineada con los ODS. El reto de la acción colectiva: coordinación y articulación de actores

Medios para la implementación: Instituciones, actores e instrumentos	Liderazgo del MEPyD. Participación desigual ministerios y sociedad civil. Déficit de recursos técnicos y financiación	Compromiso e innovación, pero déficit de orquestación de actores, capacidades y financiación
Mecanismos de seguimiento y monitoreo	INV (2018 y 2021), RIA (2016, 2020) y MAPS (2018). Resultados positivos en alineamiento. Déficits de indicadores y de información disponible	Procesos periódicos e institucionalizados, pero dificultades para revertir brechas
Marco presupuestario y fuentes de financiación	Debilidad presupuestaria y dotación insuficiente. Comité Financiamiento CDS poco activo. Capacidad de financiación externa y privada limitada	Déficits de recursos (humanos, técnicos y financieros) limitan el despliegue de la Agenda
Papel de la Sociedad Civil	Participación formal cubierta, pero en un contexto de crisis de confianza mutua	Necesidad de un mayor diálogo público-privado para su incorporación efectiva

Fuente: Elaboración propia.

Las conclusiones del análisis permiten identificar varios aspectos clave en la implementación de la Agenda 2030 en República Dominicana. Uno de los hallazgos principales es que, a pesar de la existencia de mecanismos de gobernanza multinivel, estos presentan serias dificultades de coordinación y cumplimiento, un problema común en procesos transnacionales que carecen de mecanismos vinculantes efectivos.

En el ámbito político e institucional, es evidente el compromiso de los sucesivos gobiernos dominicanos con la Agenda 2030, lo que ha permitido establecer una verdadera política de Estado en materia de desarrollo sostenible. La estructura resultante es compleja, pero tiene la ventaja de concentrar las competencias en el Ministerio de Economía, Planificación y Desarrollo (MEPyD). Sin embargo, los retos de coordinación y articulación de actores se han intensificado, especialmente en un entorno marcado por crisis recientes. Esto subraya la necesidad de mejorar la capacidad de acción colectiva y de superar las deficiencias institucionales que limitan la eficacia de la implementación.

En cuanto a los medios disponibles para la implementación, se ha logrado construir una infraestructura de gobernanza innovadora, incorporando nuevas estructuras y adaptando otras existentes. No obstante, persisten importantes desafíos en la definición de mecanismos de implementación efectivos. Aunque el liderazgo del MEPyD ha sido claro, la participación de otros ministerios y de la sociedad civil ha sido desigual, lo que ha dificultado la movilización de actores clave y ha exacerbado los déficits estructurales, tanto en recursos como en capacidades.

Los mecanismos de seguimiento y monitoreo han permitido evaluar el progreso, revelando tanto avances como deficiencias. Se ha logrado un mayor alineamiento de las políticas nacionales con los objetivos de la Agenda, pero persisten debilidades significativas en el diseño de indicadores y en la disponibilidad de información, lo que pone en riesgo la capacidad de aprender de la experiencia y de corregir las brechas identificadas.

El análisis también destaca importantes limitaciones en la financiación de la Agenda, que afectan la disponibilidad de recursos humanos, técnicos y financieros. Este déficit no ha sido compensado por una participación activa y decidida de la sociedad civil, que se esperaba no solo como implementadora, sino también como financiadora de la Agenda. La falta de un compromiso financiero sólido está limitando gravemente el despliegue de las políticas.

Dos eventos ocurridos en 2020, la pandemia de COVID-19 y el cambio de gobierno, tuvieron un impacto significativo en la implementación de la Agenda. La pandemia afectó profundamente la economía dominicana, especialmente en el sector de servicios, lo que ralentizó la implementación de políticas públicas. A pesar de la recuperación económica, el país enfrenta ahora déficits fiscales que limitan la capacidad de inversión en desarrollo sostenible. El cambio de gobierno, aunque ha mantenido la continuidad en la estrategia de implementación, enfrenta ahora el desafío de ajustar las políticas a las nuevas realidades económicas y sociales.

Dos áreas requieren especial atención: las políticas sectoriales, particularmente en género e inclusión, y el financiamiento para el desarrollo sostenible. La pobreza, que había disminuido, volvió a aumentar debido a la pandemia, afectando especialmente a las zonas rurales y aumentando la feminización de la pobreza. Además, la capacidad del país para financiar estas políticas está gravemente limitada por un régimen fiscal débil y una disminución de los fondos de cooperación internacional.

Estos desafíos resaltan la necesidad de una reflexión multilateral y multiactor para comprender mejor las prioridades del país en los próximos años. Las futuras investigaciones podrían proporcionar nuevos enfoques y metodologías para abordar estos retos. Aunque los resultados del caso dominicano no son directamente extrapolables a todos los países de América Latina, es probable que reflejen situaciones similares en otros países de ingresos medios y en desarrollo. La experiencia dominicana, sistematizada en este estudio, puede ofrecer estrategias valiosas, especialmente en lo que respecta al alineamiento de prioridades nacionales con la Agenda 2030 y a la implementación multiactor.

Finalmente, el estudio de caso destaca que la implementación de la Agenda 2030 no depende únicamente de la voluntad política o de las deficiencias institucionales. Se trata de un desafío complejo que, para países en desarrollo como los latinoamericanos, combina la falta de capacidades y autonomía con importantes asimetrías de poder. Estas asimetrías colocan a los gobiernos ante dilemas difíciles de resolver, exacerbados por una alta dependencia de la cooperación internacional, que restringe la libertad en la toma de decisiones.

En resumen, el método aplicado en este caso de estudio es replicable en otros países con contextos similares, siempre que se cuente con un grupo de expertos en la implementación de la Agenda 2030 y con información secundaria de calidad. Esta metodología ha demostrado ser efectiva para sistematizar los desafíos esenciales que enfrenta la Agenda en la región y en contextos de desarrollo similares.

REFERENCIAS BIBLIOGRÁFICAS

Abbott, K. W., & Bernstein, S. (2015). The High-Level Political Forum on Sustainable Development: Orchestration by Default and Design. *Global Policy, 6*(3), 222–233. https://doi.org/10.1111/1758-5899.12199

Abdal, A., & Ferreira, D. M. (2021). Deglobalization, globalization, and the pandemic current impasses of the capitalist world-economy. *Journal of World-Systems Research, 27*(1), 202–230. https://doi.org/10.5195/jwsr.2021.1028

Alianza-ONG. (2018). *Informe de Seguimiento a la Implementación de la Agenda 2030 en República Dominicana.* https://alianzaong.org.do/wp-content/uploads/2019/03/AONG-.pdf . Recuperado el 10 de junio de 2024.

Allen, C., Metternicht, G., & Wiedmann, T. (2019). Prioritising SDG targets: assessing baselines, gaps and interlinkages. *Sustainability Science, 14*(2), 421–438. https://doi.org/10.1007/s11625-018-0596-8

CDS, C. I. de A. N. para el D. S. (2018). *Informe Nacional Voluntario 2018. Compromisos, avances y desafíos hacia el desarrollo sostenible.* https://sustainabledevelopment.un.org/content/documents/19710INV_RD_2018_V2.pdf . Recuperado el 10 de junio de 2024.

CDS, C. I. de A. N. para el D. S. (2021). *Informe Nacional Voluntario 2021. Crecimiento con equidad y respecto al medio ambiente.* https://mepyd.gob.do/wp-content/uploads/drive/DGIP/Informe nacional voluntario/Informe Nacional Voluntario 2021-RD.pdf . Recuperado el 10 de junio de 2024.

CEPAL. (2018). *Segundo informe anual sobre el progreso y los desafíos regionales de la Agenda 2030 para el Desarrollo Sostenible en América Latina y el Caribe (LC/FDS.2/3/Rev.1).* http://repositorio.cepal.org/handle/11362/43415 . Recuperado el 10 de junio de 2024.

CEPAL. (2019). *Informe de avance cuatrienal sobre el progreso y los desafíos regionales de la Agenda 2030 para el Desarrollo Sostenible en América Latina y el Caribe (LC/FDS.3/3/Rev.1).* http://repositorio.cepal.org/handle/11362/44551 . Recuperado el 10 de junio de 2024.

CEPAL. (2021). *Construir un futuro mejor: acciones para fortalecer la Agenda 2030 para el Desarrollo Sostenible (LC/FDS.4/3/Rev.1).* http://repositorio.cepal.org/handle/11362/46682 . Recuperado el 10 de junio de 2024.

CEPAL. (2023). *América Latina y el Caribe en la mitad del camino hacia 2030: avances y propuestas de aceleración. Síntesis.* https://www.cepal.org/es/publicaciones/48825-america-latina-caribe-la-mitad-camino-2030-avances-propuestas-aceleracion . Recuperado el 10 de junio de 2024.

Elavarasan, R. M., Pugazhendhi, R., Shafiullah, G. M., Kumar, N. M., Arif, M. T., Jamal, T., Chopra, S. S., & Dyduch, J. (2022). Impacts of COVID-19 on Sustainable Development Goals and effective approaches to maneuver them in the post-pandemic environment. *Environmental Science and Pollution Research, 29*(23), 33957–33987. https://doi.org/10.1007/s11356-021-17793-9

Fuso Nerini, F., Tomei, J., To, L. S., Bisaga, I., Parikh, P., Black, M., Borrion, A., Spataru, C., Castán Broto, V., Anandarajah, G., Milligan, B., & Mulugetta, Y. (2018). Mapping synergies and trade-offs between energy and the Sustainable Development Goals. *Nature Energy, 3*(1), 10–15. https://doi.org/10.1038/s41560-017-0036-5

Gerring, J. (2004). What Is a Case Study and What Is It Good for? *American Political Science Review, 98*(2), 341–354. https://doi.org/DOI: 10.1017/S0003055404001182

Gerring, J. (2007). *Case Study Research: Principles and Practices* (C. U. Press (ed.)). Cambridge University Press.

Helgason, K. S. (2016). The 2030 Agenda for Sustainable Development: Recharging Multilateral Cooperation for the Post-2015 Era. *Global Policy*, 7(3), 431–440. https://doi.org/10.1111/1758-5899.12352

Hepp, P., Somerville, C., & Borisch, B. (2019). Accelerating the United Nation's 2030 Global Agenda: Why Prioritization of the Gender Goal is Essential. *Global Policy, 10*(4), 677–685. https://doi.org/10.1111/1758-5899.12721

Jiménez Sosa, M. (2020). *República Dominicana: avanzando hacia la Agenda 2030.* https://www.cideal.org/wp-content/uploads/2021/06/ODS-en-la-RD-def.pdf

Koasidis, K., Nikas, A., Karamaneas, A., Saulo, M., Tsipouridis, I., Campagnolo, L., Gambhir, A., Van de Ven, D.-J., McWilliams, B., & Doukas, H. (2022). Climate and sustainability co-governance in Kenya: A multi-criteria analysis of stakeholders' perceptions and consensus. *Energy for Sustainable Development, 68*, 457–471. https://doi.org/https://doi.org/10.1016/j.esd.2022.05.003

Kroll, C., Warchold, A., & Pradhan, P. (2019). Sustainable Development Goals (SDGs): Are we successful in turning trade-offs into synergies? *Palgrave Communications, 5*(1), 140. https://doi.org/10.1057/s41599-019-0335-5

Lusseau, D., & Mancini, F. (2019). Income-based variation in Sustainable Development Goal interaction networks. *Nature Sustainability, 2*(3), 242–247. https://doi.org/10.1038/s41893-019-0231-4

Naciones Unidas. (2015). Transformar nuestro mundo: la Agenda 2030 para el Desarrollo Sostenible. In *Resolución aprobada por la Asamblea General el 25 de septiembre de 2015* (Vol. 70, Issue 1). https://doi.org/10.2307/20479128 . Recuperado el 10 de junio de 2024.

Naciones Unidas. (2022). *Análisis Común de País (CCA) República Dominicana 2021.* https://dominicanrepublic.un.org/sites/default/files/2023-01/Análisis Común de País %28CCA%29 República Dominicana 2021.pdf . Recuperado el 10 de junio de 2024.

Ranjbari, M., Shams Esfandabadi, Z., Scagnelli, S. D., Siebers, P.-O., & Quatraro, F. (2021). Recovery agenda for sustainable development post COVID-19 at the country level: developing a fuzzy action priority surface. *Environment, Development and Sustainability, 23*(11), 16646–16673. https://doi.org/10.1007/s10668-021-01372-6

Sachs, J., Kroll, C., Lafortune, G., Fuller, G., & Woelm, F. (2022). *Sustainable development report 2022* (C. U. Press (ed.)). Cambridge University Press.

Santos-Carrillo, F. (2023). The Three Crises of Contemporary Latin American Regionalism: Causal Factors beyond Lack of Political Will. *Colombia Internacional, 114*, 217–245. https://doi.org/10.7440/colombiaint114.2023.08

Santos-Carrillo, F., Fernández-Portillo, L. A., & Sianes, A. (2020). Rethinking the Governance of the 2030 Agenda for Sustainable Development in the COVID-19 Era. *Sustainability, 12*(18), 7680.

Santos-Carrillo, F., & Padilla Vassaux, L. A. (2023). Domestic regimes and national preferences as factors of regionalism's crisis. The case of Guatemala's regional integration policy. *Revista Brasileira de Politica Internacional, 66*(2). https://doi.org/10.1590/0034-7329202300215

Scheyvens, R., Banks, G., & Hughes, E. (2016). The Private Sector and the SDGs: The Need to Move Beyond 'Business as Usual.' *Sustainable Development, 24*(6), 371–382. https://doi.org/10.1002/sd.1623

Schneider, F., Kläy, A., Zimmermann, A. B., Buser, T., Ingalls, M., & Messerli, P. (2019). How can science support the 2030 Agenda for Sustainable Development? Four tasks to tackle the normative dimension of sustainability. *Sustainability Science, 14*(6), 1593–1604. https://doi.org/10.1007/s11625-019-00675-y

Seawright, J., & Gerring, J. (2008). Case Selection Techniques in Case Study Research: A Menu of Qualitative and Quantitative Options. *Political Research Quarterly, 61*(2), 294–308. https://doi.org/10.1177/1065912907313077

Sianes, A. (2021). Academic Research on the 2030 Agenda: Challenges of a Transdisciplinary Field of Study. *Global Policy*, 1758-5899.12912.

van Zanten, J. A., & van Tulder, R. (2021). Towards nexus-based governance: defining interactions between economic activities and Sustainable Development Goals (SDGs). *International Journal of Sustainable Development & World Ecology, 28*(3), 210–226. https://doi.org/10.1080/13504509.2020.1768452

Weitz, N., Carlsen, H., Nilsson, M., & Skånberg, K. (2018). Towards systemic and contextual priority setting for implementing the 2030 agenda. *Sustainability Science, 13*(2), 531–548. https://doi.org/10.1007/s11625-017-0470-0

La implementación de la Agenda 2030 en la práctica: el caso de Francia (2015-2023)

JORGE GUTIÉRREZ-GOIRIA
IRATI LABAIEN EGIGUREN
MARÍA JOSÉ MARTÍNEZ HERRERO
EDUARDO MALAGÓN-ZALDUA
Instituto Hegoa, Universidad del País Vasco (UPV/EHU)

I. INTRODUCCIÓN

La localización de la Agenda 2030, y su traslado a las políticas nacionales, supone un reto para los países comprometidos con la misma.

En este sentido, es relevante estudiar la forma en que esta cuestión se aborda en diferentes casos, utilizando un análisis comparativo, como el que se propone en el proyecto GlobalGob (Articulación de agendas globales y agendas nacionales: el proceso de implementación de la Agenda 2030 en Europa y América Latina).

Este trabajo parte de la situación de Francia en el marco europeo y su posicionamiento ante la Agenda, analizando las instituciones, agentes e instrumentos que se han desplegado para su cumplimiento. El objetivo del capítulo es estudiar las fortalezas y debilidades del proceso de implementación de la agenda en Francia, de forma que contribuya a favorecer la orientación de las políticas públicas en este y otros casos.

El capítulo comienza situando el contexto francés en materia de desarrollo, para recoger a continuación los agentes internacionales relacionados, como la UE, que igualmente se implican en la implementación de la Agenda. Después de estudiar el marco normativo y político de implementación en Francia, se detallan sus principales agentes e instrumentos, así como el papel de la sociedad civil. El trabajo concluye señalando las principales fortalezas y debilidades encontradas en el caso de Francia.

II. SITUACIÓN DE FRANCIA EN CUESTIONES POLÍTICAS Y DE DESARROLLO

2.1. Dimensiones del desarrollo

Francia es la segunda economía de la Unión Europea y la séptima del mundo, con un PIB que en 2021 ya superó los 2,5 billones de euros, según datos de Eurostat. Su volumen de gasto público es uno de los mayores de la UE, y supuso más del 59% del PIB en 2021. Tras el brusco descenso de la actividad económica causado por la pandemia (-7,4% en 2020), la economía francesa remontó posteriormente con fuerza, impulsada por las actuaciones públicas y los fondos de recuperación europeos (+6,9% en 2021).

Tal como se muestra en la Tabla 1, Francia tiene un nivel similar a España o Italia en desarrollo humano, pero inferior al de Alemania o países escandinavos como Suecia y Dinamarca, que por otro lado presentan los mejores niveles de desempeño dentro de la UE en cuanto a desarrollo o población en riesgo de exclusión. Sin embargo, Italia, España y Francia obtienen mejores resultados en el *Sustainable Development Index*, que trata de actualizar el Índice de Desarrollo Humano con una perspectiva de eficiencia ecológica energética. En este índice la posición de Francia es notablemente inferior a la que corresponde a su nivel de desarrollo humano, pero mejor que la de otros países de renta alta. Se evidencia así la dicotomía entre altos niveles de desarrollo humano y sostenibilidad existente en los países calificados como desarrollados.

Como en el caso de muchos países de la Unión Europea, Francia presenta un buen resultado en el cumplimiento de los ODS, con una séptima posición a nivel global en el Índice de ODS elaborado por Sachs et al. (2022), solo superada por los países escandinavos, Alemania y Austria. Sin embargo, si tenemos en cuenta los efectos en términos de sostenibilidad ambiental y social sobre otros países, Francia baja hasta la posición número 154 (de un total de 163 países) en el *spillover ranking*, con peores resultados que otros países europeos de dimensiones similares (Sachs et al., 2022). Estos efectos de derrame están vinculados, entre otros factores, con las emisiones de CO2 y los daños a la biodiversidad asociados a las importaciones de otros países y a las exportaciones de residuos plásticos.

En cuanto al Índice de Calidad de la Democracia elaborado por The Economist, Francia ocupa el puesto 22.

Tabla 1. Principales indicadores de desarrollo y sostenibilidad de Francia y otros países europeos

	IDH 2021 (Puntuación /puesto global)	Índice Calidad Democracia 2021 (Puntuación /puesto global)	Gasto público (%PIB) (2021)	% Población con riesgo de pobreza o de exclusión social	Índice ODS (Puntuación /puesto global)	Sustainable Development Index 2021 (Puntuación / puesto global)	*Spillover ranking* (Puntuación /puesto global)
Francia	0,903/28	7,99/22	59,6	19,0	81,2/7	0,63/79	57,8/154
España	0,905/27	7,94/24	50,0	27,8	79,9/16	0,69/55	66,9/136
Alemania	0,942/9	8,67/15	50,9	21,0	82,2/6	0,34/138	60,7/140
Italia	0,895/30	7,68/31	56,3	25,2	78,3/25	0,65/70	73,6/125
Suecia	0,947/7	9,26/4	49,9	17,2	85,2/3	0,39/136	65,7/139
Dinamarca	0,948/6	9,09/6	49,4	17,3	85,6/2	0,37/137	66,2/137
Bélgica	0,937/13	7,51/36	54,9	18,8	79,7/18	0,21/151	54,02/156

Fuente: PNUD, The Economist, Eurostat, Sachs et al. (2022), Sustainable Development Index.

Los ajustes en términos de desigualdad (renta y género) del Índice de Desarrollo Humano (IDH), mejoran ligeramente la posición francesa con respecto al IDH global (pasa de la posición 28 a la 26 y 22, respectivamente). Sin embargo, desde la perspectiva de la sostenibilidad, Francia presenta un desempeño ciertamente mejorable, aunque relativamente superior al de otros países con niveles de renta similar. No obstante, pese al compromiso francés con los acuerdos ambientales y climáticos, tanto a nivel planetario como europeo (Acuerdo de París, Pacto Verde Europeo, etc.), los esfuerzos por realizar actuaciones políticas más decididas en estos ámbitos se han visto condicionados por la falta de apoyo social (como se pudo observar en el caso de la revuelta de los chalecos amarillos), debido a las implicaciones socialmente regresivas de algunas decisiones políticas, principalmente en materia fiscal. Esto ha paralizado la adopción de nuevas normas de fiscalidad medioambiental y otras medidas orientadas a impulsar la transición ecológica en sectores como el automóvil o la construcción (OECD, 2021).

2.2. Ciclo político

El sistema político francés cuenta con un/a presidente de la República con atribuciones bastante amplias, junto a un/a primer/a ministro/a (nombrado por la presidencia) cuyo gobierno responde ante el parlamento.

La Agenda 2030 se aprueba bajo la presidencia en Francia de François Hollande, que había llegado al cargo en las elecciones presidenciales celebradas en 2012. Hollande venció en segunda vuelta a Nicolas Sarkozy siendo, después de François Mitterrand, el primer socialista que lograba la presidencia del país. Además, las elecciones parlamentarias realizadas un mes después, dieron una amplia mayoría al grupo socialista en la Asamblea Nacional.

Todo ello supuso, para empezar, un importante respaldo al programa presidencial para gestionar una de las peores crisis económicas a la que se enfrentaban Francia y Europa en esos momentos. Sin embargo, la incapacidad de Hollande para reconducir la economía, entre otros factores, hicieron que descendiera estrepitosamente su popularidad y así, en las municipales de 2014, Francia mayoritariamente giró a la derecha, con la práctica desaparición del partido socialista del arco político. A pesar de ser considerado el presidente peor valorado de la historia, Hollande finalizó su mandato en 2017.

En las dos últimas ocasiones hasta la redacción de este capítulo (2017 y 2022), la elección presidencial ha requerido dos vueltas, enfrentándose en ambas Marine Le Pen y Emmanuel Macron, con victoria del segundo.

En las elecciones legislativas de 2022, la victoria correspondió al partido *Ensemble* de Emmanuel Macron, aunque en un escenario fragmentado (obtuvo 245 escaños sobre 577). A continuación, se situó la coalición de izquierdas *Nouvelle Union populaire écologique et sociale*, liderada por Jean-Luc Mélenchon (127 escaños), seguida de *Rassemblement national* (Marine Le Pen), de extrema derecha (89 escaños), los republicanos, o centro derecha tradicional (61 escaños), y agrupaciones de izquierda diversa (22) y derecha diversa (10). La composición muestra el declive de los grandes partidos tradicionales, y las dificultades para construir mayorías estables. Igualmente es destacable que la participación en las elecciones al parlamento apenas superó el 46%.

2.3 Crisis del COVID y cómo ha afectado al país en términos generales

La pandemia de COVID-19 tuvo en Francia unos fuertes efectos, en línea con otros países europeos. Tras los problemas iniciales con los suministros de mascarillas y otros productos, y las políticas de confinamiento, toque de queda etc., Francia se sumó junto a la UE a las campañas de vacunación, y fue recuperando progresivamente su anterior estado.

Partiendo de las estadísticas de Eurostat, se observa en primer lugar un acusado exceso de mortalidad en ese período, al igual que en el resto de la UE-27. En un indicador como la esperanza de vida, encontramos en Francia un descenso de 85,9 a 85,3 años entre 2019 y 2020 que, pese a la ligera recuperación en 2021 (85,5 años), sigue sin recuperar el nivel pre-COVID (Eurostat, 2023).

En términos económicos, de forma similar a otros países europeos, Francia tuvo un descenso del PIB per cápita en términos reales (de 33.390 a 30.800€ entre 2019 y 2020, un 7,8%), que posteriormente se ha ido recuperando.

En línea con la actividad económica, las emisiones de gases de efecto invernadero, registraron un parón, pasando de 4,46 toneladas per cápita en 2019 a 3,95 en 2020 según datos del Banco Mundial, aunque ya en 2021 se fueron recuperando las emisiones iniciales. Al igual que en otros casos, Francia, que además se sitúa por encima de los valores medios europeos en este ámbito, no parece que haya aprovechado la coyuntura para mejorar en esta faceta.

III. ACTORES E INSTITUCIONES REGIONALES O INTERNACIONALES DE IMPLEMENTACIÓN DE LA AGENDA 2030

En cuanto al compromiso europeo con el cumplimiento global de la Agenda, la Comisión Europea y la Alta Representante de la UE han creado la *Global Gateway*, una nueva estrategia europea para impulsar la sostenibilidad en otros países, haciendo especial énfasis en los sectores digital, energético y del transporte, así como para potenciar los sistemas de salud, educación e investigación en todo el mundo.

La UE está intensificando su oferta a sus socios con grandes inversiones en el desarrollo de infraestructuras en todo el mundo. Entre 2021 y 2027, las instituciones de la UE y sus Estados miembros pretenden movilizar conjuntamente hasta 300.000 millones de euros de inversiones en los sectores antes mencionados.

La Comisión Europea cuenta con una página sobre ODS, de la que se puede obtener información estratégica y práctica[1]. En esta línea se incluye una página de Eurostat sobre desarrollo sostenible en la UE, incluyendo informes periódicos con detalle de avance para cada ODS y sus indicadores[2].

El compromiso de las instituciones europeas con la Agenda 2030 ha supuesto la integración de los ODS en los Programas Nacionales de Reforma (PNR). Los PNR son documentos que establecen las medidas que los Estados miembros plantean acometer en ámbitos como el empleo, la educación, la investigación, la innovación, o la inclusión social para atender las prioridades anuales, las orientaciones integradas y los objetivos de la Estrategia Europea 2020. Cada Estado miembro debe presentar su PNR a la Comisión en el primer semestre del año, con el fin de coordinar las políticas económicas y presupuestarias a nivel europeo y ajustar en consecuencia sus políticas internas, que se deciden en el momento de la adopción de su presupuesto para el año siguiente en el segundo semestre. Así, el PNR establece el plan de acción de los Estados miembros para alcanzar los objetivos de la Estrategia Europa 2020 y, de

---

1 https://commission.europa.eu/strategy-and-policy/sustainable-development-goals_en (último acceso 12 julio 2024).

2 https://ec.europa.eu/eurostat/statistics-explained/index.php?title=Sustainable_development_in_the_European_Union (último acceso 12 julio 2024).

ahora en adelante, de la propia Agenda 2030 para un crecimiento inteligente, sostenible e integrador.

Además, el 22 de junio de 2021, el Consejo de la Unión Europea aprobó unas conclusiones en las que se reafirmaba el firme compromiso de la UE con la Agenda 2030 para el Desarrollo Sostenible y sus ODS, con vistas a reconstruir sociedades mejores y más sostenibles.

Igualmente, la Unión Europea apoya también a sus miembros a través de la DG REFORMA (Dirección General de Apoyo a las Reformas Estructurales de la Comisión Europea) para desarrollar y aplicar reformas estructurales, como parte de sus esfuerzos para impulsar la creación de empleo y el crecimiento sostenible. En la primavera de 2021, la DG REFORMA fue solicitada por dos ministerios franceses: el de Transición Ecológica, para el Comisariado General para el Desarrollo Sostenible (CGDD), y el de Cultura.

El Ministerios de Asuntos Exteriores francés ha promovido la integración de los ODS en las finanzas internacionales, apoyando la iniciativa *SDGs for All*, creada por el Banco Mundial en colaboración con BNP Paribas, cuyo objetivo es desarrollar productos financieros basados en los ODS para incluir a los inversores internacionales en la financiación del desarrollo.

IV. MARCO NORMATIVO Y MARCO POLÍTICO DE IMPLEMENTACIÓN DE LA AGENDA

4.1. Posición del país y posiciones políticas con respecto a la Agenda 2030

Como antecedente al posicionamiento en el caso de la Agenda, es importante en el caso francés estudiar su trayectoria en el marco de las cumbres de sostenibilidad. En esta línea, como muchos países europeos, Francia adoptó una de las primeras estrategias de desarrollo sostenible tras la Cumbre Mundial de Johannesburgo en el 2002. Este compromiso se mantuvo desde entonces, hasta definir la estrategia para el periodo 2014-2020, aunque esta última no tuviera gran impacto político (Dirth et al., 2019).

La aprobación de los ODS en septiembre de 2015 se realizó poco antes de las conclusiones alcanzadas en el Acuerdo de París sobre el cambio climático (COP21), en diciembre de ese mismo año. Por este motivo, Francia jugó un papel de cierto liderazgo en el marco de la promoción del desarrollo sostenible y en la adopción de los ODS, incluyendo la participación ministerial entre los años 2012-2014 en el Grupo de Trabajo de Alto Nivel que desarrolló y estructuró la Agenda 2030.

La Hoja de ruta elaborada en 2019 (Gouvernement de la République française, 2019) es un documento central para entender los planes de Francia en relación a la Agenda 2030 y los ODS. El objetivo declarado de dicha Hoja de ruta es definir los temas prioritarios y la forma de implementación, además de aspirar a ser compartida y apropiada por todas las partes. Para ello se plantea movilizar a toda la sociedad: el Estado, las autoridades locales, las empresas, los sindicatos, los estudiantes, la enseñanza superior y centros de investigación, ONG y asociaciones, parlamentarios, etc. El documento recoge en algunos casos trayectorias ambiciosas, de conformidad con el acuerdo climático de París.

La Hoja de ruta establece un plan de acción para la implementación de la Agenda 2030; de forma que pueda ser revisado periódicamente, ajustándose gradualmente en función de las decisiones tomadas y las trayectorias seguidas. En concreto gira en torno a 6 retos, que de forma resumida se plantean así:

1. Actuar por una sociedad justa luchando contra la pobreza y todas las desigualdades y garantizando los mismos derechos y oportunidades.

2. Transformar los modelos de sociedades en línea de sobriedad en carbono y economía de los recursos naturales.

3. Apoyarse en la educación y la formación a lo largo de la vida, para generar cambios en los comportamientos y modos de vida.

4. Actuar para la salud y el bienestar de todas y todos, especialmente a través de una alimentación y una agricultura sana y sostenible.

5. Hacer efectiva la participación ciudadana para lograr los ODS, reforzando la experimentación y la innovación territorial.

6. Trabajar en el plano europeo e internacional a favor de la transformación sostenible de las sociedades, de la paz y de la solidaridad.

Una verdadera implementación de esta Hoja de ruta conllevaría una nueva gobernanza, implicando a la ciudadanía junto con otros agentes económicos y los poderes públicos, con un trabajo a diferentes escalas: del global al local y de lo local a lo global.

Debe señalarse que, en la práctica, la Hoja de ruta ha generado también algunas dudas. Así, se señala la carencia de un diagnóstico estratégico recogiendo las prácticas que se van a cuestionar, los cambios necesarios para hacer frente a los desafíos de los ODS y su carácter transversal. Esta Hoja de ruta a menudo se limita simplemente a recoger planes y medidas existentes (Hege et al., 2019).

En cuanto a los aspectos institucionales, se cuestiona también la falta de aprobación formal de la Hoja de ruta a nivel del consejo de ministros (Provendier, 2022).

4.2 Estrategia de Desarrollo 2050

A diferencia de otros países como España o Uruguay, que han presentado perspectivas y planificación con una perspectiva integral para 2050, no hay en Francia un documento de referencia de ese tipo.

Como documento similar, aunque en un área más limitada, Francia cuenta desde 2020 con una Estrategia Nacional baja en carbono, que marca un objetivo de transición ecológica y neutralidad en carbono para 2050. Este documento fija las orientaciones de las políticas públicas, las estrategias y seguimiento, de lo que se entiende una contribución "ambiciosa y justa" de Francia a la lucha contra el cambio climático (Ministère de la Transition écologique et solidaire, 2020).

En este marco, recientemente la Agencia de la Transición ecológica (ADEME) ha finalizado un largo proceso de estudio, que incluye posibles escenarios y recomendaciones para la transición (ADEME, 2021).

En lo que se refiere a la acción exterior, la Agencia Francesa de Desarrollo (*Agence Française de Développement,* AFD, encargada de cooperación internacional) tiene el programa *Facilité 2050* para financiar estudios y programas que promuevan la transición a un desarrollo bajo en carbono. Son 30 millones de euros destinados a unos 30 países socios.

V. INSTITUCIONES, ACTORES E INSTRUMENTOS EN LA IMPLEMENTACIÓN DE LA AGENDA 2030 ENTRE 2015 Y 2022

5.1 Sistema de implementación

La propuesta para poner en marcha la Agenda 2030 queda esbozada en primer lugar en el Informe de implementación realizado con motivo de la revisión voluntaria de Francia en el Foro de Alto Nivel celebrado en 2016. Dicho informe, en donde se tienen en cuenta las consultas realizadas a la sociedad civil, es el primer documento de aplicación de los ODS, en donde se identifican los retos y los objetivos, las orientaciones de actuación del gobierno, así como las buenas prácticas puestas ya en marcha.

Después de la Revisión nacional voluntaria de 2016 (Gouvernement de la République française, 2016), Francia ha continuado haciendo anualmente desde 2017 Informes de Progreso en la implementación de los ODS realizados. Estos documentos no son exhaustivos, sino que, como veremos en el apartado 5.2, proporcionan perspectivas sobre un número determinado de ODS. Los informes parciales pueden considerarse un elemento más de un proceso de mejora continua, en donde se realiza una revisión de las políticas públicas, se elaboran indicadores de seguimiento, y se abren espacios de debate con la sociedad civil. Con todo, desde diferentes ámbitos se insiste en la necesidad de hacer más revisiones nacionales voluntarias, al estilo de la de 2016.

Los sucesivos informes de progreso resultan de interés, en cualquier caso, ya que van concretando diferentes aspectos vinculados al seguimiento de la Agenda 2030.

Así, el Informe de Progreso 2017 (Gouvernement de la République française, 2017), define el marco institucional de implementación previsto, incluyendo una Delegación Interministerial al Desarrollo Sostenible (DIDD) junto con el Comisariado General para el Desarrollo Sostenible (CGDD) bajo la autoridad del Ministro de Transición Energética y Solidaria (MTES). Se menciona también la creación de una red de Alto funcionariado para el Desarrollo Sostenible (HFDD) presente en cada ministerio, así como un Comité Directivo Interministerial para cada ODS. Para cada uno de los 17 ODS se identifican "Ministerios Pilotos" y "Ministerios Asociados". Los primeros tienen como objetivo la revisión de las políticas públicas, analizar las lagunas existentes, organizar la concertación entre las partes interesadas y garantizar la realización de informes sobre su aplicación. Como aspecto relevante, se crea un grupo de trabajo dentro del Consejo Nacional de la Información y de la Estadística (CNIS) encargado de realizar una selección de los indicadores más pertinentes en coordinación con los diferentes ministerios.

Los sucesivos informes anuales dan cuenta de los mecanismos de implementación que se han puesto en marcha desde el Estado central, así como las herramientas de monitoreo y evaluación para poder hacer el seguimiento de los ODS. Igualmente detallan la situación en unos ODS seleccionados año a año, junto a aspectos relacionados con la apropiación de los ODS por parte de diferentes actores franceses. Con posterioridad a la aprobación de la Hoja de ruta en 2019, el informe de 2020 (Ministère de la Transition écologique et solidaire, 2021) realiza una revisión general de los ODS en Francia. Este informe voluntario expone un diagnóstico de cinco de las seis líneas recogidas en la Hoja de ruta de Francia para la Agenda, tratando de establecer aspectos que evolucionan de manera adecuada, las que deben mejorarse y las que están a la espera de un progreso significativo.

Más allá de las comisiones de coordinación, y los puntos focales, y en contraste con otros casos con mayor desarrollo institucional, en 2021 Francia disponía únicamente de dos instancias oficiales en relación al cumplimiento de la Agenda 2030 (Coordination Sud, 2022a):

> La Comisión General para el Desarrollo Sostenible (*Commissariat Général au Développement Durable*, CGDD): integrada en el Ministerio de Transición ecológica y solidaria, sus funciones incluyen preparar las reuniones del Comité Interministerial para el Desarrollo Sostenible (CIDD), incluyendo su seguimiento y evaluación; elaborar recomendaciones y apoyar iniciativas a enfoques de desarrollo sostenible de las diferentes administraciones y agentes económicos; liderar y coordinar la acción del alto funcionariado en materia de desarrollo sostenible; liderar la organización e implementación de políticas climáticas. Esta labor debe apoyarse en los diferentes ministerios, que cuentan con una red de altos funcionarios para la coordinación de la acción pública en materia de desarrollo sostenible.
>
> El Instituto Nacional de Estadística y Estudios Económicos (*L'Institut National de la Statistique et des Études Économiques*, INSEE): encargado de la recogida de datos, aunque no propiamente especializado en cuestiones de Agenda 2030. Tiene el encargo del gobierno de completar los 232 indicadores de NNUU a las especificidades nacionales. En 2018, tras un consenso alcanzado bajo la dirección del Consejo Nacional de Información Estadística (CNIS), el INSEE propuso 98 indicadores para constituir el cuadro nacional para el seguimiento de los progresos de Francia en la consecución de los ODS. El CNIS ha priorizado los indicadores de resultados, que facilitan las comparaciones con los obtenidos a través de Eurostat (Provendier, 2022).

Desde la sociedad civil, se critica que la Agenda no está correctamente integrada en las políticas públicas en Francia, ni debidamente presupuestada (algo que sí ocurre en países cercanos como España, Alemania, Finlandia, Suecia, Noruega o Portugal). En la práctica, la CGDD no ha logrado crear una dinámica interministerial creíble que responda a los retos de los ODS. Así, las ONGD proponen crear un nuevo ministerio dedicado a la coordinación e implantación de la Agenda 2030, o bien un comité interministerial sobre desarrollo sostenible, al más alto nivel, así como aumentos presupuestarios (Coordination Sud, 2022b).

5.2. Informes Nacionales Voluntarios

En 2016, Francia se presentó para una Revisión Nacional Voluntaria de la Implementación de los ODS. Así, el método de implementación de la Agenda 2030 quedó explicitado en el Informe de Implementación de los ODS, presentado con motivo de la revisión voluntaria de Francia en el Forum Político de Alto Nivel sobre Desarrollo Sostenible, celebrado en julio de 2016 en New York.

Dicho informe -en donde además se tuvieron en cuenta las consultas realizadas a la sociedad civil-, fue el primer documento de aplicación de los ODS, identificando los principales retos y objetivos, las orientaciones de la actuación del gobierno, así como las buenas prácticas ya puestas en marcha.

También se planteó un método detallado del seguimiento para la aplicación de los ODS, en el que se apostaba por un marco participativo incluyendo:

a) los diferentes ministerios apoyados por el Primer Ministro;

b) un sistema de indicadores para dar seguimiento a los ODS;

c) la movilización e implicación de la sociedad civil;

d) y la elaboración de un Plan de Acción Nacional para los ODS

Asimismo, se analizaron cada uno de los 17 ODS, estableciendo para cada uno de ellos: los objetivos, los retos y acciones en Francia y a nivel internacional, los instrumentos que ya se aplican o se quieren desarrollar (leyes, planes, etc.)

Sin embargo, lo cierto es que desde el 2016 no se ha realizado ningún otro informe voluntario. Esta es una cuestión que también se critica desde la sociedad civil, señalando que una dinámica de informes bienales podría mejorar ese seguimiento (Coordination Sud, 2022b). Desde el año 2017 sí se han publicado los llamados informes de progreso, en los que se realiza un análisis del grado de aplicación de algunos ODS elegidos desde el Forum Político de Alto Nivel de las NNUU. Por lo tanto, el propósito de estos documentos no ha sido proporcionar un informe exhaustivo, sino ofrecer perspectivas sobre la implementación de los ODS seleccionados (tabla 2).

Tabla 2: ODS analizados en los informes de progreso sobre la Agenda 2030

Año	ODS analizados	Análisis realizado
2017	1, 2, 3, 5, 9, 14, 17	Revisión de políticas públicas Elaboración de indicadores de seguimiento Promoción de espacios de debate con la sociedad civil
2018	6, 7, 11, 12, 15, y 17	Revisión de mecanismos de implementación Revisión de herramientas de monitoreo y evaluación Diagnóstico de implementación mediante contraste con los *stakeholders* Análisis de compromiso/apropiación de los ODS por parte de la sociedad civil
2019	4, 8, 10, 13, 16 y 17	Análisis de las políticas puestas en marcha: medidas y planes Subraya la implementación de la investigación para dar seguimiento a los ODS: evaluaciones de seguimiento, análisis de las oportunidades y desafíos

2020	Revisión general de los ODS	Exposición del diagnóstico de temas específicos recogidos en la Hoja de ruta: • Actuar por una transición justa, luchando contra todas las formas de discriminación y desigualdad, garantizando los mismos derechos, oportunidades y libertades para todas las personas • Transformar los modelos sociales a través de la disminución del carbono y el ahorro de recursos naturales, para actuar a favor del clima, el planeta y la biodiversidad • Trabajar en la educación y la formación a lo largo de toda la vida para permitir adaptar los estilos de vida para un mundo más sostenible • Actuar por la salud y el bienestar de todos y todas, en particular, a través de la alimentación y agricultura saludable y sostenible

Fuente: elaboración propia a partir de los informes de progreso (Gouvernement de la République française y Ministère de la Transition écologique et solidaire, años 2017-2020)

Más allá de los informes oficiales, estudios como el de Hege et al. (2017), enmarcados en el IDDRI - *Institut du Développement Durable et des Relations Internationales*, se cuestionan si Francia conseguirá cumplir con los ODS.

VI. EL PAPEL DE LA SOCIEDAD CIVIL EN LA CONFIGURACIÓN, IMPLEMENTACIÓN Y SEGUIMIENTO DE LA AGENDA 2030

Los ODS no han entrado en el debate político en Francia, lo que plantea dudas sobre su relevancia en relación con otros conceptos más tangibles como, por ejemplo, la transición justa (Hege et al., 2019). Entre las cuestiones de solidaridad y desarrollo que preocupan a la población francesa se observa la prioridad por cuestiones ecológicas como el cambio climático, la polución o la biodiversidad, situadas justo detrás de las cuestiones económicas y energéticas, y antes de otras como la pandemia, la vivienda, la desigualdad o el hambre en el mundo (Focus 2030, 2022).

En esta misma línea incide Coordination Sud (2022a), cuando recopila las menciones a los ODS o Agenda 2030 en los programas de los 4 partidos mayoritarios en las últimas elecciones, comparando los casos francés y español. Mientras en España se encuentran 9 referencias (solo lo deja de mencionar VOX), en Francia hay una sola, por parte de *Les Républicains*. Esta visión se extiende a otros aspectos como las carencias en cuanto a los organismos, la rendición de cuentas, o la responsabilidad gubernamental. Se percibe desde la coordinadora de ONGD francesa una falta de apropiación de los ODS en el debate público, y carencias en su consideración de cara a la acción exterior.

Sin embargo, también se han detectado iniciativas positivas. Sirva como ejemplo la reflexión de la Agencia Francesa de Desarrollo (AFD) sobre lo que significa la Agenda 2030 para los inversores. También la sociedad civil ha participado estrechamente en la selección de los indicadores de seguimiento y en la elaboración de la Hoja de ruta nacional, al igual que los parlamentarios, las empresas, las autoridades locales y los distintos ministerios (Hege et al., 2019). Igualmente, varias asociaciones de la sociedad civil reciben apoyo financiero de la CGDD o de la Agencia Francesa de Desarrollo (AFD) por su labor de promoción de la Agenda 2030 (Provendier, 2022).

Con todo, la coordinadora de ONGD pide una mayor participación, incluyendo su aporte en el proceso de los exámenes voluntarios (Coordination Sud, 2022b).

VII. FORTALEZAS Y DEBILIDADES EN LA IMPLEMENTACIÓN DE LA AGENDA

Partimos de que la Agenda 2030 y los ODS son poco conocidos entre la población francesa. Tal como indica Provendier (2022), tan solo el 11% declaraba conocerlos según una encuesta realizada en 2021, y de hecho la Agenda 2030 y los ODS se encuentran fuera de las propuestas de los principales partidos. En esta misma línea profundiza la plataforma FOCUS 2030, en el marco de un proyecto con la Universidad de Birmingham y la University College London. Aunque Francia se sitúa por encima de países como Alemania, Reino Unido o EEUU en esta cuestión, a finales de 2022 tan solo un 10% de las personas encuestadas había oído hablar y sabía en qué consisten los ODS, mientras un 37% había oído algo sobre ellos, sin saber realmente qué son.

Esto puede explicarse en parte por la coincidencia entre la Cumbre de Naciones Unidas que aprobó los ODS en septiembre de 2015 y la COP21, celebrada en París en diciembre de ese mismo año. En este sentido, el Acuerdo de París sobre cuestiones climáticas sí fue objeto de un verdadero interés por parte de la sociedad civil francesa, y desde entonces se observa un seguimiento a estas cuestiones, consideradas más tangibles (Hege et al., 2019). Así, Francia cuenta con un planteamiento de cara a 2050 de una Estrategia Nacional baja en carbono, centrada en orientaciones de políticas públicas para contribuir a una transición ecológica, sin que se encuentre un documento similar en términos de desarrollo más amplios, como propone la Agenda 2030. La coincidencia en muchos aspectos de ambas propuestas hace pensar en una posible confluencia, al menos parcial, como campo de oportunidad en el caso francés.

Como es lógico, se registran en Francia algunos avances e iniciativas, incluyendo: aspectos diversos de la propia acción gubernamental; los esfuerzos estadísticos del INSEE para contribuir con indicadores compatibles con Eurostat, OCDE y

SDSN; las actividades de sensibilización y movilización de la sociedad civil como Coordination Sud o Focus 2030; iniciativas de *think tanks*, empresas de economía social y solidaria; propuestas en ámbitos relacionados con las finanzas, territorios, educación, agua y saneamiento, etc.

Sin embargo, el amplio informe sobre los ODS de la diputada Florence Provendier (2022) plantea serios obstáculos y dificultades en lo que respecta a la Agenda 2030. En este sentido, se entiende que en Francia predomina una percepción de los ODS como demasiado complejos y desconectados, y sin un movimiento de apoyo estructurado. Se consideran en ocasiones como un estándar más, una etiqueta a sumar a otras de tipo ambiental, sectorial o territorial (*B- Corp*, compra responsable, CARE para empresas químicas, etc.)

En cuanto a su institucionalidad, el CGDD (*Commissariat Général au Développement Durable*) es el principal órgano encargado del seguimiento y promoción de la Agenda. A pesar de tener amplias funciones, desde la sociedad civil se entiende que no es suficiente para darle un impulso apropiado, y que tiene un perfil bajo, en comparación con otros países europeos. La adscripción del CGDD al Ministerio de Transición Ecológica y Solidaria puede contribuir a dotar de una connotación exclusivamente ecológica a los ODS, limitando el despliegue de una verdadera estrategia transversal y de desarrollo sostenible (Provendier, 2022). El propio CGDD (2017) alerta de la existencia de una voluntad política débil, donde el enfoque ODS apenas es visible frente a la cuestión climática, que es la que ha acaparado la atención. La interconexión de los objetivos de la Agenda 2030, y su urgencia, exigiría situar el liderazgo de los ODS al más alto nivel (un Alto Comisionado, por ejemplo), y una aplicación coordinada por parte de todos los ministerios.

Las debilidades en el proceso de implementación y seguimiento de la agenda se reflejan también en la realización hasta la fecha de un único informe voluntario, o en la falta de indicadores de impacto para los diferentes actores. Aunque desde 2019 se cuenta con una hoja de ruta como documento clave, en 2022 no había sido aun formalmente ratificada por el consejo de ministros (Provendier, 2022), y se observa una apropiación desigual de los ODS por parte de los distintos ministerios, las direcciones generales y autoridades locales.

REFERENCIAS BIBLIOGRÁFICAS

ADEME (Agence de la transition écologique). (2021). *Transitions 2050: Choisir maintenant, agir pour le climat.*

Coordination Sud. (2022a). *La mise en œuvre de l'Agenda 2030 en France et en Espagne: Note d'analyse Commission ODD, juillet 2022.* Coordination Sud.

Coordination Sud. (2022b). *Pour une politique française en faveur des Objectifs du Développement Durable: Note de position Commission ODD, septembre 2022.* Coordination Sud.

Dirth, E., Hege, E., & Zondervan, R. (2019). *Europe's approach to implementing the Sustainable Development Goals: Good practices and the way forward.* European Parliament.

Eurostat. (2022). *Key figures in Europe.* Recuperado en noviembre de 2022 de https://ec.europa.eu/eurostat/cache/digpub/keyfigures/.

Eurostat. (2023). *Key figures in Europe.* Recuperado en julio de 2023 de https://ec.europa.eu/eurostat/cache/visualisations/keyfigures/.

Focus 2030. (2022). *Présidentielle 2022 et enjeux internationaux: Perceptions, connaissances et aspirations des Français-es sur les grands défis planétaires.*

Gouvernement de la République française. (2016). *Rapport sur la mise en œuvre des objectifs de développement durable présenté à l'occasion de la revue nationale volontaire de la France au Forum Politique de Haut Niveau sur le développement durable.*

Gouvernement de la République française. (2017). *Point d'étape de la France dans la mise en œuvre des ODD à l'occasion du Forum Politique de Haut Niveau à l'ONU en juillet 2017.*

Gouvernement de la République française. (2019). *Agissons pour un monde plus durable et solidaire: Les acteurs français s'engagent pour la mise en œuvre des ODD. Feuille de route de la France pour l'Agence 2030.*

Hege, E., Vaillé, J., Demailly, D., & Brimont, L. (2017). La France passera-t-elle le test des Objectifs du développement durable (ODD)? Une évaluation des nouveautés et des défis des ODD pour la France. *IDDRI Policy Brief, N° 5/17.*

Hege, E., Barchiche, D., Rochette, J., Chabason, L., & Barthélemy, P. (2019). Premier bilan et conditions de succès de l'Agenda 2030 pour le développement durable. *IDDRI Étude, 07/19.*

Ministère de la Transition écologique et solidaire. (2018). *Point d'étape de la France sur la mise en œuvre de l'Agenda 2030: Point d'étape 2018.* Commissariat général au développement durable. Délégation au développement durable.

Ministère de la Transition écologique et solidaire. (2019). *Point d'étape 2019.* Commissariat général au développement durable. Délégation au développement durable.

Ministère de la Transition écologique et solidaire. (2020). *Stratégie nationale bas-carbone: La transition écologique et solidaire vers la neutralité carbone.* Commissariat général au développement durable.

Ministère de la Transition écologique et solidaire. (2021). *État des lieux de la France: Transformer la société par les Objectifs de développement durable.* Commissariat général au développement durable. Délégation au développement durable.

Provendier, F. (2022). *Tout est lié: Rapport autour des objectifs de développement durable.* Ministère de la Transition écologique et solidaire.

Sachs, J., Kroll, C., Lafortune, G., Fuller, G., & Woelm, F. (2022). *Sustainable development report 2022.* Cambridge University Press. https://doi.org/10.1017/9781009210058

OECD. (2021). *OECD Economic Surveys: France 2021.* OECD Publishing. https://doi.org/10.1787/289a0a17-en

Reconocimientos

Agradecemos a Elisabeth Hege (IDDRI- Institut du Développement Durable et des Relations Internationales) y Nicolas Paris (Coordination Sud) por su disponibilidad y las entrevistas concedidas en el marco de esta investigación.

Esta investigación ha sido apoyada por la Universidad del País Vasco UPV/EHU (Grupo de Investigación GIU21/011: Coherencia de Políticas para el Desarrollo y la Cooperación Internacional).

BLOQUE II:

LA IMPLEMENTACIÓN DE LA AGENDA 2030 EN CUATRO POLÍTICAS NACIONALES

La Agenda 2030 y la política turística. Avances en España y Uruguay

DIANA GÓMEZ-BRUNA
MARÍA VELASCO
Universidad Complutense de Madrid

I. INTRODUCCIÓN

El turismo es considerado como un sector estratégico en la economía mundial por parte de organismos internacionales como la UNWTO, pero también por gobiernos nacionales, regionales o locales de todo el mundo. La agenda institucional en torno al turismo se ha apoyado en los importantes beneficios que genera la actividad en el ámbito económico, entre los que destacan la generación de empleo o de actividad empresarial. De este modo, la política turística ha tenido entre sus objetivos prioritarios el fomento y promoción de la actividad.

Sin embargo, los actores públicos de los destinos turísticos se enfrentan también a los impactos negativos que genera el turismo desde el punto de vista medioambiental, social y económico (Rasoolimanesh y Seyfi, 2021). En este sentido, lograr el equilibrio entre estas dimensiones, esto es, trabajar por la transición sostenible del desarrollo turístico, se configura como uno de los grandes objetivos de la política turística en la mayor parte de países.

El turismo es, además, un fenómeno interrelacionado con las múltiples crisis a las que se enfrenta la sociedad actual. Ejemplo de ello es su vinculación con el cambio climático, al que contribuye con un 5% de las emisiones a la atmósfera (UNWTO, 2018); con la crisis ecológica, con el consumo de recursos como el agua o la destrucción de paisajes; o con las desigualdades sociales, con la precariedad del empleo o su contribución a los procesos de presión sobre el suelo o el aumento de los precios de la vivienda o de los productos y servicios.

En este contexto, en 2015 se aprueba la Agenda 2030, una agenda que tiene como objetivo abordar los desafíos a los que se enfrenta la sociedad contemporánea. Con la definición de los 17 Objetivos de Desarrollo Sostenible (ODS) y las 169 metas, la Agenda 2030 se convierte en un marco holístico que integra hitos mensurables e indivisibles en las esferas económica, social y medioambiental, instando a los países y sus gobiernos a integrarlos en sus políticas públicas. De este modo, el éxito de la Agenda 2030 depende del que esta integración sea efectiva.

En el marco de este análisis, se formula la pregunta de investigación central: ¿Están los países incorporando la Agenda 2030 en sus políticas turísticas? ¿Qué dimensiones de la Agenda 2030 están cobrando mayor relevancia? El presente capítulo tiene como objetivo analizar la integración de la Agenda 2030 en la política turística de dos países: España y la República Oriental de Uruguay (en adelante Uruguay). En el caso de España, con un sistema de reparto territorial del poder muy descentralizado, se analiza la acción del Gobierno Central. Para alcanzar este fin, la investigación se desarrolla a través de la técnica de análisis de contenido de los documentos rectores de la política turística de los dos países mencionados. En la metodología se identifican tres categorías de análisis: problemas, valores y ODS. Los resultados obtenidos muestran las diferentes perspectivas y lógicas desde las que los dos gobiernos han incorporado (o no) los principios y valores de la Agenda 2030 y los ODS a sus políticas en turismo. De esta comparación se extrae que la integración de la Agenda 2030 a la política turística no se ha producido de manera homogénea ni en los países analizados ni de manera equilibrada entre las diferentes dimensiones de la sostenibilidad.

II. SOSTENIBILIDAD EN LA POLÍTICA TURÍSTICA

Desde hace ya décadas, uno los principales retos de la política turística es trabajar por una integración real de los ámbitos económico, social y medioambiental en el desarrollo turístico. Este mayor compromiso con la sostenibilidad es explicado por varios factores que convergen y fortalecen la idea (Velasco, 2020).

Por un lado, se encuentran los impactos generados por la actividad turística. El turismo puede generar impactos muy positivos desde el punto de vista económico, como la aportación al PIB y la generación de actividad empresarial o de empleo, mejorando la vida de las personas (Dyer et al., 2007), pero también desde el punto de vista sociocultural o medioambiental con el intercambio cultural entre turistas y residentes, la ruptura de estereotipos y prejuicios o la mayor concienciación medioambiental (Nunkoo y Ramkissoon, 2011a). Sin embargo, de manera paralela, el turismo tiene externalidades negativas que impactan en las poblaciones locales y territorios en los que se desarrolla. Los impactos negativos que genera el sector han sido ampliamente reconocidos en la literatura académica. Entre ellos destacan el aumento de los precios de los productos-servicios y viviendas y los procesos de especulación inmobiliaria vinculados (Milano, 2018), un consumo más intensivo de recursos, como el agua, y contaminación visual (Gursoy y Rutherford, 2004) a lo que se suma la contribución de CO2 de los medios de transporte turístico.

Por otro lado, otro de los factores relevantes en la promoción y fomento de la sostenibilidad en turismo es el impulso desde del ámbito institucional. Organizaciones internacionales como la UNWTO promueven la sostenibilidad del sector desde mediados de los 90. Desde la Declaración de Manila (UNWTO, 1990), la UNWTO ha animado a los gobiernos de todo el mundo a promover políticas enfocadas a la mejora de la calidad de vida de las poblaciones locales, la protección y conservación de los recursos naturales, las acciones para la mitigación y adaptación al cambio climático o el fomento de las capacidades locales de las sociedades implicadas.

Desde el ámbito académico, existen estudios que han analizado los impactos que genera la actividad turística desde los años 70 (Mathieson y Wall, 2004). En los últimos años, la investigación académica está señalando la necesidad de poner en el centro las necesidades e intereses de las poblaciones locales (Dwyer, 2021) y de reducir el impacto sobre el cambio climático (Peeters et al., 2024).

Por último, parece existir una mayor conciencia social sobre las repercusiones negativas que el desarrollo turístico genera. Durante la crisis del COVID-19, también se produjeron interesantes debates en los que algunas posturas cuestionaban la sostenibilidad del desarrollo turístico y la necesidad de revisar el enfoque basado en el crecimiento del sector (Higgins-Desbiolles et al., 2019). Y, posteriormente, se han producido manifestaciones de rechazo en destinos diversos de Europa vinculadas también al crecimiento sostenido de las cifras turísticas internacionales.

III. LA AGENDA 2030: IMPLICACIONES EN LA POLÍTICA TURÍSTICA

En 2015, los Estados integrantes de Naciones Unidas firman su compromiso con una agenda global, la Agenda 2030, cuyo objetivo es afrontar los retos más importantes de la sociedad contemporánea promoviendo el desarrollo sostenible (UN, 2015). Los 17 Objetivos de Desarrollo Sostenible (ODS) identificados permiten enfrentar desafíos tales como la crisis climática, la erradicación de la pobreza o la igualdad de género. Una de las grandes apuestas de la Agenda es su carácter global, integrado e indivisible. Se trata de un marco que incorpora de manera transversal todos y cada uno de los retos que la sociedad contemporánea ha de abordar. Paralelamente, uno de los grandes desafíos para su éxito es el compromiso efectivo de los países en incorporar los valores, principios y los propios ODS en sus políticas públicas en los diferentes sectores y niveles administrativos. Esta integración presenta una gran complejidad, dadas las propias agendas y lógicas de los gobiernos nacionales, los múltiples actores vinculados y la diversidad de ámbitos de actuación.

En el contexto de la política turística, la Agenda 2030 puede ser un importante catalizador para impulsar un turismo más sostenible y responsable. La Agenda 2030 aborda algunos de los grandes desafíos a los que se enfrenta el turismo y la propia UNWTO difunde y promociona la necesidad de integrar la visión integral de la Agenda en el desarrollo turístico (UNWTO, 2018). El alineamiento de la política turística con los objetivos y metas marcados en la Agenda 2030, desde una perspectiva integral, favorecería la contribución del turismo al bienestar de las comunidades locales, la preservación del medio ambiente, la lucha contra el cambio climático, la promoción de la igualdad o la creación de alianzas entre los actores para alcanzar modelos de desarrollo más sostenibles (Gómez-Bruna et al., 2024).

Paralelamente, el propio turismo es reconocido como un sector importante para la consecución de los ODS. La Agenda 2030 muestra el papel crucial del turismo en el desarrollo sostenible a través su mención explícita en tres de los 17 ODS: ODS8, ODS12 y ODS14 (UN, 2015). Adicionalmente, se reconoce la relevancia que el desarrollo turístico puede tener en el resto como en la preservación del medio ambiente y la biodiversidad, la crisis climática o la igualdad de género en el turismo (UNWTO, 2018).

En definitiva, la integración de los principios y valores y de los objetivos y metas de la Agenda 2030 en la política turística puede convertirse en un impulso crucial para integrar de una manera efectiva las múltiples dimensiones de la sostenibilidad en el desarrollo turístico.

IV. METODOLOGÍA

4.1. Método y dimensiones de análisis

Como ya se ha señalado, el presente capítulo se enmarca en el proyecto "Articulación de Agendas Globales y Agendas Nacionales: el proceso de implementación de la Agenda 2030 en Europa y América Latina". Dentro del proyecto, esta investigación está vinculada con su segunda fase, que tiene como fin evaluar la incorporación de los principios y valores de la Agenda 2030 en las políticas públicas. Se aborda en este caso, el análisis de la integración de la Agenda 2030 en la política turística de dos países, España y Uruguay. Para ello, se optó por llevar a cabo un estudio exploratorio descriptivo basado en el análisis de contenido de los documentos clave en la política turística de cada país analizado. El marco temporal elegido se corresponde con los años 2020-2023, dada la relevancia que la crisis del COVID-19 tiene en la política la política turística.

La metodología utilizada en el Proyecto se fundamenta en el enfoque de fases del análisis de políticas públicas (Parsons, 2007) profundizando en la fase inicial, esto es, en la de definición y diseño de la política. Se identificaron los elementos intersubjetivos, seleccionándose tres dimensiones de análisis (Tabla 1): i) los problemas y retos que debe enfrentar la sociedad según la Agenda 2030; ii) los principios y valores que constituyen el marco conceptual y normativo de la Agenda 2030. Por último, como tercera dimensión se analizó la presencia, explícita o implícita, de los ODS en la política turística, tal y como se ha desarrollado en otros estudios de análisis de la política turística (Becken et al., 2020).

Tabla 1. Dimensiones y variables para analizar la integración de la Agenda 2030.

Problemas	Valores	ODS
Crisis climática	Equidad	ODS1
Transición ecológica	Sostenibilidad	ODS2
Crisis energética	Inclusión	ODS3
Desigualdad / Pobreza	Redistribución	ODS4
	Feminismo	ODS5
	Derechos humanos	ODS6
	Democracia	ODS7
	Responsabilidad	ODSn
	Universalidad	

Fuente: Ramos et al., (2024).

Tras la definición de las dimensiones y variables de análisis, se identificaron los documentos clave en la definición de política turística en cada país en el nivel gubernamental central (Tabla 1).

Tabla 2. Documentos de política turística utilizados para el análisis de la integración de la Agenda 2030 por país.

	España	Uruguay
Documentos clave en la política turística	Plan de Recuperación, Transformación y Resiliencia. Componente 14. Plan de modernización y competitividad del sector turístico. (Gobierno de España, 2021). Estrategia de creación, innovación y fortalecimiento de la oferta país. Experiencias Turismo España (en adelante Estrategia Experiencias) (Secretaría de Estado de Turismo, 2021). Plan Turístico Nacional de Enogastronomía (Secretaría de Estado de Turismo, 2022). Estrategia de sostenibilidad turística en destinos (Secretaría de Estado de Turismo, 2023).	1. Plan Nacional de Turismo Sostenible 2030 (Ministerio de Turismo Uruguay, 2020). 2. Estrategia para el programa del país para la séptima fase operacional del Programa de Pequeñas Donaciones (en adelante Estrategia PPD) Uruguay (Ministerio Medio Ambiente, 2020). 3. Guía para la formulación de proyectos PPD Convocatoria 2021 (Ministerio Medio Ambiente, 2021a). 3. Guía para la postulación de proyectos PPD Convocatoria 2021(Ministerio Medio Ambiente, 2021b). 4. Programa de Desarrollo de Corredores Turísticos (Banco Interamericano de Desarrollo, 2016).

Fuente: Elaboración propia.

Los documentos fueron analizados y categorizados sistemáticamente atendiendo a las diferentes dimensiones y variables arriba indicadas (Tabla 1) utilizando el software Atlas.ti v.22.

4.2. Ámbito geográfico de estudio

España es uno de los países líderes mundiales por turismo. En 2023 ocupaba el segundo lugar del ranking mundial tanto en llegadas de turistas internacionales como en ingresos por turismo (UNWTO, 2024). En ese año se alcanzaron más de 85 millones de turistas internacionales que generaron un gasto de 108 millones de euros (INE, 2024). La actividad turística tiene un importante peso en la economía española al representar en torno al 11,6% del PIB y el 9,3% del empleo (INE, 2022). Estas cifras ofrecen una medida de la relevancia del sector turístico en el contexto español. Desde los años 60 el turismo ha sido fomentado y promocionado por las diversas instituciones centrales, regionales y locales españolas. La revisión histórica de la política turística permite afirmar que el turismo en España es abordado desde una perspectiva basada en la relevante aportación del sector al PIB, la generación de empleo o la contribución a la balanza de pagos. En este contexto, las políticas se han dirigido fundamentalmente al impulso del turismo como actividad económica y al aumento en el número de llegadas de turistas internacionales. Sin embargo, a pesar de esta relevancia y aparente éxito, el sector turístico español adolece de algunos problemas estructurales vinculados a la cuádruple concentración que caracteriza al sector: espacial, temporal, producto y mercados. En este sentido, desde mediados de los años 2000[1] la política turística española ha incorporado la sostenibilidad en los diferentes planes estratégicos con mayor o menor protagonismo en función, generalmente, del ciclo político (Velasco, 2010).

Uruguay recibió en 2023 3,8 millones de turistas internacionales lo que le posiciona como uno de los países más importantes por llegadas de turistas en América del Sur (Ministerio de Turismo de Uruguay, 2024). Esta actividad turística se concentra en Montevideo seguido de Punta del Este, Litoral Termal y Colonia. En cuanto a la relevancia desde el punto de vista económico, en 2017 los ingresos por turismo fueron de U$S 2,3 millones, su aportación al PIB se estima en 8,6% mientras que el turismo generaba en ese momento en torno a 110.000 empleos (Ministerio de Turismo Uruguay, 2020). El turismo se

---

1 La primera vez que la sostenibilidad es incorporada a un Plan estratégico en turismo en España es en el con el Plan Horizonte 2020 (Secretaría de Turismo de España, 2007).

configura, por tanto, como un sector relevante para el futuro desarrollo del país. En cuanto a la política turística de Uruguay, esta ha tenido diferentes fases desde la restauración de la democracia en el país. Quintana (2016) menciona tres fases diferenciadas, una primera fase desarrollista (1986-1990); fase neoliberalista (1990-2005) y fase de la nueva política pública del turismo (2005-2010). Esta última fase tuvo continuidad a través del Plan Nacional de Turismo Sostenible 2009-2020 (Ministerio de Turismo Uruguay, 2009) y en la actualidad con el Plan Nacional de Turismo Sostenible 2030 (Ministerio de Turismo Uruguay, 2020).

V. EL CONTENIDO DE LA AGENDA 2030 EN LA POLÍTICA TURÍSTICA: EL CASO DE ESPAÑA Y URUGUAY

5.1. Problemas presentes en la política turística: una visión desde la Agenda 2030

Los problemas identificados en la presente investigación como los más relevantes de la Agenda 2030 (emergencia climática/crisis climática, transición ecológica, crisis energética y desigualdad/pobreza) están reflejados en la política turística de España y Uruguay desde diferentes perspectivas.

En cuanto a la transición ecológica, España ha establecido la transición verde y sostenible como uno de los objetivos principales de su política turística en el periodo de análisis. La presencia de este concepto es relevante en varios de documentos analizados en los que se incide en la necesidad de fomentar la economía circular, la eficiencia energética y la protección de los recursos naturales como ejes clave para la mejora de la competitividad y la sostenibilidad del turismo español (Gobierno de España, 2021). También Uruguay otorga relevancia a la transición ecológica enfatizando en la necesidad de proteger y conservar los recursos naturales.

En relación con los problemas vinculados a la crisis climática, estos son los que tienen mayor presencia en la política turística española. En este sentido cabe destacar que esta política aborda el problema del cambio climático desde dos perspectivas. Por un lado, se evidencia la existencia del problema y la contribución del turismo a agravar esta crisis. El Plan de Recuperación, Transformación y Resiliencia especifica la contribución del turismo a las emisiones de Co2 que valora en 38.254.491 toneladas de Co2 y que supone un 9% del total de emisiones (Gobierno de España, 2021). Además, los diferentes documentos de la política española admiten de manera explícita el importante impacto que el cambio climático puede tener en los destinos turísticos españoles y la especial vulnerabilidad de los destinos de costa e islas. Por otro lado, se identifican objetivos y actuaciones en torno a este importante reto. En concreto, se detallan diversos instrumentos de política turística (financieros, normativos o de comunicación) enfocados a la mitigación y adaptación al cambio climático y destinados tanto al sector empresarial como a los destinos turísticos.

Por su parte, Uruguay también reconoce la relevancia de la crisis climática, pero con menor intensidad que España. El documento rector de su política turística, el Plan Nacional de Turismo Sostenible 2030 menciona la crisis climática entre sus líneas de acción "Apuntar a colocar en lugar preferente la respuesta al cambio climático, el cuidado del ambiente y la gestión sostenible de la energía, el agua y los residuos" (Ministerio de Turismo Uruguay, 2020, p.24). Más allá de esta mención, en este documento no se identifica ningún objetivo o acción más vinculado al clima. En cambio, el cambio climático sí aparece como objetivo y se especifican acciones en documentos como la Estrategia para el programa del país para la séptima fase operacional del Programa de Pequeñas Donaciones (PPD) Uruguay (Ministerio Medio Ambiente, 2020) o la Guía para la formulación de proyectos PPD Convocatoria 2021 (Ministerio Medio Ambiente, 2021a). Estos documentos están fundamentados en las prioridades ambientales definidas por el país y en los Acuerdos ambientales internacionales firmados por Uruguay. Se trata de programas promovidos por el Fondo para el Medio Ambiente Mundial (FMAM) en colaboración con el Ministerio de Medio Ambiente y el Ministerio de Turismo e implementados por el Programa de las Naciones Unidas para el Desarrollo (PNUD). Entre los proyectos financiados se da prioridad, entre otros, a aquellos que trabajan por la lucha frente al cambio climático, la protección de la biodiversidad o el ecoturismo.

En referencia a la variable "crisis energética", esta no es reconocida como un problema en la política turística de ninguno de los países analizados, aunque sí se aborda el problema en la definición de objetivos o en la implantación de diversos instrumentos de políticas públicas. En el caso de España se recoge la eficiencia energética y la circularidad como uno de los ámbitos de actuación principales del Plan de modernización y competitividad del sector turístico (Gobierno de España, 2021). Por su parte, Uruguay incorpora como prioridad el fomento de las energías renovables en la Estrategia PPD Uruguay (Ministerio Medio Ambiente, 2020).

Finalmente, la categoría de problemas vinculados con la desigualdad/pobreza no tienen una presencia significativa en la política turística española. Aparecen de manera testimonial problemas asociados a desigualdades territoriales y despoblación o género cuando se hace referencia a brechas de digitales. En cambio, Uruguay sí otorga un papel relevante a este problema en su política turística. Por un lado, el Plan Nacional de Turismo Sostenible 2030 recoge la necesidad de trabajar las desigualdades sociales, territoriales y de género. Por otro lado, la Estrategia PPD tiene entre sus fines fortalecer las capacidades de la sociedad civil para desarrollar proyectos de carácter socioambiental que contribuyan a mejorar la calidad de vida de las personas y el desarrollo sostenible, luchando contra las desigualdades.

5.2. Valores y principios de la política turística en relación con la Agenda 2030

La dimensión de valores y principios de la Agenda 2030 está conformada por valores como equidad, sostenibilidad, inclusión, redistribución, feminismo, derechos humanos, democracia, responsabilidad y universalidad. El análisis de estos valores en la política turística muestra una atención poco equilibrada en la política turística.

Sin duda alguna, el principio con mayor presencia en la política turística en los dos países es el de sostenibilidad. A pesar de esta relevancia, el análisis realizado no permite afirmar que esta presencia se deba a una integración efectiva de la Agenda 2030. Como veíamos en un apartado anterior, la sostenibilidad como concepto está presente en la política turística a nivel mundial debido a diversos factores entre los que destaca la presión ejercida por la esfera académica, el fomento por parte de instituciones internacionales como la UNWTO o la mayor concienciación social.

En cuanto a otros valores identificados en la metodología, las dos políticas realizan menciones explícitas a asuntos relacionados con la inclusión, la redistribución o igualdad de género. Los valores de inclusión y redistribución se trabajan en ambas políticas desde perspectivas y lógicas similares. En relación con la inclusión, ambas especifican la importancia de crear propuestas de turismo accesibles, que faciliten el turismo mediante la información para grupos con necesidades especiales, la formación para la atención a estas necesidades o la eliminación de barreras. Se reconoce, por otro lado, la obligación de atender las realidades de los diversos colectivos: LGBTIQ+, mayores, familias o religión.

En cuanto a la redistribución, ambos países enfocan la redistribución hacia la redistribución territorial del turismo y/o cohesión territorial mientras que la aproximación vinculada a la redistribución real de la riqueza no aparece en estas políticas. Con relación a la igualdad de género, los dos países incorporan actuaciones en torno a la discriminación en el ámbito laboral e impulsan prácticas que integran la perspectiva de género.

La política turística uruguaya incorpora fuertemente el valor democrático como uno de sus principios fundamentales. Por un lado, el Plan Nacional de Turismo Sostenible 2030 especifica el fuerte componente participativo en la elaboración del plan. También la Estrategia PPD establece la democracia y la participación entre sus principios fundamentales promoviendo la participación de los actores sociales en el diseño e implementación de los proyectos que financia. En el caso de la política española, la democracia no se incluye de manera explícita si bien sí se ha incorporado la participación de los agentes como un componente necesario en el diseño de la política turística, tanto en la Estrategia de Sostenibilidad Turística en Destinos como en la Estrategia Experiencia Turismo España.

El valor relacionado con la universalidad solo aparece en la política turística uruguaya, pero lo hace vinculado exclusivamente a la visión del turismo como un derecho social de los uruguayos. Por último, hay un cierto déficit en cuanto a la inclusión explícita de los derechos humanos en la política turística de los dos países. En el caso de la política uruguaya se hace mención explícita a la lucha contra la explotación sexual infantil y de mujeres y ambos países incluyen los derechos laborales de los trabajadores del sector turístico como uno de los asuntos a abordar.

5.3. Los ODS en la política turística en España y Uruguay

El análisis de la presencia de los ODS en los documentos principales de la política turística de España y Uruguay (Plan de Recuperación, Transformación y Resiliencia y el Plan Nacional de Turismo Sostenible 2030 respectivamente) ofrece resultados poco alentadores de la incorporación efectiva de la Agenda 2030 en esta política sectorial. Los ODS no aparecen integrados de manera explícita en los objetivos, ejes o líneas de acción de estos planes. Por un lado, España especifica en su Plan que este está inspirado en la Agenda 2030 pero no hay ninguna otra mención específica a ella o a alguno de los ODS. Por otro lado, Uruguay dedica dos páginas de su plan a exponer los ODS, pero desde una perspectiva global y genérica que tampoco permite identificar la incorporación real de la Agenda en su estrategia.

Debido a este déficit, se analiza también la presencia indirecta de los ODS en los documentos mencionados y en el resto de los documentos de política turística vinculados. Este análisis muestra una situación desequilibrada entre la presencia de los ODS. Los dos ODS con mayor presencia son el ODS8 y el ODS9, ambos vinculados con la necesidad de crecimiento de la actividad turística presente en las agendas gubernamentales. En ambos casos, la relevancia del sector turístico para las economías y el fuerte impacto de la crisis del COVID-19 pueden estar condicionando esta fuerte presencia.

También tiene gran presencia el ODS13 "Acción por el clima". Ambas políticas reconocen el grave riesgo que supone el cambio climático para el desarrollo turístico y la presencia más importante de este ODS se da en las líneas de actuación y en las acciones concretas de programas como la Estrategia Experiencias (España) o la Estrategia PPD (Uruguay). Ambos países incorporan como requisito para la financiación de proyectos la incorporación de acciones mitigación y/o adaptación al cambio climático.

Otros ODS tienen una relevancia menor, aunque resultan significativos. Entre ellos destacan los ODS7, ODS11, ODS12 y ODS15, vinculados principalmente con el ámbito medioambiental. La política turística muestra así su preocupación por el fomento de energías no contaminantes, la consecución de comunidades más sostenibles, la protección de los ecosistemas terrestres y del consumo y producción sostenible, uno de los ODS en los que el turismo tiene una meta específica asignada.

Cabe destacar también la presencia del ODS17, sobre "Alianzas para lograr los objetivos". Tanto la política turística española como la uruguaya incorporan tanto en sus documentos principales como en programas específicos la participación de los actores como una de las claves para diseñar políticas turísticas más equitativas y sostenibles. La presencia del resto de ODS es muy testimonial por lo que el balance entre los 17 ODS está por el momento desequilibrado a favor de ODS vinculados al turismo como actividad económica y a ODS relacionados con el ámbito medioambiental.

CONCLUSIONES

El desarrollo turístico puede ser un importante motor de desarrollo socioeconómico si bien, en los últimos años, los actores públicos se enfrentan también a un importante desafío, el de lograr una transición del turismo hacia modelos más sostenibles. Es en este marco en el que la Agenda 2030 se configura como un elemento crucial dada su visión transversal de los problemas a los que ha de hacer frente la sociedad actual y su propuesta integrada e indivisible de las diferentes dimensiones de la sostenibilidad. La incorporación de los principios y valores y de los ODS y metas de la Agenda 2030 en las políticas públicas de los países firmantes es la clave para el éxito de la propuesta.

En el marco de nuestra investigación, los resultados del análisis de la integración de la Agenda 2030 en la política turística de España y Uruguay muestran una situación de desequilibrio tanto en los problemas como en los principios y valores y en los ODS presentes en esta política sectorial. Este desequilibrio podría ser reflejo de la falta de permeabilidad de la Agenda 2030 en esta política sectorial. La política turística parte generalmente de enfoques que se apoyan en los beneficios económicos que genera el sector. Esta lógica tiene su reflejo en la mayor presencia de aspectos vinculados con el ODS8 y el ODS9 en la política turística.

De manera paralela, la sostenibilidad es un concepto omnipresente en las políticas de ambos países. Este valor aparece de manera recurrente en los documentos rectores si bien, los hallazgos de la investigación no permiten afirmar que esta presencia derive directa y exclusivamente de la Agenda 2030. Tal y como se ha apuntado a lo largo del capítulo, la sostenibilidad en la política turística irrumpe desde mediados de los años 90 apoyada en factores como el impulso de instituciones internacionales como la UNWTO, el debate académico en torno al turismo o la mayor conciencia social sobre la necesidad de apostar por modelos turísticos más sostenibles.

Otro de los ámbitos que adquiere relevancia es el medioambiental si bien, existen algunas diferencias entre los países analizados a la hora de abordar estas cuestiones. España refleja intensamente la crisis climática, la transición ecológica y la crisis energética en sus documentos clave de la política turística. Por su parte, Uruguay incorpora el cambio climático y la transición ecológica, pero de una manera más difusa. Su documento principal no incorpora de una manera clara estos problemas, sino que es en programas apoyados por el PNUD Uruguay donde aparecen. Es clara por tanto la influencia de este importante actor internacional en el ámbito medioambiental. En cuanto a la crisis energética, la política turística no aborda este asunto, la explicación podría encontrarse en su menor dependencia de energías no renovables y en su apuesta como país por el hidrógeno verde.

Esta visión de los problemas en la política turística se ve reflejada también en la presencia indirecta y predominante de los ODS vinculados a temas medioambientales. El ODS con mayor presencia es el ODS13 seguido de otros como el ODS15, ODS7 u otros como el ODS11 y ODS12, pero entendidos desde lógicas medioambientales. La política turística de los dos países muestra así preocupación por la dimensión medioambiental, quizá condicionada por cuestiones como la dependencia de la actividad turística de los recursos naturales o por la vulnerabilidad del turismo ante los impactos del cambio climático y también muy influenciada por actores internacionales como el PNUD, con fuerte presencia en Uruguay o por la Unión Europea en España.

La principal debilidad de estas políticas está relacionada con la limitada presencia de problemas, valores u ODS más vinculados a las personas. Ambos países incorporan la redistribución desde la perspectiva de la necesaria redistribución territorial de la actividad turística, dada la concentración de la demanda en algunas regiones de los países. También integran la igualdad de género, aunque no se hace un especial énfasis en trabajar este ámbito. Uruguay incorpora también las desigualdades sociales o cuestiones de derechos humanos como temas vinculados a la explotación sexual infantil. Y España, por su parte, incorpora algunos temas vinculados con los derechos laborales. Sin embargo, el peso que se otorga a esta dimensión social es relativamente limitada y, en cualquier caso, inferior al que reciben la dimensión económica y la medioambiental.

El presente capítulo supone una importante aportación en el análisis de las políticas públicas y su vínculo con la Agenda 2030. Los resultados ponen de manifiesto que tanto España como Uruguay están trabajando por incorporar la triple vertiente de la sostenibilidad. Es destacable cómo están abordando la dimensión medioambiental a través de instrumentos de políticas públicas enfocados a la transición ecológica o a la mitigación y adaptación al cambio climático. Sin embargo, hay un desequilibrio hacia la dimensión social. Se pone así de manifiesto la necesidad de incorporar a la política turística enfoques que consideren de manera transversal e indivisible las tres dimensiones de la sostenibilidad.

REFERENCIAS BIBLIOGRÁFICAS

Banco Interamericano de Desarrollo. (2016). *Programa de Desarrollo de Corredores Turísticos - BID.* Recuperado el 12 de junio de 2024 de https://iadb-ezshare-prod.s3.amazonaws.com

Becken, S., Whittlesea, E., Loehr, J., & Scott, D. (2020). Tourism and climate change: Evaluating the extent of policy integration. *Journal of Sustainable Tourism, 28*(10), 1603–1624.

Dwyer, L. (2021). Resident well-being and sustainable tourism development: The 'capitals approach.' *Journal of Sustainable Tourism, 31*(9), 2119–2135.

Dyer, P., Gursoy, D., Sharma, B., & Carter, J. (2007). Structural modeling of resident perceptions of tourism and associated development on the Sunshine Coast, Australia. *Tourism Management, 28*(2), 409–422.

Gobierno de España. (2021). *Plan de Recuperación, Transformación y Resiliencia. Componente 14. Plan de modernización y competitividad del sector turístico.* Gobierno de España. Recuperado el 15 de abril de 2024 de https://planderecuperacion.gob.es/politicas-y-componentes/componente-14-plan-de-modernizacion-y-competitividad-del-sector-turistico

Gómez-Bruna, D., Martín-Duque, C., & Fernández, J. J. (2024). Determinants of residents' support for urban tourism in times of uncertainty: Exploring the case of the city of Madrid. *Tourism and Hospitality Research.*

Gursoy, D., & Rutherford, D. (2004). Host attitudes toward tourism: An improved structural model. *Annals of Tourism Research, 31*(3), 495–516.

Higgins-Desbiolles, F., Carnicelli, S., Krolikowski, C., Wijesinghe, G., & Boluk, K. (2019). Degrowing tourism: Rethinking tourism. *Journal of Sustainable Tourism, 27*(12), 1926–1944.

INE. (2022). *Cuenta satélite del turismo de España. Año 2022.* Instituto Nacional de Estadística, España. Recuperado el 6 de diciembre de 2023 de https://www.ine.es/dyngs/INEbase/es/operacion.htm?c=Estadistica_C&cid=1254736169169&menu=ultiDatos&idp=1254735576863

INE. (2024). *Estadística de Movimientos Turísticos en Fronteras (FRONTUR).* Instituto Nacional de Estadística, España. Recuperado el 6 de diciembre de 2023 de https://www.ine.es/dyngs/INEbase/es/operacion.htm?c=Estadistica_C&cid=1254736176996&menu=ultiDatos&idp=1254735576863

Mathieson, A., & Wall, G. (2004). *Tourism: Economic, physical and social impacts.* Longman.

Milano, C. (2018). Overtourism, malestar social y turismofobia. Un debate controvertido. *Pasos Revista de Turismo y Patrimonio Cultural, 16*(3), 551–564.

Ministerio de Turismo de Uruguay. (2024). *Estadísticas. Turismo Receptivo.* Recuperado el 18 de junio de 2024 de https://www.gub.uy/ministerio-turismo/turismoreceptivo

Ministerio de Turismo de Uruguay. (2009). *Plan Nacional de Turismo Sostenible 2009–2020.* Recuperado el 23 de septiembre de 2023 de http://apps.mintur.gub.uy/Plantur/components/Plan%20Turismo%20Sostenible_final.pdf

Ministerio de Turismo de Uruguay. (2020). *Plan Nacional de Turismo Sostenible 2030.* Recuperado el 18 de junio de 2024 de https://www.comprasestatales.gub.uy/Pliegos/pedido_723480.pdf

Ministerio de Medio Ambiente. (2020). *Estrategia para el programa del país para la séptima fase operacional del Programa de Pequeñas Donaciones.* Recuperado el 12 de diciembre de 2023 de https://www.undp.org/es/cuba/publicaciones/estrategia-para-el-programa-del-pais-para-la-septima-fase-operacional-del-programa-de-pequenas-donaciones-ppd

Ministerio de Medio Ambiente. (2021a). *Guía para la formulación de proyectos PPD Convocatoria 2021.* Recuperado el 11 de diciembre de 2023 de https://ppduruguay.undp.org.uy/wp-content/uploads/2022/07/GUIA-de-Formulacion-Proyectos.pdf

Ministerio de Medio Ambiente. (2021b). *Guía para la postulación de proyectos PPD Convocatoria 2021.* Recuperado el 27 de diciembre de 2023 de https://ppduruguay.undp.org.uy/guia-para-la-postulacion-de-proyectos/

Nunkoo, R., & Ramkissoon, H. (2011). Developing a community support model for tourism. *Annals of Tourism Research, 38*(3), 964–988.

Parsons, W. (2007). *Políticas públicas: Una introducción a la teoría y la práctica del análisis de políticas públicas.* FLACSO.

Peeters, P., Çakmak, E., & Guiver, J. (2024). Current issues in tourism: Mitigating climate change in sustainable tourism research. *Tourism Management, 100.*

Quintana, C. (2016). Política pública de turismo en Uruguay (1986–2010). *Pasos Revista de Turismo y Patrimonio Cultural, 14*(3).

Ramos, M. L., Velasco-González, M., Gutiérrez, J., & Sianes, A. (2024). Articulación de agendas globales y agendas nacionales (en prensa). Tirant Lo Blanch.

Rasoolimanesh, S. M., & Seyfi, S. (2021). Residents' perceptions and attitudes towards tourism development: A perspective article. *Tourism Review, 76,* 51–57.

Secretaría de Estado de Turismo. (2021). *Estrategia Experiencias Turismo España.* Ministerio de Industria, Comercio y Turismo, Madrid. Recuperado el 15 de mayo de 2024 de https://www.mintur.gob.es/es-es/recuperacion-transformacion-resiliencia/Documents/plan-experiencias-espana.pdf

Secretaría de Estado de Turismo. (2022). *Plan Turístico Nacional de Enogastronomía.* Ministerio de Industria, Comercio y Turismo, Madrid. Recuperado el 15 de mayo de 2024 de https://turismo.gob.es/es-es/estrategia-turismo/Documents/Enogastronomia.pdf

Secretaría de Estado de Turismo. (2023). *Estrategia de sostenibilidad turística en destinos.* Ministerio de Industria, Comercio y Turismo, Madrid. Recuperado el 15 de mayo de 2024 de https://turismo.gob.es/es-es/estrategia/V2022_Estrategia_Sostenibilidad_Turistica_Destino.pdf

United Nations. (2015). *Transforming our world: The 2030 Agenda for Sustainable Development.* Recuperado el 6 de diciembre de 2023 de https://documents-dds-ny.un.org/doc/UNDOC/GEN/N15/291/89/PDF/N1529189.pdf?OpenElement

UNWTO. (2018). *El turismo y los Objetivos de Desarrollo Sostenible: Buenas prácticas en las Américas.* UNWTO.

UNWTO. (2024). *UNWTO World Tourism Barometer - Barómetro OMT del Turismo Mundial.* UNWTO.

Velasco-González, M. (2010). La incorporación de ideas en las políticas públicas: El concepto de sostenibilidad en la política turística. *Revista de Análisis Turístico, 10,* 35–44.

Velasco-González, M. (2020). Políticas turísticas ante una pandemia. En *Turismo pos-COVID-19: Reflexiones, retos y oportunidades*. Cátedra de Turismo Caja Canarias-Ashotel de la Universidad de La Laguna.

La agenda 2030 y la política de desarrollo rural en España y Europa

EDUARDO MALAGÓN-ZALDUA
MARÍA JOSÉ MARTÍNEZ HERRERO
IRATI LABAIEN EGIGUREN
JORGE GUTIÉRREZ-GOIRIA
Instituto Hegoa, Universidad del País Vasco (UPV/EHU)

I. ANTECEDENTES

La incorporación de España a la entonces denominada Comunidad Económica Europea en 1986 se realizó en un momento de cuestionamiento de la Política Agraria Común (PAC), en gran parte motivado por las profundas transformaciones habidas en el sistema agroalimentario global y que se tradujo en un proceso de sucesivas reformas de la misma.

Durante la década de los años 90, la PAC estuvo marcada por los recortes presupuestarios y el establecimiento de un sistema de cuotas de producción, que pretendían hacer frente a los grandes excedentes que ponían en peligro el modelo agrario comunitario. Para corregir la situación, se redefinió la PAC reorientándola "hacia el control de los mercados y precios (…), pero también hacia la agroambientalización, diversificación y multifuncionalidad de los espacios rurales" (Serrano et al.; 2020, p.907).

En este contexto surgió la iniciativa LEADER (por sus siglas *Liaison Entre Actions de Développement de l'Économie Rurale*), considerada como la primera política comunitaria de desarrollo rural con enfoque territorial, que supuso la ampliación del ámbito de intervención hacia sectores no específicamente agrarios, así como la implicación de otros agentes públicos y privados (asociaciones empresariales, sindicatos, colectivos sociales, además de municipios, mancomunidades, comunidades autónomas y la propia administración estatal y la comunitaria) en su diseño y ejecución.

Este nuevo enfoque de desarrollo rural supuso un importante salto cualitativo, ya que los nuevos programas incluían nuevas temáticas y perspectivas más amplias, aglutinando al mismo tiempo agentes sociales que iban más allá de los agrarios (Rosell y Viladomiu, 2013). Con los nuevos fondos disponibles se financiaron infraestructuras y se incorporaron recursos humanos que buscaban mejorar las capacidades de desarrollo de las zonas rurales, lo que permitió que esta iniciativa se extendiera por la mayor parte del medio rural español mediante la creación de Grupos de Acción Local (GAL). Sin embargo, la desigual participación de los agentes sociales o la escasez de recursos financieros de las administraciones locales limitaron la implantación de muchos de estos grupos.

La aprobación en 1999 de la Agenda 2000 por parte de la UE implicó la incorporación del desarrollo rural como 2º pilar de la PAC, consolidando este enfoque territorial de la política agraria. Sin embargo, tan solo el 10% de los recursos de la PAC se destinaron a la política de desarrollo rural, que tenía entre sus objetivos lograr una agricultura competitiva, mejorar la calidad de vida del medio rural y preservar el entorno natural. Los instrumentos e intervenciones previstos implicaban que, para lograr esos objetivos era necesario apoyar actividades diversas vinculadas al medio rural, como el medio ambiente, el turismo rural, la agroindustria, la silvicultura o la instalación de jóvenes agricultores (Serrano et al.; 2020). En España este 2º pilar se ejecutó, en régimen de cofinanciación, por las comunidades autónomas a través de los Programas de Desarrollo Rural.

En todo caso, los instrumentos para el desarrollo rural no han estado exclusivamente limitados a las directrices provenientes de Bruselas. A nivel nacional, la Ley de Desarrollo Sostenible del Medio Rural de 2007, implicó un esfuerzo normativo para poner en marcha nuevas actuaciones para la mejora de la situación y calidad de vida en el ámbito rural. Sin embargo, y a pesar de las buenas intenciones, la ley careció prácticamente de aplicación (Collantes, 2020). Aunque los recursos financieros inicialmente previstos fueron relativamente reducidos con respecto al gasto total de la PAC, las acciones previstas no llegaron a ejecutarse, debido en parte a la Gran Recesión del 2008 (que paralizó las dotaciones previstas tanto a nivel central como autonómico), pero también a la falta de presión por parte de partidos políticos, sindicatos agrarios e incluso de agentes de la administración local a la hora de reivindicar su aplicación. En definitiva, como apunta Regidor (2017), se perdió una gran oportunidad de desarrollar una verdadera política rural.

Una vez relegada la ley, a lo largo del periodo 2014-2020 la política de desarrollo rural se centró en los objetivos marcados por la UE. De las seis prioridades establecidas, cinco estaban vinculadas al sector agroalimentario y a aspectos agroambientales, orientándose solo una de ellas al desarrollo social y económico de las zonas rurales.

Durante este periodo, España, a través de las CCAA, ha utilizado cerca del 85% de los fondos europeos para el desarrollo rural en subvenciones agrarias, dejando apenas fondos para medidas que incidieran en una verdadera política rural. En este sentido, no se aprecian diferencias en el comportamiento entre Comunidades Autónomas ni entre gobiernos de diferentes partidos políticos, "el segundo pilar se utiliza sobre todo para redoblar las subvenciones a los agricultores y solo muy secundariamente para promover la diversificación económica y la calidad de vida rural" (Collantes, 2021, p. 119). Por lo tanto, el desarrollo rural tal y como está diseñado a través del 2°

pilar de la PAC, no ha servido para abordar problemas como la despoblación del medio rural o la cohesión territorial.

En 2018 se inició un nuevo proceso de reajustes en la PAC, que ha finalizado en una reforma que implica, según Massot (2022), un cambio de paradigma de la política agraria y, en consecuencia, de la política de desarrollo rural. Se instaura una PAC-marco, que reconoce la agrodiversidad de la UE, consagrando el principio de subsidiariedad (lo que implica mayor flexibilidad en la aplicación para los Estados miembros, pero también una mayor corresponsabilidad para los mismos). Ese marco supranacional establece nueve objetivos y/o bienes públicos de alcance europeo. Para alcanzar esos objetivos, se dispondrá de una batería de intervenciones, que se articularán en Planes Estratégicos nacionales que integrarán (a diferencia de periodos de programación anteriores) tanto las medidas del Primer Pilar como las actuaciones en materia de desarrollo rural. De esta forma, se procede a una transformación del modelo de gobernanza, transitando de una política de cumplimiento de requisitos a una política basada en el cumplimiento de objetivos y en la consecución de resultados, a partir de una serie de medidas contempladas en el Plan.

Los nueve objetivos de la nueva PAC son:

1. mejorar la competitividad y la orientación al mercado;
2. apoyar la renta y la resiliencia de las explotaciones;
3. mejorar la posición de los agricultores en la cadena agroalimentaria;
4. la mitigación y adaptación al cambio climático;
5. un desarrollo sostenible y una mejor gestión de los recursos naturales;
6. la protección de la biodiversidad y del paisaje;

7. contribuir a la mejora de la calidad alimentaria y la salud pública;

8. respaldar el empleo y el crecimiento en las zonas rurales;

9. atraer a los jóvenes a la agricultura.

Como se señalará más adelante, estos objetivos parecen potencialmente vinculados con los ODS y la Agenda 2030. Esta nueva orientación de la PAC responde a la necesidad de alinear esta política con nuevas prioridades y estrategias comunitarias. Así, caben destacar:

- el Pacto Verde Europeo (CE, 2019), principal documento programático comunitario en materia medioambiental y climática;
- La estrategia "De la Granja a la Mesa" (*From Farm to Fork*), dirigida a construir un sistema alimentario europeo basado en la equidad, la accesibilidad de alimentos de calidad y la sostenibilidad;
- La estrategia de Biodiversidad, orientada a recuperar los ecosistemas y paisajes europeos y su biodiversidad.

Todas estas estrategias incorporan objetivos que tienen un alcance directo sobre el sector primario y que, por lo tanto, plantean requerimientos sobre la actividad agroganadera y silvícola vinculados a cambios en las prácticas, usos del suelo y utilización de recursos naturales, lo que ha generado una fuerte contestación en determinados sectores agrarios.

Uno de los objetivos de esta reforma es lograr un sistema más flexible y transparente, capaz de responder a las necesidades específicas de cada país. En el caso de España, supone aunar en un solo Plan Estratégico (el PEPAC 2023-2027) los 18 Planes de Desarrollo Rural existentes hasta entonces. Por ello es importante señalar que "el Plan Estratégico de España prevé incorporar un anexo con elementos territoriales específicos de cada comunidad autónoma" (CES, 2021, p. 163) y, concretamente en el ámbito de desarrollo rural, se irán introduciendo criterios y diferenciaciones territoriales a lo largo de todo el proceso.

II. LA POLÍTICA DE DESARROLLO RURAL Y SUS CONEXIONES CON LA AGENDA 2030

Para visibilizar la relación entre la política de desarrollo rural y la Agenda 2030 en España y Europa, se ha realizado un análisis del Reglamento (UE) 2021/2115 de 2 de diciembre de 2021. Se trata de un documento clave para guiar las políticas de los estados miembros, ya que establece las normas a seguir por los países para elaborar sus propios planes estratégicos.

Junto al Reglamento, se analizan las estrategias y planes de la UE relacionadas con este ámbito de trabajo (Estrategia De la Granja a la Mesa, Pacto Verde Europeo, Estrategia de Biodiversidad), así como referencias académicas que estudian estas cuestiones.

2.1. Los ODS y la política de desarrollo rural

La política de desarrollo rural tiene amplias conexiones con la Agenda 2030 y los ODS. Así, encontramos que las políticas de desarrollo rural pueden impactar en casi todos los ODS, y que al menos hay 84 metas (de 169) con las que pueden tener una relación más o menos directa. En esta línea, también la Comisión Europea (2017) realiza un análisis de la contribución de la PAC a los ODS (Figura 1).

Figura 1. La contribución de la PAC a los ODS

Fuente: Comisión Europea (2017)

Las relaciones son más evidentes en algunos casos, entre los que destacamos los ODS 2 (Hambre cero); el ODS 6 (Agua limpia y saneamiento); el ODS 8 (Trabajo decente y crecimiento económico); el ODS 11 (Ciudades y comunidades sostenibles); el ODS 12 (Producción y consumo responsables); y el ODS 15 (Vida de ecosistemas terrestres).

Junto a estos, aunque no esté tan vinculado a todas sus metas podrían incluirse también el ODS 13 (Acción por el clima); el ODS 5 (Igualdad de género); o el ODS 7 (Energía asequible y no contaminante).

2.2. La inclusión de aspectos relacionados con los ODS en los documentos de planificación del desarrollo rural

Aunque las posibilidades de incidencia de las políticas de desarrollo rural en cuestiones relacionadas con la Agenda 2030 es muy amplia, este potencial no siempre se lleva a la práctica. Para valorar hasta qué punto la Agenda 2030 y sus objetivos se incluyen en este documento clave para la política, se ha estudiado en detalle el Reglamento europeo 2021/2115.

En primer lugar, se encuentran en el documento algunas menciones expresas a la Agenda 2030. Así, en su parte inicial, la consideración nº 40 indica lo siguiente:

> "La información sobre el rendimiento de la PAC, y su evaluación, basadas en la aplicación de los planes estratégicos de la PAC, se tendrán en cuenta en las evaluaciones periódicas de la Comisión sobre la coherencia de las políticas en favor del desarrollo sostenible, establecidas sobre la base de la Agenda 2030 para el desarrollo sostenible" (CE, 2021b).

Igualmente, en los objetivos generales (art. 5) se indica que "la ayuda del FEAGA y del FEADER[1] tendrá por objeto seguir mejorando el desarrollo sostenible de la agricultura, los alimentos y las zonas rurales, además de contribuir a la consecución de los siguientes objetivos generales en los planos económico, medioambiental y social, que facilitarán la ejecución de la Agenda 2030 para el Desarrollo Sostenible" (CE, 2021b).

Más allá de las referencias explícitas, resulta interesante observar las cuestiones que, dentro del citado reglamento, pueden vincularse a objetivos y metas en el marco de la Agenda. Entre ellas se encuentran las siguientes, ordenadas en función del ODS al que se refieren:

---

1 El FEAGA es el Fondo Europeo Agrícola de Garantía Agraria, y gestiona los pagos directos a los agricultores dentro de la PAC. El FEADER es el Fondo Europeo Agrario de Desarrollo Rural y es el instrumento de financiación de la política de desarrollo rural.

ODS 2: Poner fin al hambre, lograr la seguridad alimentaria y la mejora de la nutrición y promover la agricultura sostenible

La producción agrícola se vincula directamente a la nutrición, la agricultura sostenible y la seguridad alimentaria. En este sentido, se recogen 11 menciones explícitas a la seguridad alimentaria, entendida como "el acceso a alimentos seguros y nutritivos, y en cantidad suficiente, en todo momento" (CE, 2021b, p.6), y el primer objetivo específico (OE) recoge la necesidad de mejorar este aspecto.

Por otro lado, en la parte inicial de "considerandos", se vincula la condicionalidad al desarrollo de una agricultura sostenible, y se incide en que la PAC contribuya a mejorar las expectativas de la sociedad buscando su coherencia con objetivos de medio ambiente, salud pública, fitosanidad y bienestar animal (CE, 2021b, p. 7).

El ámbito alimentario es clave, y se relaciona con la estrategia "De la Granja a la Mesa" (CE, 2020a), orientada a promover la salubridad, equidad y sostenibilidad en el sistema alimentario. Esta estrategia incluye aspectos relacionados con la producción, transformación, distribución y consumo de alimentos en Europa, tratando de mejorar aspectos como el uso de fertilizantes, plaguicidas químicos y antimicrobianos (Massot, 2022), lo que se relaciona también con otros ODS de corte ambiental.

ODS 5: Lograr la igualdad entre los géneros y empoderar a todas las mujeres y las niñas

Pese al potencial de esta política para avanzar en este sentido, no se encuentran demasiados ejemplos de inclusión de estos aspectos, que en ocasiones tienen un tratamiento poco concreto.

Así, entre las consideraciones iniciales (33) se hace referencia a la integración de la perspectiva de género a la PAC como principio. Igualmente, en el OE 8 se recoge la promoción de la igualdad de género, junto a otras finalidades (empleo, crecimiento, inclusión, desarrollo local).

ODS 6: Garantizar la disponibilidad de agua y su gestión sostenible y el saneamiento para todos

Esta cuestión se vincula explícitamente al OE 5, que incluye “la gestión eficiente de recursos naturales como el agua, el suelo y el aire, incluyendo la reducción de la dependencia química” (CE, 2021b, p.7).

Las referencias al agua en el Reglamento son constantes (52 en total), e incluyen aspectos como la conservación de las masas de agua superficiales y subterráneas, medidas de ahorro y reducción de la presión hídrica, usos agrícolas sostenibles, utilización de contadores, etc.

ODS 7: Garantizar el acceso a una energía asequible, segura sostenible y moderna

El OE 4 se refiere expresamente a “promover la energía sostenible”, aunque no se hace un desarrollo amplio de este punto en el reglamento.

ODS 8: Promover el crecimiento económico inclusivo y sostenible, el empleo y el trabajo decente para todos

Se trata de un ODS que se refleja en diversos objetivos específicos del plan (OE 1, OE 2, OE 5, OE 7, OE 8), aunque es en el OE 8 donde se menciona más explícitamente: “promover el empleo, el crecimiento, la igualdad de género, incluida la participación de las mujeres en la agricultura, la inclusión social y el desarrollo local “ (CE, 2021b, p.28).

Aunque hay variadas referencias al crecimiento, son más frecuentes las que se refieren al empleo, en cuestiones relacionadas con el relevo generacional, la protección social o las condiciones laborales.

ODS 9: Construir infraestructuras resilientes, promover la industrialización sostenible y fomentar la innovación

Encontramos cuestiones relacionadas con este ODS en diversos Objetivos específicos (OE 2, OE 7, OE 8, OE 10), incluyendo aspectos relativos a diferentes metas, predominando las referencias vinculadas a la innovación.

ODS 11: Lograr que las ciudades sean más inclusivas, resilientes y sostenibles

Aunque el ODS se refiera a las ciudades, cuenta con metas que se relacionan con el desarrollo rural, incluyendo la 11.1 (servicios básicos adecuados y accesibles), la 11.2 (transporte), 11a (apoyar vínculos económicos sociales y ambientales entre zonas urbanas y rurales), 11b (políticas y planes de inclusión, uso eficiente de recursos).

Estas cuestiones se vinculan con varios objetivos específicos (OE 4, OE 7, OE 8, OE 10) y se reflejan en menciones a los servicios básicos en zonas rurales.

ODS 12: Garantizar modalidades de consumo y producción sostenibles

Vinculado con OE 2, OE 5 y OE 9, encontramos aquí cuestiones relacionadas con la gestión sostenible de recursos naturales y la gestión ecológicamente racional de los productos químicos y desechos (Metas 12.2 y 12.4).

ODS 13: Adoptar medidas urgentes para combatir el cambio climático y sus efectos

Hay 42 menciones literales al cambio climático en el reglamento, siendo un aspecto ampliamente tratado en esta política desde sus consideraciones iniciales. El OE 4 se refiere expresamente a la "adaptación al cambio climático y a su mitigación, también mediante la reducción de las emisiones de gases de efecto invernadero y mejorando la captura de carbono, así como promover la energía sostenible" (CE, 2021b, p. 28). Todo ello revela, tal y como señala Massot (2022), la relevancia del nivel climático-ambiental en la nueva PAC, y su relación con el Pacto Verde Europeo. A esta cuestión se vinculan la Ley Europea del Clima de 2021, y el Plan de Acción de la UE sobre contaminación cero para el aire, el agua y el suelo, que se relaciona con otros ODS (CE, 2021a).

ODS 15: Gestionar sosteniblemente los bosques, luchar contra la desertificación, detener e invertir la degradación de las tierras, detener la pérdida de biodiversidad

Se encuentran hasta 37 menciones a la biodiversidad, partiendo de las propias consideraciones iniciales (7, 30, 31, 43, 71, 73, 75, 98, 122, 123, 124), los objetivos, las cuestiones de principio y ámbito de aplicación, indicadores etc. Se trata sin duda de un aspecto clave para esta política.

Igualmente, en relación con este objetivo encontramos referencias vinculadas con los bosques y silvicultura. Estas cuestiones de biodiversidad se conectan directamente con la Estrategia Biodiversidad en el horizonte 2030 (CE, 2020b).

III. LA ARQUITECTURA POLÍTICA DE LA PAC

La reforma del Tratado de Lisboa, posteriormente llamado Tratado de Funcionamiento de la Unión Europea (TFUE), tuvo una repercusión directa en la creación de la nueva PAC, y particularmente, en el rol de las instituciones comunitarias que, en mayor o menor medida, jugaron y juegan un papel crucial en su diseño. Tal y como señala Massot (2008), la Unión Europea es uno de los ejemplos más claros de una gobernanza multinivel, que en este caso se expande tanto de forma vertical como horizontal, creando un complejo mapa de relaciones entre los diferentes actores.

En lo que concierne a la puesta en marcha de la legislación comunitaria, y por ende la nueva PAC, se pueden distinguir diferentes actores públicos (con diferentes grados de poder). En primer lugar, se debe destacar que el órgano ejecutor es la Comisión Europea. En este caso, la Comisión propone, despliega y ejecuta las políticas comunes. Asimismo, lleva a cabo las labores de gestión, coordinación y evaluación de las mismas.

Dentro de la Comisión Europea (CE), la promoción del desarrollo rural se realiza a través de la Dirección General de Agricultura y Desarrollo Rural (DG AGRI). La DG AGRI es una de las direcciones generales más importantes de la CE y se organiza en 3 direcciones y 10 unidades.

En segundo lugar, tenemos el Parlamento (única institución europea que elige a sus miembros por sufragio universal) y el Consejo que, siguiendo el Procedimiento Legislativo Ordinario (PLO), son los órganos que deciden los aspectos básicos de las políticas comunitarias (y también las relativas al ámbito agrario y rural), así como el Marco de Financiación Plurianual y los presupuestos anuales. La UE también reconoce el derecho de iniciativa legislativa ciudadana, el cual ofrece un poder a la sociedad civil para elevar actos jurídicos a la Comisión Europea. Se necesitan al menos un millón de personas que residan en una cuarta parte de los Estados miembros para poner en marcha estas iniciativas ciudadanas. Los estados-miembros, a su vez, incorporan los planteamientos legislativos comunitarios en sus países.

Por otra parte, el Consejo Europeo es la institución que se dedica a definir la orientación y prioridades de las políticas generales de la UE. La agricultura es una de las casi 40 áreas temáticas en las que trabaja. Tal y como señala Massot (2008), este órgano no puede realizar ninguna función legislativa; sin embargo, en ocasiones condiciona la labor del Consejo de ministros sectoriales.

El Consejo Europeo, a pesar de tener una única personalidad jurídica, se reúne en 10 formaciones diferentes, dependiendo del asunto a abordar. Una de esas formaciones es el Consejo de Agricultura y Pesca, que reúne a los responsables de los ministerios del ramo de los Estados miembros, siendo el órgano que adopta los principales acuerdos sobre una serie de ámbitos relacionados con la producción de alimentos, el desarrollo rural y la gestión de la pesca.

Los retrasos de la aprobación del nuevo marco legislativo agrario y rural ilustran la complejidad de este modelo de gobernanza y las dificultades del propio proceso negociador. Así, los textos básicos para la nueva PAC se publicaron a mediados de 2018, y se pretendía que el acuerdo final se alcanzara en 2019, pero este no llego hasta dos años más tarde, culminándose con la aprobación del Reglamento 2021/2115 y el resto de textos legislativos. Aunque este retraso fue provocado en parte por factores externos (como el Brexit o la pandemia), las circunstancias institucionales internas (elecciones europeas de 2019; renovación del colegio de comisarios europeos) y la propia complejidad del proceso legislativo ordinario tuvieron también una indudable influencia.

IV. LA NUEVA ORIENTACIÓN DE LA PAC Y SU APLICACIÓN EN EL CASO DE ESPAÑA

Una de las principales novedades de la programación actual 2023-2027 es la integración en un único documento (PEPAC) de todas las actuaciones financiadas por la PAC en territorio español, tanto las que corresponden al primer pilar como las vinculadas a la política de desarrollo rural. En este último ámbito, las exigencias comunitarias también han supuesto que el PEPAC incorpore todas las actuaciones desarrolladas por las comunidades autónomas que, en las programaciones anteriores, se integraban en los planes de desarrollo rural de cada comunidad, siendo presentados y aprobados por la Comisión de manera independiente. Todo ello ha implicado un intenso proceso de coordinación y planificación (realizado por el Ministerio de Agricultura, Pesca y Alimentación), que se ha traducido en el PEPAC, un documento extensísimo, de casi 3.000 páginas.

Los ocho apartados del PEPAC contienen todos los elementos de una planificación estratégica plurianual necesarios para un programa tan ambicioso y complejo. Así, el PEPAC incorpora una declaración estratégica; una evaluación de necesidades y estrategia de intervención (con la consiguiente lógica de intervención para cada objetivo); un análisis de la coherencia de la estrategia; una caracterización de elementos comunes a las diferentes intervenciones y una caracterización de estas; el plan financiero para el periodo de programación; el sistema de gobernanza y coordinación; la estructura del Sistema de Conocimiento e Innovación Agrícola (más conocido por su acrónimo en inglés, AKIS); y finalmente, se cierra con anexos que incorporan elementos diversos (evaluaciones ex ante y estratégica ambiental, ayudas nacionales transitorias, coherencia y contribución con los objetivos de la estrategia "De la Granja a la Mesa", etc). A continuación, se resumen algunos de los aspectos más destacables del PEPAC.

El PEPAC prevé un gasto total en el periodo 2023-2028 de 30.655 millones de euros, de los que el 79,7% corresponde a los pagos directos del primer pilar, el 17,6% a las medidas de desarrollo rural y el resto a las intervenciones sectoriales.

En cuanto a las intervenciones para el desarrollo rural, se pueden clasificar en dos grandes grupos: 1) las ayudas orientadas a compensar a las personas productoras por los costes adicionales en los que incurren por llevar a cabo su actividad en zonas desfavorecidas o por adoptar compromisos ambientales adicionales; 2) las ayudas a la inversión, que pueden estar orientadas a las explotaciones agrarias, la forestación, a la cooperación entre agentes de la cadena de valor agroalimentaria o a la mejora de la calidad de vida de las zonas rurales.

En cuanto a la gobernanza, la aplicación del PEPAC se llevará a cabo mediante una gestión compartida entre la Administración del Estado (a través del Ministerio de Agricultura, Pesca y Alimentación, que es la autoridad competente para su coordinación y aplicación) y las Comunidades Autónomas, especialmente en el ámbito de desarrollo rural. Por lo tanto, el PEPAC 2023-2027 no solo es una herramienta de planificación, sino que supone otra forma diferente de gobernanza, que requiere la participación de los distintos niveles de gobierno (nacional, regional, local) y de todos los actores implicados en sus distintas fases de aplicación y de seguimiento.

Este cambio de enfoque de la PAC supone el paso de una política basada en el cumplimiento de los requisitos a una política orientada al cumplimiento de los objetivos, a través de un uso eficiente y eficaz de los medios necesarios. En definitiva, "el nuevo modelo de gobernanza de la PAC consiste en pasar de una política de obligación de medios, los instrumentos de política previstos y su correcta utilización, a una política de obligación de resultado" (Garcia-Azcárate, 2022, p. 4).

Así, cada país se compromete a alcanzar unos objetivos, pactando con la Comisión Europea un Plan Estratégico que recoge los medios que se consideran más eficaces y eficientes. La integración de las medidas de política agraria y de desarrollo rural en un único plan ofrece mayor autonomía y capacidad de decisión a cada país, ya que les permite incluir en su plan una estrategia de intervención que plasme las actividades e instrumentos específicos para alcanzar los objetivos de la PAC. Este modelo exige una mayor transparencia y participación pública a la hora de confeccionar el Plan. Partiendo de un diagnóstico de la situación de partida, con los principales aspectos ambientales de relevancia, el PEPAC "debe proponer objetivos y metas realistas para la satisfacción de las necesidades identificadas e indicadores y protocolos creíbles para el seguimiento y control de las intervenciones y sus efectos" (Oñate et al., 2023, p. 4). Sin embargo, en el caso español, parece que la estrategia adoptada ha optado por una vía continuista con respecto a los Programas de Desarrollo Rural regionales implementados en anteriores periodos de programación.

Para llevar a cabo el seguimiento y la evaluación de los resultados del PEPAC durante su aplicación, la Comisión y los estados miembros han elaborado un nuevo Marco de Seguimiento y Evaluación del Rendimiento (PMEF). Dicho marco se configura a partir de:

- Una recopilación de la información necesaria a partir de todos aquellos indicadores comunes necesarios para realizar el seguimiento, la evaluación y la elaboración de los informes anuales.
- Las metas anuales establecidas respecto a los objetivos específicos pertinentes.
- La presentación periódica de las actividades de seguimiento y evaluación y los informes de rendimiento.
- Todas las evaluaciones ex ante, intermedias y posteriores relacionadas con el PEPAC.

La experiencia del PMEF (que ha tenido sus antecedentes en anteriores periodos de programación) puede suponer un aprendizaje relevante, extensible a otros ámbitos y áreas, así como al seguimiento y la evaluación de la propia Agenda 2030. Cada país realiza un informe anual de rendimiento del plan a partir de la información cualitativa y cuantitativa, recogida tanto a nivel regional como estatal, que sea clave para la ejecución del Plan Estratégico. Por otra parte, la Comisión Europea realiza una revisión bienal, a partir de la información proporcionada en los informes anuales, con el objetivo de controlar el rendimiento de cada PEPAC, su progreso para alcanzar los objetivos marcados, así como la detección de posibles problemas.

En cuanto a la evaluación, se contemplan dos tipos: ex ante, y durante la ejecución y ex post. Mientras que la primera se realiza para mejorar la calidad del diseño del PEPAC, la segunda evaluación se realiza para valorar, además, la ejecución de los planes.

En definitiva, esta nueva PAC es un intento de simplificar y modernizar un modelo orientado a la obtención de resultados, que pretende también aumentar la coherencia, al incorporar la sostenibilidad en todos sus objetivos específicos (ya sean económicos, ambientales o socio-territoriales), fomentar medidas para hacer frente al cambio climático, además de colaborar en el cumplimiento de los compromisos internacionales, (como el Acuerdo de París COP21 y los ODS), y ser coherente con otras políticas de la UE. No debemos ignorar que la UE es importador de materias primas y exportador de productos agrícolas, y que sus prácticas tienen impacto en otros países, en especial en los de renta media y baja. Así, en un intento de minimizar el riesgo de crear distorsiones en el mercado mundial (CE, 2019), se incluye una referencia del compromiso con la Coherencia de Políticas para el Desarrollo (CPD), indicando que la nueva PAC tendrá en cuenta los objetivos de cooperación al desarrollo de la UE en cuanto a erradicación de la pobreza y desarrollo sostenible de otros países.

V. LA AGENDA 2030 DESDE LA PERSPECTIVA DE LOS AGENTES SOCIALES EN ESPAÑA

Los representantes agrarios (organizados en torno a sindicatos o asociaciones profesionales) juegan un papel central en las discusiones sobre las políticas de desarrollo rural, tanto a nivel comunitario como nacional, regional o local. Este protagonismo está relacionado con dos causas principales; por un lado, por el carácter vertebrador del medio que la actividad primaria, como actividad principal del medio rural; por otro, por la propia génesis de la política de desarrollo rural, que nació como una política subalterna de la política agraria. Así, la detracción de fondos de la PAC tradicional (orientada al apoyo directo a los agricultores) a la política de desarrollo rural, siempre ha sido vista con recelo por parte de las organizaciones agrarias. Además, aunque estas organizaciones se hayan articulado en torno a otros actores (como pequeños empresarios rurales, municipios o grupos de mujeres) en defensa del medio rural, esta relación no ha estado exenta de tensiones. En este sentido, a medida que la política de desarrollo rural ha incorporado objetivos ambientales, la relación con grupos ecologistas o de defensa de la naturaleza ha sido crecientemente conflictiva.

Las principales organizaciones de productores agrarios españolas son la asociación Agraria de Jóvenes Agricultores (ASAJA), la Coordinadora de Organizaciones de Agricultores y Ganaderos (COAG) y la Unión de Pequeños Agricultores y Ganaderos (UPA). ASAJA es la mayor organización profesional agraria de España, con más de 200.000 afiliados/as, incluye tanto a propietarios/as como arrendatarios/as (así como los miembros de las familias que colaboran en las actividades agropecuarias). ASAJA integra a todas las ramas de la actividad agraria, participando en las mesas de negociación con la administración española, o en foros como el Consejo Económico y Social (CES). Es miembro de diferentes organizaciones sectoriales a nivel europeo.

La COAG es la primera organización agraria profesional de ámbito estatal que se constituyó en España (1977), da servicio a más de 150.000 agricultoras/es y ganaderos/as a través de sus 220 oficinas en todo el territorio nacional y una delegación permanente en Bruselas. Forma parte del Comité Asesor Agrario, órgano de interlocución oficial con el Gobierno. Además, es miembro del Consejo Económico y Social, de la confederación europea de organizaciones agrarias COPA-COGECA y de la Coordinadora Europea Vía Campesina.

La UPA cuenta con más de 80.000 afiliados, y se integra en la estructura de trabajadoras y trabajadores autónomos de UGT. Forma parte del CES en España y UE, y de la Organización Mundial de Agricultores (WFO).

Por otro lado, los intereses territoriales de las zonas rurales se articulan a través de la Red Española de Desarrollo Rural (REDR), la asociación sin ánimo de lucro constituida en el año 1995, con el objetivo de promover un modelo de desarrollo rural integral y sostenible. La red, presente en las 17 CCAA, integra a 200 Grupos de Acción Local (GAL) creados al amparo de la iniciativa LEADER, que trabajan bajo su metodología.

Existen también plataformas que tratan de articular a la pluralidad de actores con incidencia sobre el Foro de Acción Rural, donde confluyen agentes del sector primario (UPA) y la propia REDR, y otras asociaciones o plataformas rurales (APROCA, COSE, FADEMUR...), sindicatos (CCOO) y organizaciones de corte medioambiental (WWF, Red Terrae, SEO/Birdlife).

En cuanto a la posición que adoptan estos actores sobre la Agenda 2030, apenas existen referencias a ella en las webs de las principales organizaciones y sindicatos agrarios, aunque lógicamente muchas de sus temáticas se vinculan a diferentes objetivos e indicadores de la Agenda. En el caso de las organizaciones agrarias, las posiciones más beligerantes contra la Agenda las encontramos en ASAJA que, si bien en 2023 no tenía ningún documento programático o estratégico que la mencionara, contrasta con el resto de organizaciones por la postura crítica que mantiene en su apartado de *Noticias*. En estas entradas se manifiesta la preocupación por los efectos de la Agenda 2030 en el sector agrícola y ganadero, contemplando graves inconvenientes relacionados con las cuestiones medioambientales y normativas, o denunciando una "persecución" del regadío. Son frecuentes los reproches a burócratas y ecologistas, o las críticas a la Estrategia de Biodiversidad de la UE. Además, consideran la Agenda 2030 como una amenaza, lo que resulta especialmente problemático dada la dimensión de esta organización. Esta postura parece reflejar un sentir de una parte del sector, aunque no se explicite de forma clara con documentación justificativa. Por su parte, COAG no tiene ningún documento específico sobre la Agenda 2030, aunque se encuentran referencias a temas vinculados a la misma (por ejemplo: cadena alimentaria, cambio climático, consumo, desarrollo rural, energías renovables, mujer rural, innovación, etc). Entre sus informes y proyectos cabe destacar un documento relacionado con el ODS 13 (COAG, 2022) así como el reciente informe sobre propuestas agrarias para 2023-2027 (COAG, 2023). LA COAG es miembro de Vía Campesina, coordinadora internacional de organizaciones campesinas, que tiene una visión crítica sobre la Agenda, aunque reconoce algunos aspectos positivos. En el caso de la UPA, la web contiene información sobre el Foro de Acción Rural, incluyendo documentación sobre transición justa y un informe con 65 propuestas para alcanzar los ODS en el mundo rural.

Por su parte, la REDR tiene un portal específico sobre la Agenda 2030, aunque es un portal orientado a la promoción del turismo a nivel local, vincula la contribución a los ODS de algunas iniciativas. En esta línea, la Red cuenta con una publicación específica sobre Agenda 2030 y ODS (REDR, 2020), que recoge experiencias de los GAL local, así como otras referencias a los ODS y la Agenda, todas en un tono positivo.

Sin embargo, el Foro de Acción Rural es quien presenta un análisis más completo de la Agenda 2030 y los ODS en el medio rural, con 65 propuestas vinculadas a los ODS 2, 5, 6, 7, 8, 10, 12, 13, 15, 16, 17. Aunque el Foro recalca su postura favorable a los nuevos retos planteados en la Agenda, también reivindica la necesidad de asegurar una transición justa en el medio rural.

Asimismo, desde la sociedad civil organizada se pueden identificar otras plataformas que trabajan con el fin de reorientar las políticas de desarrollo rural para que contribuyan a la transición ecológica y social. Es el ejemplo de la plataforma *Por otra PAC*, coalición de unas 50 organizaciones en la que participan ganaderos/as, productores de alimentos ecológicos, ONG ambientales (como Greenpeace, Ecologistas en Acción y WWF), y expertos/as en nutrición y consumo. En líneas generales, *Por otra PAC* plantea críticas a la PAC vigente, las cuales se evidencian en los numerosos trabajos publicados. Muchos de ellos plantean cuestiones que se podrían vincular a algunos planteamientos que se realizan desde la Agenda 2030, como, por ejemplo: el uso sostenible de productos fitosanitarios, la biodiversidad agraria, o las acciones llevadas a cabo en materias como la energía o el cambio climático. Sin embargo, existen pocas alusiones a la Agenda 2030 como tal.

VI. CONCLUSIONES

La política de desarrollo rural en España (y en toda la UE) está determinada por la PAC y sus Reglamentos. La PAC es una política estratégica de la Unión Europea de una enorme complejidad, sometida a presiones externas e internas, y sujeta a largos procesos deliberativos y de negociación. A partir de 2018, los cambios habidos en la PAC han estado condicionados por otras políticas y estrategias comunitarias, orientadas a impulsar la transición ecológica de la economía y la sociedad europea (Pacto Verde, Estrategia De la Granja a la Mesa, Estrategia de Biodiversidad). Estos cambios han supuesto la progresiva incorporación de criterios ambientales y climáticos en la definición de objetivos e instrumentos de la PAC, que han mermado su legitimidad ante importantes grupos de productores agrarios, en un contexto de severa crisis del sector, debido al aumento de los costes del combustible y las dificultades para trasladar a los precios esos aumentos de los costes.

Aunque las menciones a la Agenda son bastante escasas dentro del acervo comunitario, las organizaciones agrarias más conservadoras han corresponsabilizado a la Agenda del creciente sesgo ambiental de la normativa comunitaria. Estas acusaciones han puesto a la Agenda en el punto de mira de las recientes protestas del sector, cooptada en ocasiones por formaciones de extrema derecha, dentro de una estrategia más amplia de confrontación política basada en el antiglobalismo y el negacionismo climático (Martínez et al., 2024).

En cualquier caso, la política de desarrollo rural comunitaria muestra un notable potencial para hacer frente a los principales retos de las zonas rurales, como son la despoblación y una transición ecológica justa, retos que se hayan robustamente alineados con los objetivos y metas de la Agenda 2030. No obstante, solventar estos retos requerirá un consenso social que garantice la sostenibilidad de la actividad agraria, ya que como subraya Tomás García Azcárate (2022) "no hay agricultura verde en números rojos". La cadena alimentaria ha de ser una cadena de valor que garantice precios dignos a alimentos producidos en condiciones dignas y sostenibles, social y ambientalmente.

VII. REFERENCIAS BIBLIOGRÁFICAS

COAG. (2022). *Lucha climática y actividad europea y Propuestas agrarias para 2023-2027*. Recuperado de https://coag.org/download-doc/431133

COAG. (2023). *Propuestas agrarias para 2023-2027*. Recuperado de https://coag.org/download-doc/446515

Collantes, F. (2020). Tarde y mal ¿quizás nunca? La democracia española ante la cuestión rural. *Panorama Social,* 31, 15-32.

Collantes, F. (2021). El convidado de piedra: un balance histórico de las políticas europeas ante la cuestión rural. *Presupuesto y Gasto Público,* 102, 111-130.

Comisión Europea. (2017). *El futuro de los alimentos y de la agricultura: Comunicación de la Comisión al Parlamento Europeo, al Consejo, al Comité Económico y Social Europeo y al Comité de las Regiones.* COM (2017) 713 final.

Comisión Europea. (2020a). *Estrategia "De la Granja a la Mesa" para un sistema alimentario justo, saludable y respetuoso con el medio ambiente.* COM (2020) 381 y Anexo.

Comisión Europea. (2020b). *Estrategia de la UE sobre la biodiversidad de aquí hasta 2030: Reintegrar la naturaleza en nuestras vidas.* COM (2020) 380 y Anexo.

Comisión Europea. (2021a). *Comunicación «La senda hacia un planeta sano para todos»: Plan de Acción de la UE: «Contaminación cero para el aire, el agua y el suelo».* COM (2021) 400.

Comisión Europea. (2021b). *Reglamento (UE) 2021/2115 del Parlamento Europeo y del Consejo, por el que se establecen normas en relación con la ayuda a los planes estratégicos que deben elaborar los Estados miembros en el marco de la política agraria común. Diario Oficial de la Unión Europea,* L 435, de 6 de diciembre de 2021.

Comisión Europea. (2022). *Reglamento de Ejecución (UE) 2022/1475 de la Comisión, por el que se establecen las disposiciones de aplicación del Reglamento (UE) 2021/2115 del Parlamento Europeo y del Consejo. Diario Oficial de la Unión Europea,* L2 32, de 7 de septiembre de 2022.

Consejo Económico y Social. (2021). *Un medio rural vivo y sostenible.* Colección Informes 02/2021, 1-234.

European Commission. (2019). *EU report on Policy Coherence for Development: Commission staff working document.* SWD (2019) 20 final.

Foro de Acción Rural. *La Agenda 2030 y los ODS en el medio rural.* Recuperado de https://www.upa.es/notas_prensa/Informe_Foro_Accion_Rural_ODS.pdf

García-Azcárate, T. (2020). Mirando de nuevo a los Planes Estratégicos de la nueva Política Agraria Común (PEPAC) y a su futuro. *Revista Española de Estudios Agrosociales y Pesqueros,* 258, 3-17. https://doi.org/10.24197/reeap.1.2022.3-17

Larrubias, R. (2017). La política agraria común y sus reformas: reflexiones en torno a la reforma 2014-2020. *Cuadernos Geográficos*, 56(1), 124-147.

Martínez, I., Unceta, K., & Martínez-Osés, P. (2023). La Agenda 2030 en la diana del negacionismo y de la derecha reaccionaria. *GALDE*, 45, 10-12.

Massot, A. (2021). La reforma de la PAC pos-2020 en tiempos de crisis pandémica: Apuntes críticos sobre la propuesta de la Comisión. *Revista Española de Estudios Agrosociales y Pesqueros*, 1(257), 131-222.

Massot, A. (2022). Hacia una gobernanza marco y multinivel de la Política Agrícola Común post 2023: Un análisis institucionalista. *Economía Agraria y Recursos Naturales-Agricultural and Resource Economics*, 22(2), 5-29. https://doi.org/10.7201/earn.2022.02.01

Oñate, J. J., Acebes, P., & Olea, P. (2023). Aprender del pasado para afrontar el futuro: Desafíos ambientales de la agricultura española en el siglo XXI: Una mirada desde el legado de Fernando González Bernáldez. *Ecosistemas, 32*(núm. especial), 1-11. https://doi.org/10.7818/ECOS.2495

Red Española de Desarrollo Rural. (2020). *Buenas prácticas LEADER: Metodología impulsora y precursora de los ODS y Agenda 2030.* Recuperado de http://www.redr.es/es/portal.do?TR=A&IDR=1&identificador=936

Regidor, J. G. (2017). Desarrollo rural en España: una política de estado inaplazable. *Documentación Social. Revista de Estudios Sociales y de Sociología Aplicada*, 185, 103-119.

Rosell, J., & Viladomiu, L. (2013). Gobiernos locales y política rural en España. *Perspectivas rurales*, nueva época, 11(21), 25-37.

Serrano, M. E., del Barrio, J. M., & Ibáñez, M. L. (2020). Orientaciones y evolución de la política agraria común (PAC): Entre la sostenibilidad y el desarrollo rural. *Revista Mexicana de Ciencias Agrícolas*, 11(4), 905-915.

Reconocimientos

Agradecemos a Tomás García Azcárate (CSIC) y Patxi Adell (MAPA) por su disponibilidad y las entrevistas concedidas en el marco de esta investigación.

Esta investigación ha sido apoyada por la Universidad del País Vasco UPV/EHU (Grupo de Investigación GIU21/011: Coherencia de Políticas para el Desarrollo y la Cooperación Internacional).

El impacto de la Agenda 2030 en las políticas de cooperación de España y Uruguay

FARRAH ÁLVAREZ
NATALIA MILLÁN ACEVEDO
MARISA RAMOS ROLLÓN
Universidad Complutense de Madrid

I. INTRODUCCIÓN: LAS POLÍTICAS DE COOPERACIÓN Y LA AGENDA 2030

El presente capítulo analiza el impacto de la Agenda 2030 en los contenidos normativos de las políticas de cooperación de España y Uruguay, a partir de 2015. En ese sentido, este trabajo pretende investigar hasta qué punto los Objetivos de Desarrollo Sostenible (ODS) se han ido integrando en los documentos oficiales, si ha supuesto una ampliación del enfoque tradicional donante-receptor y si aporta una nueva mirada a los conceptos de desarrollo y sostenibilidad. Con este objetivo, se utiliza el esquema metodológico elaborado en el Proyecto *GlobalGob* basado en el análisis de documentos oficiales y entrevistas en profundidad como fuentes esenciales para el desarrollo del análisis.

Desde hace más de una década, las políticas de cooperación han estado inmersas en un proceso de profunda revisión y transformación, impulsado por la reconfiguración del propio sistema, sus objetivos, estructuras y prácticas. En este contexto, diversos enfoques han señalado la necesidad de llevar a cabo una revisión profunda de las estructuras surgidas en la posguerra, cuyo desarrollo ha sido notablemente complejo. Ejemplos de este cuestionamiento incluyen el "fin de la AOD" planteado por Severino y Ray (2009), la idea de "destrucción creativa de la industria de la ayuda" propuesta por Kharas y Rogerson (2012), el llamado a transitar "de la ayuda a la política global de desarrollo" defendido por Alonso (2012), el concepto de un mundo post-ayuda elaborado por Mawdsley, Savage y Kim (2014), y el enfoque "Beyond Aid" desarrollado por Janus, Klingebiel y Paulo (2015). Estas propuestas reflejan un cuestionamiento profundo al modelo hegemónico en las políticas de cooperación y subrayan la urgencia de adaptarlo a los desafíos del contexto internacional contemporáneo.

De este modo, el concepto de "más allá de la ayuda" se ha convertido en una plataforma desde la cual integrar diversas perspectivas sobre la necesidad de transformar las políticas de solidaridad internacional. Estas perspectivas reflejan, en última instancia, la pérdida de vigencia de los conceptos de "cooperación" y "ayuda" así como las limitaciones de dichas políticas para abordar los complejos desafíos en un contexto de crisis civilizatoria en la que se encuentra la humanidad (Fernandez Buey, 2009). Además, el propio concepto de "desarrollo" se encuentra bajo un proceso de redefinición, impulsado tanto por nuevas dinámicas internacionales como por la emergencia de enfoques que desafían la idea hegemónica de bienestar (Escobar, 2005).

De esta forma, el potente marco normativo y político configurado en torno a la cooperación desde 1960, ha sido retado por la proliferación de nuevos actores y prácticas que proponen diversos instrumentos y enfoques. De hecho, muchos de estos actores, como países emergentes o instituciones del sector privado, actúan al margen de los marcos normativos existentes, llevando a cabo acciones "de cooperación" que no siguen los parámetros de categorización y medición construidos durante años por los donantes tradicionales en el marco de la

Organización para la Cooperación y el Desarrollo Económico (OCDE).

Adicionalmente, la Agenda 2030, aprobada en 2015, adoptó el concepto de desarrollo sostenible, generando con ello un cambio en el paradigma que organizaba las prácticas de la comunidad internacional con respecto a la lucha contra la pobreza y la promoción de la sostenibilidad. La ambigüedad de esta Agenda (Millán & Gómez, 2024) ha dejado un amplio espectro de interpretaciones sobre su significado y alcance, que van desde las lecturas más conformes con el modelo de desarrollo vigente hasta aquellas que lo cuestionan de manera más profunda (Martínez, 2021). En este sentido, parece indiscutible el impacto que esta Agenda ha supuesto en la transformación radical del sistema de cooperación que afecta tanto al propio concepto de desarrollo como a las visiones, doctrinas, procesos y prácticas que han guiado la institucionalidad de la Ayuda Oficial al Desarrollo (AOD). Dos son los cuestionamientos principales que dan cuenta de estos nuevos desafíos.

En primer lugar, la Agenda 2030 ha impulsado la conexión de las políticas de AOD con desafíos globales como el cambio climático, la digitalización, la pérdida de biodiversidad y las migraciones. Afrontar retos de esta magnitud requiere la participación de múltiples actores —gobiernos, empresas y organizaciones de la sociedad civil— bajo un esquema de responsabilidades compartidas pero diferenciadas. Este enfoque demanda una transformación profunda hacia un sistema de gobernanza más compacto y organizado, que trascienda el modelo tradicional de cooperación. Sin embargo, como destaca el informe del Ministerio de Asuntos Exteriores de Noruega (2023) abordar desafíos globales requiere estrategias distintas a las empleadas para combatir la pobreza. La alineación de la Agenda 2030 con metas climáticas y ambientales ha transformado de manera significativa el modelo de cooperación limitando las posibilidades de acción tradicional.

En segundo término, la Agenda 2030 plantea un desafío significativo al sistema de cooperación al cuestionar el binomio tradicional donante-receptor y redefinir el concepto de AOD. A diferencia de la Declaración del Milenio, la Agenda 2030 establece que todos los países y actores se encuentran, de algún modo, en condición de países en desarrollo. Este enfoque demanda una perspectiva mucho más avanzada y horizontal entre actores aun cuando podría debilitar principios como el de solidaridad, que han sido la base fundamental de la ayuda internacional. En este marco, el concepto de *alianza,* central en la implementación de la Agenda 2030, resulta teóricamente atractivo, pero enfrenta importantes dificultades prácticas. Por un lado, rompe con las estructuras tradicionales de la cooperación; por otro, diluye responsabilidades y diferencias entre los actores implicados, lo que representa un desafío significativo para el sistema en su conjunto.

En suma, los cambios en el sistema internacional, los desafíos globales y la crisis civilizatoria que enfrenta actualmente la humanidad están cuestionando las bases teóricas y prácticas del sistema de cooperación al desarrollo. En este marco, resulta pertinente analizar la forma en la que la aprobación de esta Agenda y su implementación ha impactado en algunas políticas de cooperación al desarrollo. A tal fin, se analizan las orientaciones de las políticas de cooperación implementadas en Uruguay y España, así como el impacto de la Agenda 2030 en la definición de las doctrinas y los procesos que configuran dichas políticas. Las políticas de cooperación al desarrollo en España y en Uruguay, con importantes elementos en común, sin embargo, representan dos referentes distintos. En el primer caso, se corresponden con la política de cooperación consolidada de un país -integrado en el grupo de "donantes" de la OCDE-. Mientras que Uruguay, con una política de cooperación actualizada en el último septenio, se constituye como un caso paradigmático de nuevo actor en el sistema de la cooperación al desarrollo especialmente reconocido por su apuesta por la cooperación Sur-Sur.

II. LA EVOLUCIÓN DE LA POLÍTICA DE COOPERACIÓN AL DESARROLLO EN ESPAÑA Y EN URUGUAY

2.1. La política de cooperación al desarrollo en España

La política de cooperación en España ha experimentado importantes transformaciones desde que, en 1981, el país pasó de ser receptor de ayuda a donante. Entre los hitos más importantes en la historia de la cooperación española destacan: I) el ingreso al Comité de Ayuda al Desarrollo (CAD), en diciembre de 1991, lo que implicó la vinculación directa con los principales donantes del mundo; y, ii) la aprobación de la Ley 23/1998 de Cooperación Internacional para el Desarrollo que tuvo como objeto regular el régimen jurídico de esta política asi como todas las transferencias de recursos públicos materiales y humanos desde la Administración General del Estado (AGE) a los países en desarrollo. A lo largo de este período, la cooperación se ha consolidado como una política de estado alineada con los parámetros y orientaciones establecidas en el sistema internacional de ayuda al desarrollo -marcados por el CAD de la OCDE- y más recientemente, con las orientaciones emanadas de la Agenda 2030. Las principales características y transformaciones de la cooperación española se detallan a continuación.

En primer lugar, la cooperación española se ha caracterizado por ser una política de consenso, en la medida en que los distintos gobiernos que la han gestionado —tanto a nivel nacional como autonómico y local— han preservado- de manera más o menos estable- las estructuras, principios y valores que la sustentan. En este sentido, si bien han existido diferencias significativas entre administraciones, se ha mantenido un núcleo esencial, definido, por ejemplo, por su orientación hacia objetivos como la promoción de los derechos humanos, la lucha contra la pobreza, el fortalecimiento de la gobernanza democrática, la acción frente al cambio climático y la igualdad de género.

En segundo lugar, este compromiso con la solidaridad internacional goza de un alto grado de respaldo ciudadano, como reflejan los barómetros del Instituto Elcano (Elcano, 2024) y las encuestas del Centro de Investigaciones Sociológicas - CIS (Carrillo y Ramos, en este mismo volumen). A lo largo del tiempo, un amplio espectro de la población ha apoyado esta causa, consolidándola como un pilar fundamental de la política exterior española. La convergencia de estos factores resulta clave para afianzar el papel de España como un actor destacado en el sistema internacional con una presencia en ascenso que se ve reforzada en su rol como anfitriona de la Cumbre de Financiación del Desarrollo, en junio de 2025 en Sevilla.

En tercer lugar, un rasgo definitorio de la política española es su marcada orientación hacia América Latina y África, en particular el África Subsahariana y el Magreb. América Latina ha sido históricamente una prioridad debido a los lazos culturales, lingüísticos y económicos (Ramos, 2021), mientras que África adquirió un peso significativo a partir de 2004, en el marco del gobierno del expresidente Rodríguez Zapatero, con objeto de reforzar el compromiso internacional de España en la lucha contra la pobreza y alinear así su política exterior con la de otros donantes.

En cuarto lugar, cabe destacar el marco normativo marcado por dos leyes fundamentales. La primera, fue la *Ley 23/1998 de Cooperación Internacional para el Desarrollo* (Gobierno de España, 1998), que estableció las bases institucionales y operativas para la cooperación española y definió los principios rectores de la política, como la solidaridad internacional, la paz, la estabilidad y la promoción del desarrollo económico y social sostenible. El siguiente hito ocurrió en el año 2023, ya que se aprueba la nueva *Ley 01/2023 de Cooperación para el Desarrollo Sostenible y la Solidaridad Global* (Gobierno de España, 2023), con el fin de adaptar la política al nuevo contexto internacional; esta nueva ley -inspirada en el marco de la Agenda 2030- apuesta por el fomento del desarrollo humano sostenible, la justicia social y la gobernanza democrática global, todo ello con un enfoque centrado en las personas y el planeta. Además, en lo que respecta al marco estratégico, es importante señalar a los Planes Directores de la Cooperación Española, que se actualizan cada cuatro años y definen los grandes lineamientos de esta política pública.

En quinto lugar, cabe destacar la diversidad de actores involucrados en la cooperación española. El principal responsable es la Agencia Española de Cooperación Internacional para el Desarrollo (AECID), encargada de gestionar y ejecutar la política de cooperación. Asimismo, los gobiernos autonómicos y locales han asumido un protagonismo creciente en la cooperación descentralizada en tanto gran parte de Comunidades Autónomas y Ayuntamientos han desarrollado sus propias estrategias y recursos. Las Organizaciones No Gubernamentales de Desarrollo (ONGD) se han constituido en un pilar fundamental en tanto han desempeñado un papel esencial en la implementación de proyectos, la movilización de recursos en contextos de emergencia y la sensibilización de la opinión pública. Por último, el sector privado adquirió un papel clave a partir de 2011, especialmente a través de alianzas público-privadas cuando las empresas españolas comenzaron a colaborar con la AECID y otras organizaciones internacionales en proyectos de desarrollo particularmente en áreas como la infraestructura, la energía renovable, la innovación tecnológica y más recientemente la inteligencia artificial. Si bien esta diversidad de actores enriquece la política de cooperación, también introduce desafíos ya que la coordinación y la complementariedad entre los diversos actores siempre representa un reto.

En sexto y último lugar, las modalidades e instrumentos de la cooperación española han ido evolucionando a lo largo de los años, adaptándose a los contextos cambiantes; desde sus inicios, esta política se ha caracterizado por la modalidad bilateral, lo que ha permitido una intervención directa y adaptada a las necesidades específicas de los países socios. En paralelo, la cooperación multilateral cobró peso a partir de 2004, ya que el incremento presupuestario de esos años se canalizó, en buena medida, hacia instituciones multilaterales especialmente orientadas al sistema de Naciones Unidas. Esta participación ha permitido a España influir en la agenda internacional y fortalecer su posición como actor clave en el desarrollo global. Finalmente, desde la década de 2010, España ha apostado por modalidades más innovadoras de cooperación, especialmente en su relación con América Latina, destacando su apoyo a la cooperación Sur-Sur a través de la cooperación triangular o fortaleciendo la cooperación regional como un modelo específico de promoción de alianzas para el desarrollo.

2.2 La política de cooperación al desarrollo en Uruguay

La política de cooperación de la República Oriental del Uruguay, (en adelante, Uruguay) data de una historia de más de tres décadas en las que ha desarrollado actividades como receptor de AOD en prácticamente todos los ministerios y estamentos del estado uruguayo aun cuando al ser Uruguay un país de renta media alta, los flujos de AOD que recibía representaban recursos muy limitados en relación con su PIB. Esto, unido al hecho de que el país poseía una institucionalidad fragmentada y debilitada, que carecía de una visión global, había convertido a la cooperación en una política secundaria en las prioridades estratégicas que guiaban la acción exterior del Estado uruguayo (AUCI, 2013a). De acuerdo con los documentos de la propia Agencia Uruguaya de Cooperación Internacional (AUCI) esta carencia de visión estratégica se reflejaba en una institucionalidad débil (AUCI, 2013a; Galeano, 2019) que era dirigida por dos organismos: la Dirección General de Cooperación Internacional del Ministerio de Relaciones Exteriores (MRREE) y la Dirección General de Cooperación de la Oficina de Planeamiento y Presupuesto (OPP).

Esta situación de fragilidad técnica y política cambia radicalmente a partir de 2010 con la creación de la AUCI que supuso una gran transformación de la gobernanza, así como una significativa mejora en la capacidad de este país de proyectarse como un actor relevante, tanto a escala regional como trasnacional. De esta forma, durante los últimos lustros, Uruguay ha pasado de ser un país receptor de cooperación a desempeñar un papel activo como donante, especialmente en el ámbito de la cooperación Sur-Sur. Este cambio experimentado ha estado marcado por un fortalecimiento institucional, la consolidación de marcos normativos y una creciente diversificación de los actores e instrumentos de implementación, en sintonía con los desafíos y compromisos internacionales como los ODS y la Agenda 2030. Algunos de los elementos consustanciales de la política uruguaya se destacan a continuación.

En primer lugar, se trata de una política estratégica que se encuentra alineada con la Agenda 2030, por lo que a través del Decreto N° 243/019, se aprueba 26 de agosto de 2019 la Política de Cooperación Internacional al 2030 (Poder Ejecutivo, 2019). Dicha política parte de la premisa de que la cooperación internacional es una herramienta esencial para apoyar la transición de Uruguay y del mundo hacia el desarrollo sostenible (AUCI, 2020).

En segundo lugar, se trata de un país que ha participado activamente en foros internacionales sobre cooperación al desarrollo, facilitando el diálogo entre todos los actores relevantes, por lo que ha sabido adaptar su política a los lineamientos establecidos en los compromisos globales; estas acciones le han permitido conformarse como un actor fundamental en representación de los países del sur y en la promoción de modalidades de cooperación horizontal, como la cooperación Sur-Sur y triangular (Vignolo y Van Rompaey, 2020).

En tercer lugar, la política de cooperación en Uruguay involucra a una amplia gama de actores, tanto gubernamentales como no gubernamentales. Como ya se ha comentado, la AUCI es el principal actor encargado de la coordinación y la ejecución de los programas de cooperación, trabajando en estrecha colaboración con los ministerios y otras instituciones públicas. Uno de los avances más significativos en los últimos años ha sido la incorporación de gobiernos locales y departamentales, lo que ha permitido una mayor descentralización de la cooperación y una adaptación de los proyectos a las necesidades específicas de cada región.

En cuarto lugar, y en cuanto a los instrumentos de implementación, Uruguay ha utilizado una variedad de mecanismos para canalizar su cooperación al desarrollo. La cooperación Sur-Sur ha sido uno de los principales instrumentos, permitiendo el intercambio de experiencias y conocimientos entre países de América Latina y el Caribe en sectores como la agroindustria, la salud, la educación y la tecnología (AUCI, 2015). Otra modalidad relevante ha sido la cooperación triangular que ha permitido la participación de Uruguay en iniciativas más amplias y en alianza con otros actores internacionales, fortaleciendo su capacidad de incidencia en la agenda global (AUCI, 2019a).

En quinto lugar, cabe destacar la cooperación técnica que ha sido otro de los instrumentos clave, a través del cual se ha brindado asistencia en la formación de capacidades y el fortalecimiento institucional en países socios. La experiencia uruguaya en la creación de sistemas de seguridad social, la universalización de la salud y la educación ha sido un recurso valioso que el país ha compartido con otros en desarrollo.

En resumen, la política de cooperación al desarrollo en Uruguay ha evolucionado considerablemente en las últimas dos décadas, consolidándose como un actor relevante en la cooperación Sur-Sur y triangular. A pesar de los desafíos, Uruguay ha mostrado un fuerte compromiso con el desarrollo sostenible, la solidaridad regional y la cooperación internacional, posicionándose como un país que no solo recibe asistencia, sino que también contribuye activamente al desarrollo de otros.

III. EL IMPACTO DE LA AGENDA 2030 EN LAS POLÍTICAS DE COOPERACIÓN

A continuación, se realiza un análisis sobre los contenidos de la Agenda 2030 en los documentos rectores de la cooperación española y uruguaya. El objeto de este estudio es detectar este impacto en los propios documentos oficiales, siguiendo la metodología *GlobalGob.*

3.1. El contenido de la Agenda 2030 en los documentos rectores y en los instrumentos de implementación en España

3.1.1 Compromiso de España con la Agenda

La cooperación al desarrollo en España estuvo significativamente marcada por la aprobación de la Agenda 2030, reflejando la firme apuesta de los diferentes gobiernos por este marco global. Desde el Ministerio de Asuntos Exteriores, Unión Europea y Cooperación se asumió el liderazgo en su implementación y adaptación a las políticas nacionales, especialmente en los primeros años. El hecho de que la negociación de este importante compromiso internacional estuviera liderada por el Ministerio de Asuntos Exteriores y Cooperación y que el impulso inicial de la Agenda 2030 a nivel nacional radicara, institucionalmente, en este Ministerio explica, en parte, el alto nivel de influencia de la Agenda en la política de cooperación al desarrollo de España. Su influencia se hace especialmente elocuente en dos instrumentos normativos clave y de reciente aprobación: la Ley de Cooperación para el Desarrollo Sostenible y el Plan Director de la Cooperación Española 2024/2027.

La Ley 1/2023, de 20 de febrero, de Cooperación para el Desarrollo Sostenible y la Solidaridad Global

La Agenda 2030 y los 17 ODS son la base estructural de la Ley 1/2023, lo que implica que todas las políticas, proyectos y acciones de cooperación deben alinearse con los principios de sostenibilidad -social, económica y ambiental- que la Agenda propone. Esto integra una visión amplia que supera la mera ayuda económica y se centra en lograr un desarrollo humano equitativo y sostenible a escala internacional. Además, la ley refleja el enfoque de derechos humanos lo que incluye la promoción de políticas orientadas a mejorar el acceso a servicios de educación, salud, y derechos laborales, en línea con los ODS 1, 3, 4, y 10.

La sostenibilidad ambiental y la acción climática se encuentran entre los principales ejes de esta ley; siguiendo el ODS 13 (acción por el clima) y el ODS 15 (vida de ecosistemas terrestres), la ley integra la lucha contra el cambio climático y la protección de los recursos naturales como una prioridad. Asimismo, es notoria la influencia del ODS 5 y la promoción de la igualdad de género dado que la ley incluye la adopción de medidas específicas para empoderar a las mujeres y garantizar su participación en todos los niveles de decisión en los proyectos de cooperación. Además, se extiende el enfoque de inclusión a otros grupos vulnerables, promoviendo la justicia social y la no discriminación. Esta apuesta supone, en definitiva, consolidar la orientación que ya se había llevado a cabo en años anteriores, hacia objetivos vinculados a desafíos globales, especialmente los relacionados con la sostenibilidad ambiental. Esta orientación básica contrasta con la que había marcado al sistema de cooperación en su conjunto, implicado –sobre todo– en la lucha contra la pobreza.

Asimismo, la promoción de las Alianzas Globales y la Gobernanza Multilateral se incluye fomentando el ODS 17. La ley establece que la cooperación internacional española debe promover alianzas estratégicas con otros países, organizaciones internacionales, ONGs y el sector privado. Esto busca construir un sistema de gobernanza global que refuerce el compromiso con los ODS y mejore la eficiencia y efectividad de las acciones de cooperación.

Adicionalmente, la Ley incorpora dos elementos transversales especialmente asociados a la Agenda 2030. Por una parte, un sistema de rendición de cuentas y transparencia en los proyectos de cooperación que intenta responder a las metas de la Agenda 2030 de lograr instituciones sólidas (ODS 16), promoviendo una gestión abierta, accesible y eficiente que permita monitorear los progresos y ajustar estrategias. Por otra, la educación y sensibilización sobre Desarrollo Sostenible, ya que se enfatiza en la ley la educación y la sensibilización de la ciudadanía sobre los ODS, buscando que la población española se involucre activamente en los objetivos de la Agenda 2030.

Por todo ello, se puede señalar que la *Ley 1/2023 de Cooperación para el Desarrollo Sostenible y Solidaridad Global* es una expresión concreta de los principios de la Agenda 2030 en la política de cooperación española.

Plan Director de la Cooperación Española 2024-2027

En el mismo sentido, la transformación del sistema español de cooperación internacional ha experimentado una profunda renovación con la aprobación del *Plan Director de la Cooperación*

Española 2024-2027. Así, uno de los mayores aportes de este documento es la organización de las prioridades sectoriales en torno a las transiciones globales: transición social, transición ecológica y transición económica. Esta orientación consolida, y va más allá, de la transformación que ya había reflejado el anterior *Plan Director.* De hecho, el *V Plan Director de la Cooperación Española (2018-2021)*, aprobado dos meses antes del inesperado cambio de gobierno de 2018, tiene como principal novedad la adopción de la Agenda 2030 como marco de referencia y, consecuentemente, la organización de prioridades en torno a los ODS. Así, este Plan ya priorizó 16 objetivos sectoriales que se correspondían, exactamente, con los ODS 1 a 16.

Esta organización de prioridades alineadas con los ODS, si bien resulta coherente y congruente con los compromisos asumidos como país con esta importante referencia global, supone un cambio radical en las orientaciones sectoriales sobre las que habían organizado la política en años precedentes (Ramos, 2022), limitando así la capacidad de orientar, clarificar y clasificar las actuaciones de los diferentes sectores que tenían los anteriores planes. Por ejemplo, la decisión de alinear en su totalidad el sector de la gobernanza democrática al ODS 16, sin referencia explícita, por ejemplo, a la democracia, limita la capacidad de priorización y reporte del sector que se venía realizando, lo que resulta importante en un sector que ya era suficientemente ambiguo e impreciso (Ramos, 2022).

En lo que refiere a la organización en torno a las tres transiciones del actual Plan Director de la Cooperación Española 2023-2027, cabe señalar que para la transición social se han establecido líneas de acción en torno a la gobernabilidad democrática, la salud global y los sistemas sanitarios, la seguridad alimentaria y la lucha contra el hambre, la educación equitativa, inclusiva y de calidad, la formación a lo largo de la vida, la igualdad de género y el empoderamiento de mujeres, niñas y adolescentes, así como la cultura y el desarrollo sostenible. Para la transición ecológica, se han definido iniciativas orientadas a la lucha contra el cambio climático, tanto en términos de mitigación como de adaptación, el acceso a energías limpias, la protección y promoción de la biodiversidad, y la garantía de los derechos humanos al agua y al saneamiento.

En lo que respecta a la transición económica, se han priorizado estrategias relacionadas con el desarrollo rural territorial y los sistemas agroalimentarios sostenibles, promoviendo modelos basados en la pequeña agricultura familiar y campesina con un enfoque de sostenibilidad y acceso equitativo al agua; el desarrollo económico inclusivo y sostenible, con un énfasis en la protección de los derechos laborales, el fomento del empleo digno, la creación de entornos de trabajo seguros e inclusivos, el impulso de infraestructuras sostenibles y políticas turísticas que beneficien a las comunidades locales; y la digitalización para el desarrollo sostenible, con especial atención a la conectividad, el fortalecimiento de capacidades digitales en los países socios y la protección de los derechos y la privacidad digitales mediante marcos legales adecuados.

Por otra parte, esta reorientación de los contenidos a los ODS —que implica una visión muy amplia y generalista—, supone importantes desafíos para el proceso de priorización y reporte sectorial de cumplimiento y avances, lo que resulta especialmente grave en un sector que ya era suficientemente ambiguo e impreciso. De hecho, el marco del ODS 16, sin referencia a la democracia, ofrece un contenido menos preciso y de peor calidad que el que ofrecían los *Planes Directores* anteriores. Además, no se recoge un indicador para medir la democracia dentro de los indicadores propuestos para el ODS 16.

3.1.2 Marco institucional

El Gobierno de España ha creado progresivamente una serie de instituciones orientadas a promover la Agenda 2030, que ha derivado en una estructura de gobernanza en tres niveles.

En primer lugar, la Secretaría de Estado de Agenda 2030, creada a través del Real Decreto 452/2020, de 10 de marzo, específicamente para dar impulso a la Agenda 2030. Fue uno de los dos órganos superiores que tuvo el Ministerio de Derechos Sociales y Agenda 2030 de España entre 2020 y 2023, siendo responsable de la propuesta y ejecución de la política del Gobierno de la Nación en materia de seguimiento y cooperación para la implementación de la Objetivos de Desarrollo Sostenible (ODS).

Además, la Conferencia Sectorial para la Agenda 2030 es el órgano de cooperación entre la Administración General del Estado, las Comunidades Autónomas, las Ciudades Autónomas de Ceuta y Melilla y la Administración Local, a través de la Federación Española de Municipios y Provincias, en la implementación de la Agenda 2030; y tiene por finalidad el desarrollo de una actuación coordinada en materias relacionadas con el cumplimiento de la Agenda 2030 y la consecución de los Objetivos de Desarrollo Sostenible.

Por último, el Consejo de Desarrollo Sostenible es órgano asesor, de colaboración y cauce de la participación de la sociedad civil para el cumplimiento de los ODS de la Agenda 2030, y que crea un espacio en el que están representadas una pluralidad de actores y plataformas, canalizando la participación de la sociedad civil. Dentro sus funciones el Consejo de Desarrollo Sostenible actúa en tres niveles: en el Pleno, conformado por la Presidencia, la Vicepresidencia, las sesenta vocalías articuladas entorno a siete grupos de interés; en la Comisión Permanente, compuesta por quince personas vocales elegidas por la Presidencia del Consejo; y en los Grupos de Trabajo y Comisiones. Actualmente los Grupos de Trabajo vigentes son: (i) Grupo de Trabajo para la revisión de los Indicadores y las Metas de la Estrategia de Desarrollo Sostenible, (ii) Grupo de Trabajo de Igualdad de Género, y el (iii) Grupo de Trabajo de Coherencia de Políticas con el Desarrollo Sostenible.

Adicionalmente, la reforma institucional prevista en la Ley de 2023 implica una mejora en cuatro pilares fundamentales:

- Estatuto de las Personas Cooperantes: Mejora las condiciones laborales y establece bases para una carrera profesional.
- Reforma de la AECID: Fortalece su papel como piedra angular del sistema y generadora de alianzas, con la aprobación de un nuevo Estatuto de la AECID en diciembre de 2024.
- Cooperación financiera: Busca mayor agilidad y eficacia, alineándose con modelos europeos.
- Normativa de subvenciones: Incrementa la transparencia y mejora los instrumentos de evaluación.

La nueva estructura de gobernanza deberá incluir la creación del Consejo Superior de Cooperación para el Desarrollo Sostenible y la Conferencia Sectorial de Cooperación, que funcionará desde una gobernanza compartida.

Debe señalarse que, hasta ahora, el importante impacto de la Agenda 2030 en los marcos normativos de la cooperación española no se ha acompañado de una equivalente transformación institucional, como la Secretaría de Estado de Cooperación Internacional o la AECID. Desde el año 2015 en que fue aprobada la Agenda 2030 hasta 2024 no se habían realizado transformaciones institucionales de calado para adaptar la profunda transformación que supuso la orientación de la política hacia los ODS.

Sin embargo, la reciente aprobación del Estatuto de la AECID en diciembre de 2024 representa una apuesta decidida por adaptar las estructuras de la política de cooperación a algunos de los rasgos definitorio de la Agenda 2030. Así, la creación de la Dirección de Alianzas para el Desarrollo Sostenible e Innovación, la Subdirección de Cooperación Feminista, Desarrollo o la

Subdirección de Alianzas, Innovación y Educación para el Desarrollo y la Ciudadanía Global reflejan una voluntad de transformación esencial orientada claramente a la mejor adaptación de la institución central de la política de cooperación al nuevo escenario en torno al desarrollo que impulsó la Agenda 2030.

3.1.3 Mecanismos y procesos

La decisión de orientar los marcos normativos a la Agenda 2030 se refleja en todos los Marcos de Actuación y Estrategias Sectoriales, que han sido alineados con los Objetivos de Desarrollo Sostenible (ODS). Esta transformación garantiza una mayor coherencia horizontal y vertical entre las políticas de cooperación y los compromisos internacionales asumidos por España en materia de desarrollo sostenible.

La Cooperación Española emplea un enfoque basado en resultados, estructurando sus acuerdos a través de los Marcos de Asociación País (MAP). Estos documentos establecen los resultados esperados de la cooperación entre España y los países asociados, convirtiéndose en el principal instrumento de planificación. Desde la adopción de la Agenda 2030, los MAP incorporan un análisis detallado del contexto nacional y la estrategia de cada país, organizados en torno a las cinco dimensiones clave de la Agenda: personas, prosperidad, planeta, paz y alianzas. Este enfoque permite una vinculación directa entre los objetivos de cooperación y las prioridades nacionales en el marco de los ODS.

Para garantizar la eficacia de estos acuerdos, los MAP incluyen una matriz de resultados y mecanismos de seguimiento y evaluación. La evaluación intermedia es llevada a cabo por la Dirección General de Políticas de Desarrollo Sostenible (DGPOLDES), mientras que la evaluación final es un proceso externo. Según el *Plan Director de la Cooperación Española 2024-2027*, los Marcos de Asociación se han consolidado como los principales instrumentos de planificación estratégica geográfica bilateral, permitiendo una mejor alineación con los objetivos de desarrollo de los países socios y concentrándose en sectores donde la Cooperación Española aporta mayor valor añadido.

Entre 2007 y 2015, la Cooperación Española elaboró catorce estrategias sectoriales en ámbitos como acción humanitaria, construcción de la paz, cultura y desarrollo, educación, género en desarrollo, lucha contra el hambre, medioambiente y desarrollo sostenible, salud, gobernabilidad democrática y participación ciudadana, entre otros. Sin embargo, con la implementación del actual Plan Director, se ha iniciado un proceso de evaluación de estas estrategias. Actualmente, se está culminando la evaluación de la Estrategia de Lucha contra el Hambre y se prevé la revisión de la Estrategia de Medioambiente y Desarrollo Sostenible, con el objetivo de definir nuevas líneas de actuación más adaptadas a los retos contemporáneos del desarrollo sostenible.

3.2. El contenido de la Agenda 2030 en los documentos rectores y en los instrumentos de implementación en Uruguay

3.2.1. El compromiso de Uruguay con la Agenda 2030

Uruguay, como miembro de la comunidad internacional, ha adoptado los Objetivos de Desarrollo Sostenible (ODS) como un marco fundamental para guiar sus políticas de desarrollo. La integración de los ODS en los instrumentos de cooperación al desarrollo refleja el compromiso del país con una agenda global que busca erradicar la pobreza, proteger el planeta y garantizar prosperidad para todos. Este esfuerzo se ha manifestado tanto en la alineación estratégica como en la implementación práctica de los ODS en las políticas nacionales.

Plan Nacional de Desarrollo como eje articulador

"Uruguay 2030" es el plan nacional de desarrollo que sirve como documento clave para incorporar explícitamente los ODS. Este instrumento busca armonizar las metas globales con las prioridades nacionales, destacando temas como la reducción de desigualdades, la promoción del empleo decente y la transición hacia una economía más sostenible. Su elaboración involucró consultas con diversos sectores, mostrando un enfoque inclusivo y participativo en la adaptación de los ODS. De hecho, en este marco estratégico se incorpora, como elementos esenciales, cuestiones nucleares para la Agenda 2030 como "la transformación productiva sostenible, la transformación social y la transformación de las relaciones de género" (Malacalza, 2020).

Instancias gubernamentales, como la Oficina de Planeamiento y Presupuesto (OPP) y el Consejo Nacional de Políticas Sociales, han sido fundamentales para coordinar la implementación de los ODS. Estas entidades aseguran la integración de los objetivos globales en las políticas públicas, alineándolos con los instrumentos de cooperación internacional para maximizar su impacto.

3.2.2. La Política de Cooperación de Uruguay para el Desarrollo Sostenible y la Agenda 2030

En relación con este importante compromiso, Uruguay ha incorporado la Agenda 2030 de manera integral en su política de cooperación al desarrollo. El país adoptó desde 2010 un enfoque dual, actuando tanto como receptor como oferente de cooperación internacional, con el objetivo de contribuir al desarrollo sostenible. Ha desarrollado específicamente un perfil asociado a la cooperación Sur-Sur, con proyectos que contribuyen directamente a la Agenda 2030, enfocándose en áreas como salud, gobernabilidad, fortalecimiento institucional, medioambiente y desarrollo local.

La política de cooperación al desarrollo de Uruguay ha estado marcada por algunos rasgos que la definen y determinan. En primer lugar, por su doble condición de país receptor como país donante, y en particular a partir de la situación generada por la graduación del país, en enero de 2018, de la lista de países elegibles para recibir AOD. Uruguay alcanza dicha graduación por haber sido clasificado por el Banco Mundial durante tres años consecutivos como país de renta alta, que es el criterio establecido por el CAD.

La respuesta política del gobierno de Uruguay de ese momento fue precisamente impulsar la Agenda 2030 como marco de referencia para impulsar transiciones justas con el objetivo de promover el cumplimiento de los ODS. El enfoque del desarrollo en transición vino también al rescate de una inserción en el sistema de cooperación que superara la graduación como marco esencial de análisis. El segundo elemento decisivo fue su orientación hacia la cooperación Sur-Sur como elemento definitorio de su condición de país clave en el sistema de cooperación internacional.

La aprobación de la Agenda 2030, durante los gobiernos del Frente Amplio, facilitó la incorporación de los ODS en las orientaciones de la política de cooperación, ya que tanto los gobiernos liderados por José Mujica como el de Tabaré Vázquez estuvieron firmemente comprometidos con los derechos humanos, la lucha contra las desigualdades y el desarrollo sostenible, apostando de forma decidida por reforzar su estrategia de Cooperación Sur-Sur y Triangular (Vignolo y Van Rompaey, 2020).

De esa manera, la Agenda 2030 se percibió como un marco que servía para impulsar y promover un modelo de cooperación con el que éstos se sentían especialmente cómodos, sirviéndoles para avanzar sobre las limitaciones insalvables que suponía la graduación. A partir de 2016, y liderado especialmente por la

AUCI, se inició un proceso de adaptación a la Agenda 2030 que servía, a la vez, de respuesta a la graduación. En este proceso participaron representantes de la sociedad civil, academia y gobierno. Este proceso desembocó en la aprobación de un Decreto Presidencial en 2019, que conforma la *Política de Cooperación Internacional de Uruguay para el Desarrollo Sostenible al 2030.* Esta política se marcó cuatro objetivos: *1) Posicionar las prioridades políticas en la agenda de la cooperación internacional y el desarrollo sostenible; 2) Generar nuevas oportunidades de cooperación internacional; 3) Ampliar la capacidad oferente de Uruguay, y 4) Fortalecer alianzas y herramientas para el desarrollo sostenible.*

Además, marcó como principios esenciales de actuación los siguientes: alineación, horizontalidad, equidad y transparencia. Además, se incorporaron tres enfoques transversales: i) derechos humanos, combatiendo desigualdades y atendiendo a grupos vulnerables; ii) interseccionalidad, considerando desigualdades por género, generación, etnia-raza, orientación sexual y discapacidad; así como la iii) sostenibilidad ambiental, incluyendo esta dimensión en problemas y soluciones.

En este sentido, cabe destacar que uno de los impactos más claros de la Agenda 2030 en la política de cooperación Uruguay fue la incorporación de la idea de alianzas para el desarrollo sostenible, reconociendo que los desafíos actuales requieren trabajo interdisciplinario y coordinado entre socios internacionales pero también con actores nacionales, diferentes niveles de gobierno, academia, sociedad civil y sector privado, asumiendo que cada actor posee conocimientos y recursos esenciales para alcanzar los ODS (Vignolo y Van Rompaey, 2020).

Por tanto, Uruguay ha utilizado los ODS como una brújula para orientar su política de cooperación Sur-Sur y triangular. A través de proyectos que abordan desafíos como la educación inclusiva, la igualdad de género y la acción climática, el país ha promovido un intercambio de conocimientos y capacidades que refuerzan el principio de no dejar a nadie atrás. La cooperación triangular, en particular, ha permitido alianzas innovadoras con países desarrollados y en desarrollo. La incorporación de la Agenda 2030 en la política de cooperación al desarrollo de Uruguay se ha centrado en varios aspectos clave, aunque enfrenta desafíos significativos.

Los ODS han sido incorporados en los marcos legales y normativos que guían la cooperación al desarrollo en Uruguay, que incluye una planificación quinquenal de la cooperación internacional que recibe y brinda el país. Por otro lado, capitalizar y gestionar el conocimiento adquirido se encuentra presente dentro del monitoreo y evaluación de la política, fundamentalmente por su rol como oferente de cooperación Sur-Sur y triangular. Esto incluye la adopción de políticas públicas con metas claras, indicadores de progreso y mecanismos de rendición de cuentas, lo que garantiza una mayor transparencia y efectividad en la implementación de la Agenda 2030.

Se han priorizado objetivos como el ODS 3 (salud y bienestar), el ODS 4 (educación de calidad) y el ODS 13 (acción por el clima), áreas clave para el desarrollo sostenible del país. Sin embargo, enfrenta desafíos en la integración de los ODS en regiones rurales y zonas vulnerables, donde las brechas socioeconómicas son más evidentes, por lo que la propia política incorpora la necesidad de promover líneas de investigación sobre cooperación internacional y desafíos para el desarrollo sostenible en todo el territorio uruguayo. Este contexto resalta la importancia de políticas focalizadas y adaptadas a las necesidades locales.

La incorporación de los ODS en Uruguay no se limita a las instituciones gubernamentales, ya que organizaciones de la sociedad civil, empresas privadas y universidades han desempeñado un rol crucial en la implementación de proyectos alineados con los objetivos globales. La colaboración entre estos actores y el gobierno ha permitido un enfoque más integral y sostenible en la política de cooperación al desarrollo, así como aunar esfuerzos para el posicionamiento de las prioridades políticas de Uruguay en la agenda de cooperación internacional.

Finalmente, la integración de los ODS en la política de cooperación al desarrollo ha reforzado el posicionamiento de Uruguay como un país comprometido con el multilateralismo y la sostenibilidad. Su liderazgo en foros internacionales y su participación en iniciativas globales han fortalecido su reputación como un socio confiable y activo en la promoción de los objetivos de la Agenda 2030.

En resumen, Uruguay ha integrado la Agenda 2030 en su política de cooperación al desarrollo de manera comprehensiva, alineando sus estrategias, marcos institucionales y proyectos con los Objetivos de Desarrollo Sostenible, y adoptando un enfoque dual que le permite tanto recibir como ofrecer cooperación internacional para el desarrollo sostenible. No obstante, reconoce que su tránsito a un desarrollo sostenible implica, entre otros aspectos, trabajar por un cambio cultural profundo de todos los actores del sistema de cooperación, para concienciar en la importancia de un desarrollo sostenible nacional y global.

CONCLUSIONES

El análisis del impacto de la Agenda 2030 en las políticas de cooperación al desarrollo de España y Uruguay evidencia transformaciones significativas en sus enfoques, marcos normativos e instrumentos de implementación. A partir de 2015, ambos países han integrado los Objetivos de Desarrollo Sostenible (ODS) en sus estrategias de cooperación, redefiniendo la concepción tradicional de ayuda y adaptándola a un contexto internacional en constante evolución, teniendo en cuenta el rol que desempeñan dentro del sistema.

En el caso de España, la cooperación al desarrollo ha experimentado una reestructuración profunda, consolidada a través de la Ley 1/2023 de Cooperación para el Desarrollo Sostenible y la Solidaridad Global, así como en los sucesivos Planes Directores. Este marco ha permitido una mayor alineación con los ODS, priorizando la transición social, ecológica y económica. Sin embargo, la implementación de estos cambios ha supuesto desafíos, especialmente en la articulación de los objetivos de la Agenda 2030 con los marcos previos de cooperación, lo que ha generado dificultades en la priorización y evaluación sectorial de las acciones.

El énfasis de la cooperación española en la sostenibilidad ambiental, la gobernanza democrática y la equidad de género ha fortalecido su impacto en el ámbito global. No obstante, la diversidad de actores involucrados (gobiernos, ONGD, sector privado) ha generado retos en términos de coordinación y complementariedad. La reciente reforma de la AECID y la creación de nuevas direcciones especializadas dentro de la agencia buscan mejorar la capacidad de respuesta a estos desafíos y fortalecer la eficacia de la cooperación española.

Por su parte, Uruguay ha transitado de ser un país receptor de cooperación a desempeñar un rol activo como oferente, especialmente en la cooperación Sur-Sur y triangular. La creación de la Agencia Uruguaya de Cooperación Internacional (AUCI) en 2010 ha permitido fortalecer la institucionalidad y posicionar al país como un actor clave en el sistema de cooperación internacional. La adopción del Decreto N° 243/2019 y la Política de Cooperación Internacional para el Desarrollo Sostenible han sido fundamentales para la alineación de Uruguay con la Agenda 2030.

La respuesta de Uruguay a su "graduación" como país de renta alta ha sido innovadora, apostando por la cooperación en áreas estratégicas como la salud, la educación y la acción climática. A pesar de su limitado acceso a la Ayuda Oficial al Desarrollo (AOD), el país ha logrado consolidar alianzas y promover un enfoque horizontal en su cooperación, destacando la importancia de la equidad y la sostenibilidad en sus proyectos.

En ambos casos, la Agenda 2030 ha actuado como un catalizador de cambios estructurales en las políticas de cooperación. No obstante, persisten desafíos en la implementación efectiva de estos principios, especialmente en la evaluación de impactos, la financiación sostenible y la articulación de estrategias entre distintos actores. La transición hacia una cooperación basada en alianzas globales y horizontales requiere una mayor coordinación y adaptación a los contextos específicos de cada país y región.

Un elemento común en ambos países es la importancia de la gobernanza multilateral y la promoción de alianzas estratégicas para el desarrollo. La Agenda 2030 ha impulsado una transformación en la concepción de la cooperación, superando el modelo tradicional donante-receptor e incentivando una visión más horizontal y participativa. No obstante, persisten desafíos en la financiación, la medición de resultados y la implementación efectiva de los ODS en contextos locales.

En conclusión, la integración de la Agenda 2030 en las políticas de cooperación de España y Uruguay ha generado avances significativos, aunque aún quedan retos por afrontar. La consolidación de estos cambios dependerá de la capacidad de adaptación institucional, la inversión en recursos adecuados, la mejora en el sistema de evaluación de impactos de las políticas implementadas y la implementación de mejoras necesarias de cara a la sostenibilidad global.

BIBLIOGRAFÍA

Alonso, J. A. (2012). La teoría del desarrollo y los cambios en el sistema internacional/Development theory and changes in the international system. *Revista CIDOB d'Afers Internacionals*, 43-65.

AUCI. (2013a). *Nuevos desafíos, Nueva institucionalidad. Primera etapa de la creación de la Agencia de Cooperación Internaconal.* Montevideo: OPP.

AUCI. (2015). *La cooperación internacional para el desarrollo desde el Sur. Una visión desde el Uruguay.* Montevideo: Taller de comunicación.

AUCI. (2018). *Política de Cooperación Internacional de uruguay para el Desarrollo Sostenible al 2030.* Montevideo: Imprenta Rojo.

AUCI. (2019a). *Capacidades uruguayas para la cooperación Sur- Sur y triangular.* Mastergraf.

AUCI. (2020). *Prioridades estratégicas de la cooperación internacional para el desarrollo sostenible 2020- 2025.* Montevideo: Mastergraf.

Elcano, I. (2024). *44ª Oleada Barómetro del Real Instituto Elc.* Editorial Elcano. Obtenido de https://www.realinstitutoelcano.org/encuestas/44-oleada-barometro-del-real-instituto-elcano-mayo-2024/

Escobar, A. (2005). El "postdesarrollo" como concepto y práctica social. *Políticas de economía, ambiente y sociedad en tiempos de globalización*, 17-31.

Fejerskov, A. (2016). Understanding the nature of change: How institutional perspectives can inform contemporary studies of development cooperation. *Third World Quarterly*, 2176-2191.

Fernandez Buey, F. (2009). Crisis de civilización. (FUHEM, Ed.) *Papeles de FUHEM*(105), 41-51.

Gobierno de España. (1998). *Ley 23/1998, de 7 de julio, de Cooperación Internacional para el Des.* Boletín General del Estado. Obtenido de https://www.boe.es/buscar/act.php?id=BOE-A-1998-16303

Gobierno de España. (2023). *Ley 1/2023, de 20 de febrero, de Cooperación para el Desarrollo Sostenible y la Solidaridad Global.* Obtenido de https://www.boe.es/buscar/act.php?id=BOE-A-2023-4512

Janus, H., Klingebiel, S., y Sebastián, P. (2015). Beyond Aid: A Conceptual Perspective on the Transformation of Development Cooperation. *Journal of International Developmen*, 155-169.

Kharas, H., y Andrew Rogerson. (2012). *Horizon 2025: Creative Destruction in the Aid Industry.* Overseas Development Institute.

Martínez, I. (2021). Nuevos horizontes para la cooperación internacional: una mirada a la cooperación descentralizada a través del caso vasco. *Revista Española de Desarrollo y Cooperación*, 176-178.

Mawdsley, E., Sung, M., y Savage, L. (2014). Post-Aid World'? Paradigm Shift in Foreign Aid and Development Cooperation at the 2011 Busan High Level Forum. *The Geographical Journal, 180(1).*

Millán, N., y Gómez, D. (2024). Contradictions between capitalism and sustainable human development: Where is the 2030 Agenda headed. *Capitalism, Nature, Socialism*, 1-20.

Millán, N., y Martínez, I. (2023). The 2030 Agenda in Uruguay: critical aspects of its implementation during the period 2015-2020. *Management Letters / Cuadernos de Gestión*, 1-11.

Ministerio de Asuntos Exteriores de Noruega. (2023). *Investing in a common future.* Obtenido de https://www.regjeringen.no/en/dokumenter/investing-in-a-common-future/id2977341/

Ministerio de Asuntos Exteriores, Unión Europea y Cooperación (MAEUEC) (2024). *Plan Director de la Cooperación Española para el Desarrollo Sostenible y la Solidaridad Global.* Catálogo de Publicaciones de la Administración General del Estado.

Oxfam, (2023). *Cooperación internacional para la justicia global.* Intermón Oxfam. Obtenido de https://cdn2.hubspot.net/hubfs/426027/Oxfam-Website/oi-informes/cooperacion-internacional-justicia-global-web.pdf

Pérez, J. A., y Alañón,, A. (2016). Mediciones alternativas de la cooperación internacional para el desarrollo en el contexto de la agenda 2030. *Revista internacional de cooperación y desarrollo*, 56-75.

Poder Ejecutivo. (2019). *"Política de Cooperación Internacional de Uruguay para el Desarrollo Sostenible al 2030", Real Decreto 243/2019.* Recuperado el 05 de 12 de 2023, de https://www.impo.com.uy/bases/decretos/243-2019/4

Ramos, M. (2021). *La cooperación española en América Latina. ¿Un cambio de ciclo?* Madrid: Fundación Carolina.

Ramos, M. (2022) El apoyo de España a la Gobernanza Democrática en América Latina, Ed. Tirant lo Blanch, Valencia. Poner esta referencia despues de Ramos (2021).

Severino, J.-M., y Olivier, R. (2009). *The End of ODA: Death and Rebirth of a Global Public Policy.* Center for Global Development, Working Paper 167.

Vignolo, A., y Van Rompaey, K. (2020). *Uruguay: una respuesta política al problema de la graduación.* Madrid: Fundación Carolina. Documento de Trabajo 27.

Análisis de la presencia de la Agenda 2030 en políticas locales de lucha contra la desigualdad urbana y social. El caso de la ERACIS

ROCÍO VELA-JIMÉNEZ
LAURA SERRANO
ANTONIO SIANES
Universidad Loyola Andalucía

I. MARCO DEL ESTUDIO

1.1. La desigualdad social en las zonas urbanas desfavorecidas

El fenómeno de la desigualdad social está resurgiendo con intensidad en países avanzados, especialmente tras la crisis financiera de 2008 y la pandemia de la COVID-19. Este aumento ha llevado a una disminución de la confianza en el gobierno y a una mayor segregación social. A raíz de esto, los desafíos para diseñar políticas efectivas que armonicen las prioridades sociales se han multiplicado (Fine et al., 2019).

Cada vez más autores sugieren que la problemática de las zonas urbanas desfavorecidas debe abordarse de manera integral debido a su naturaleza multidimensional y dinámica (Aguado-Moralejo et al., 2019; Vela-Jiménez & Sianes, 2021). Los problemas en estas áreas no son solo físicos o económicos, sino también relacionados con la participación social, la convivencia, la educación y la salud (Aguado-Moralejo et al., 2019; Sianes & Vela-Jiménez, 2020; Vela-Jiménez & Sianes, 2023). Así, el espacio urbano refleja la interacción de agentes económicos y sociales con intereses diversos, que conforman la ciudad en un momento dado (Petrović et al., 2021).

Para abordar la desigualdad social, es crucial combinar diferentes instrumentos políticos que mejoren tanto el espacio urbano como la situación social (Navarro-Yáñez, 2021). Las políticas deben adaptarse a las características específicas de cada barrio y fomentar la participación ciudadana en el proceso de desarrollo (Lancione & Simone, 2021; Vela-Jiménez & Sianes, 2021, 2023). Por tanto, las políticas urbanas deben ser tanto integrales como participativas, si quieren combatir la desigualdad y la segregación actual (Blanco et al., 2012; Vela-Jiménez & Sianes, 2021).

1.2. La Agenda 2030 como marco político global para abordar de manera integral y participativa el desafío de las zonas urbanas desfavorecidas

La comunidad internacional está desarrollando marcos políticos globales para enfrentar la creciente desigualdad social y la fragmentación de las sociedades. Destacan la Nueva Agenda Urbana-Hábitat III (2017) y la Agenda 2030 para el Desarrollo Sostenible (2015). Ambas promueven políticas integrales y participativas para la inclusividad y sostenibilidad en las ciudades. La Nueva Agenda Urbana se enfoca en un desarrollo urbano inclusivo y sostenible (Naciones Unidas, 2017), mientras que la Agenda 2030, a través del ODS 11 y sus 17 ODS, aborda el desarrollo urbano y otros retos que afectan a las ciudades (Ramirez-Rubio et al., 2019; Vela-Jiménez et al., 2022).

La Agenda 2030 resalta la interconexión de todos los ODS y metas, favoreciendo un enfoque multidimensional para combatir la exclusión social en zonas urbanas desfavorecidas (Navarro-Yáñez, 2021; Vela-Jiménez & Sianes, 2021, 2023). Pues, mejorar la educación en estas zonas puede influir positivamente en las oportunidades laborales (Navarro-Yáñez, 2021), o una política participativa y multinivel puede reducir la segregación social y mejorar la cohesión y convivencia (Torres-Gutiérrez, 2021; Vela-Jiménez & Sianes, 2023). Aunque los gobiernos están alineando sus políticas con la Agenda 2030, se requiere un enfoque integral y participativo especialmente decidido en las políticas contra la pobreza y exclusión social (Bruquetas Callejo et al., 2005; Vela-Jiménez & Sianes, 2021, 2023).

II. BREVE INTRODUCCIÓN A LA METODOLOGÍA. ANALIZANDO LA LOCALIZACIÓN DE LA AGENDA 2030 A NIVEL REGIONAL Y LOCAL

La literatura reciente destaca la necesidad de evaluar cómo la Agenda 2030 se traduce en políticas locales concretas (Spinazzola, 2020), subrayando la importancia de un marco analítico para evaluar cómo los esfuerzos globales se concretan en políticas públicas locales que fomenten ciudades inclusivas y sostenibles.

Este capítulo es parte del proyecto "Articulación de Agendas Globales y Agendas Nacionales: el proceso de implementación de la Agenda 2030 en Europa y América Latina" (GlobalGob), financiado por el Plan Nacional de I+D+I del Ministerio de Ciencia e Innovación de España. El proyecto, desarrollado entre 2020 y 2023, se centra en analizar la incorporación de los Objetivos de Desarrollo Sostenible (ODS) en políticas públicas concretas, evaluando el grado de penetración de la Agenda 2030 y cómo se materializan los ODS en las políticas a nivel nacional e internacional.

El enfoque metodológico de GlobalGob se basa en tres ejes de análisis: la evaluación de metas a través de marcos normativos y discursivos; el análisis de la población objetivo y beneficiarios; y el examen del diseño institucional y la participación de actores. Además, se estudian los instrumentos utilizados, como los financieros, normativos, de comunicación y seguimiento de políticas mediante indicadores y herramientas de monitoreo. Este enfoque permite una comprensión profunda de cómo se implementa la Agenda 2030 en España a través de las políticas públicas.

En el capítulo se analiza la Estrategia Regional Andaluza para la Cohesión e Inclusión Social (ERACIS), aprobada por el Consejo de Gobierno andaluz en 2018 e implementada en Andalucía entre 2018 y 2022. La ERACIS busca reducir desigualdades y promover la inclusión social en 99 zonas desfavorecidas mediante un enfoque multidimensional que involucra a diferentes actores: administraciones locales, organizaciones sociales y la comunidad en general.

Para el análisis, se adapta la metodología GlobalGob con la propuesta de Schneider e Ingram (1997). Schneider e Ingram enfatizan la necesidad de examinar cómo se diseñan las políticas públicas y su impacto. Su modelo propone analizar seis elementos en el diseño de políticas: Objetivos, Población beneficiaria, Agentes y estructuras de implementación, Herramientas, Normas y Fundamentos y Supuestos. Este marco permite evaluar si una política es inclusiva y cómo aborda el problema en cuestión.

El modelo de Schneider e Ingram se utiliza para analizar la política de la ERACIS a través de los siguientes pasos:

1. Identificación de ODS relevantes: Se identifican los ODS dirigidos a la inclusión social en zonas urbanas desfavorecidas. Estos se dividen en Metas Generales (problemas urbanos generales, como la reducción de la pobreza) y Metas Específicas (problemas concretos de las zonas desfavorecidas, como el fracaso escolar). Este enfoque ayuda a entender cómo los ODS aplican a las características específicas de estas zonas.

2. Análisis del diseño de la política: Utilizando la estructura de Schneider e Ingram, se examina cómo la ERACIS integra la Agenda 2030 en sus elementos justificativos, normativos e instrumentales. Esto implica evaluar los Objetivos de la política, la Población beneficiaria, los Agentes y estructuras de implementación, las Herramientas empleadas, las Normas establecidas y los Fundamentos y Supuestos que justifican la política.
3. Localización de metas de los ODS: se traduce a un listado de Palabras Claves las metas de los ODS para evaluar la inclusión de la multidimensionalidad de la Agenda 2030 en la ERACIS. Se realiza una valoración cualitativa de la presencia explícita o implícita de estas metas en la política, siguiendo prácticas similares en estudios previos (Birner, 2020).

Estos pasos permiten evaluar cómo la ERACIS incorpora los principios de la Agenda 2030 y cómo el diseño y el nivel de gobierno afectan la efectividad de esta incorporación. La metodología busca proporcionar una visión detallada de cómo las políticas regionales y locales se alinean con los compromisos globales de sostenibilidad e inclusión social.

III. INTRODUCCIÓN A LA POLÍTICA ERACIS. MIRADA MULTINIVEL A LAS POLÍTICAS ESPAÑOLAS PARA LA INCLUSIÓN SOCIAL

España enfrenta una grave crisis de pobreza y exclusión social, con una tasa que ronda el 26% (Naciones Unidas, 2020). Existen profundas desigualdades, especialmente en zonas urbanas desfavorecidas, donde las condiciones de vida son críticas y las políticas de protección social son insuficientes (Vtyurina, 2020). Para combatir esta situación, España ha implementado políticas a nivel estatal, como la Estrategia Nacional de Prevención y Lucha contra la Pobreza y la Exclusión Social 2019-2023.

Además, existen políticas regionales y locales que adaptan este enfoque para promover la inclusión social en Comunidades Autónomas y ciudades. Este tipo de políticas de inclusión social pueden abordar de manera más concreta los problemas específicos de cada territorio. Sin embargo, muchas políticas se han enfocado en problemas sectoriales sin una integración territorial adecuada, lo que limita su efectividad en la lucha contra la desigualdad urbana (Jaraíz Arroyo & González Portillo, 2019). Algunas políticas han intentado un enfoque integral y comunitario, pero con limitaciones en la práctica (Jaraíz Arroyo & González Portillo, 2019). Es esencial desarrollar políticas que realmente integren el enfoque integral y participativo de la Agenda 2030, considerando los contextos específicos para abordar los retos territoriales (Peters, 2020).

Este capítulo examina cómo la Estrategia Regional Andaluza para la Cohesión e Inclusión Social (ERACIS) ha incorporado el mandato de la Agenda 2030 para combatir la exclusión social en Andalucía. Aprobada en 2018, la ERACIS busca transformar socialmente las zonas urbanas desfavorecidas de Andalucía, enfocándose en los ODS 1 y 11, empleando un enfoque de trabajo social comunitario que involucra a diversos actores.

Andalucía es particularmente relevante para este estudio debido a que alberga 10 de los 15 barrios más pobres de España (INE, 2023). Analizar la ERACIS no solo permitirá evaluar cómo se localiza la Agenda 2030 en políticas regionales y locales, sino también contribuirá a los debates sobre el diseño de políticas públicas para la transformación social en zonas urbanas desfavorecidas. Estos debates incluyen el nivel de gobierno adecuado para el diseño de políticas y el enfoque adecuado, ya sea en las necesidades territoriales o en los individuos en situación de exclusión (Aguado-Moralejo et al., 2019).

IV. LA INCORPORACIÓN DE LA AGENDA 2030 EN LA ESTRATEGIA REGIONAL ANDALUZA PARA LA COHESIÓN E INSERCIÓN SOCIAL. INTERVENCIÓN EN ZONAS DESFAVORECIDAS (ERACIS)

4.1. Paso 1. Determinación de los ODS que inciden en las Zonas Urbanas Desfavorecidas

Como en estudios que analizan la influencia de la Agenda 2030 en determinados contextos y temáticas (Maes et al., 2019), el primer paso es identificar qué ODS afectan a la exclusión social en zonas urbanas desfavorecidas. Con base en estudios anteriores sobre exclusión social en estas áreas (Aguado-Moralejo et al., 2019; Fernández Aragón et al., 2021; Vela-Jiménez & Sianes, 2021, 2023), se seleccionaron 51 de las 169 metas de los ODS, y 30,18 % del total, correspondiendo a 14 ODS. En línea con otros estudios (Ramirez-Rubio et al., 2019), no se incluyeron los ODS 13, 14 y 15, centradas en el cambio climático, la conservación de los océanos y la protección de ecosistemas terrestres.

Dada la particularidad de las zonas urbanas desfavorecidas, diversos autores distinguen entre problemas urbanos compartidos y problemas endógenos de estos territorios. Siguiendo esa propuesta, como recoge la figura 1, se identifican 51 metas de los ODS: 25 son metas generales, que abordan problemas urbanos agravados en zonas urbanas desfavorecidas, y 26 son metas específicas, enfocadas en los problemas propios de las mismas.

Figura 1. Fuente: Vela-Jiménez et al (2022)

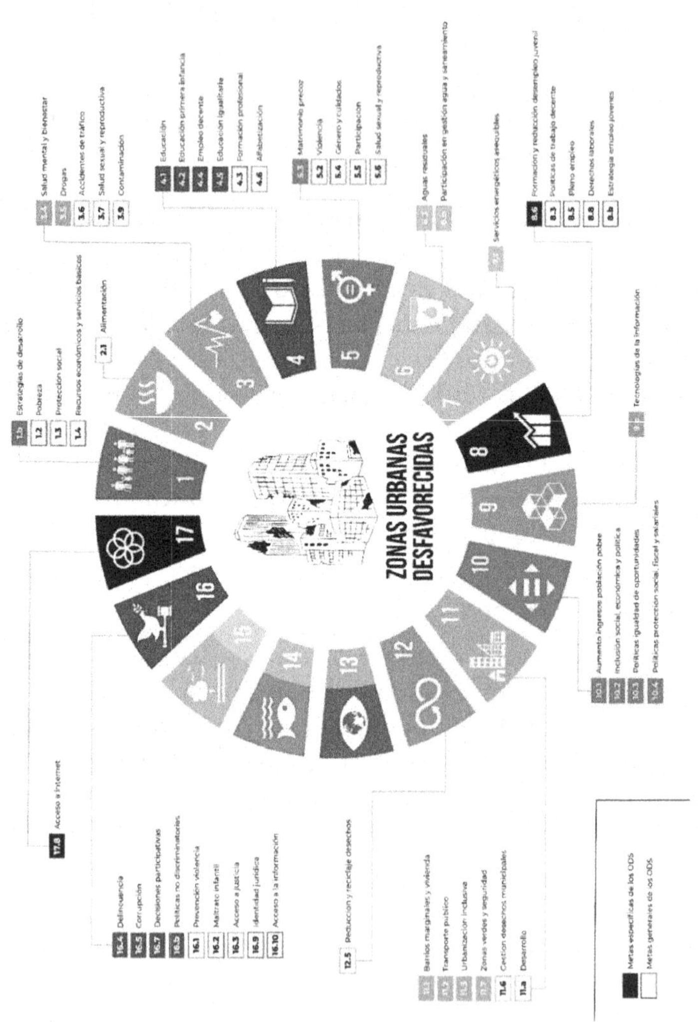

En cuanto a las metas generales, se incluyen los ODS 1, 2, 3, 4, 5, 8, 11, 12 y 16. Del ODS 1 se incluyen las metas 1.2, 1.3 y 1.4, enfocadas en reducir la pobreza urbana, garantizando acceso a protección social, recursos económicos y servicios básicos. Las metas del ODS 3 (3.6, 3.7, 3.9) abordan el acceso a la salud sexual y reproductiva, y la prevención de muertes por accidentes de tráfico y contaminación, temas cada vez más preocupantes en las ciudades (Organización Mundial de Salud, 2021). El ODS 4 y ODS 8 abarcan dos desafíos muy presentes en las zonas urbanas desfavorecidas: educación y empleo (Peruzzi, 2015). Se incluyen las metas 4.3 y 4.6 sobre alfabetización y formación técnica y superior, y las metas 8.3, 8.5, 8.8 y 8.b sobre la promoción del empleo, entornos laborales seguros y estrategias de empleo juvenil. Del ODS 5 se incluyen el 5.2, 5.4, 5.5., y 5.6, relacionados con eliminar la violencia de género, valorar el trabajo de cuidados, asegurar la participación plena de las mujeres y asegurar el acceso a la salud sexual y reproductiva. Del ODS 11, las metas 11.6 y 11.a, pretenden fortalecer vínculos económicos y sociales entre las zonas urbanas, y reducir el impacto ambiental de las ciudades, situación más gravosa en las zonas desfavorecidas (Torres-Gutiérrez, 2021). Del ODS 12, la meta 12.5 sobre reducción de desechos mediante el reciclaje. Y del ODS 16, las metas 16.1, 16.2, 16.3, 16.9 y 16.10 enfocadas a la prevención de la violencia, el maltrato, el acceso a la justicia, a la información y la identidad jurídica.

Como metas específicas se incluyen los ODS 1, 3, 4, 5, 6, 7, 8, 9, 10, 11, 16 y 17. Del ODS 1 se selecciona la meta 1.b, referida a crear estrategias de desarrollo en favor de los pobres, uno de los retos clave de las políticas que se desarrollan en las zonas urbanas desfavorecidas (Palacios García, 2012). Del ODS 3, las metas 3.4 y 3.5, que inciden en la prevención y tratamiento de la salud mental, bienestar y consumo de sustancias, problemas que afectan especialmente a la población de estas zonas (Peruzzi, 2015).

Del ODS 4, incluye las metas 4.1, 4.2, 4.4 y 4.5, referidas a facilitar el acceso, la permanencia en la educación y la formación técnica de los colectivos más vulnerables, como la infancia y juventud. Del ODS 5, se considera propio de estas zonas la meta 4.5, referida a la prevención de los matrimonios precoces, (Villacampa & Torres, 2020). Del ODS 6 y 7, las metas 6.3, 6.b y 7.1, orientadas a mejorar el tratamiento de aguas residuales y el acceso a servicios energéticos y participación de las comunidades, cuestiones de creciente relevancia (Recalde et al., 2019). Del ODS 8, la meta 8.6 sobre la promoción del empleo juvenil, que es un desafío clave en estas zonas desfavorecidas (Peruzzi, 2015). Del ODS 9 y 17 las metas 9.c y 17.8, dirigidas a abordar la brecha digital. El ODS 10 y 11 son particularmente relevantes para reducir las desigualdades sociales (metas 10.1, 10.2, 10.3 y 10.4) y fomentar la inclusión y sostenibilidad de las ciudades (metas 11.1, 11.2, 11.3 y 11.7). Finalmente, del ODS 16, las metas 16.1, 16.2, 16.3, 16.9 y 16.10, relacionadas con la reducción de actividades ilegales, la inseguridad, o la participación de la ciudadanía en la toma de decisiones, asuntos fundamentales en la promoción de procesos de inclusión social (Sianes & Vela-Jiménez, 2020; Torres-Gutiérrez, 2021; Vela-Jiménez & Sianes, 2023).

4.2. Paso 2. Análisis por componentes del diseño de ERACIS

La revisión teórica ha señalado que las políticas inspiradas en la Agenda 2030 suelen concentrar sus referencias en lo declarativo y normativo, sin aterrizarla en los instrumentos y estructuras de implementación. Para evitar esto, este análisis seguirá el modelo de Jones et al. (2017), codificando los documentos de la ERACIS, según los seis elementos del diseño de políticas de Schneider e Ingram (1997), para seguidamente, en el paso 3, abordar en éstos la incorporación de la Agenda 2030.

4.2.1. Objetivos

El principal objetivo de ERACIS es mejorar las condiciones de vida en las zonas desfavorecidas de Andalucía, priorizando la inserción laboral. ERACIS pone el foco en el ámbito territorial-comunitario a través de sus diferentes ejes: desarrollo económico y comunitario sostenible, políticas de bienestar y cohesión social, mejora del hábitat y convivencia, y trabajo en red e innovación en la intervención social.

4.2.2. Población beneficiaria

ERACIS se dirige a 99 zonas desfavorecidas de Andalucía, identificadas mediante cinco criterios territoriales: alto desempleo, inmigración, viviendas públicas, problemas de seguridad y convivencia, e historial de intervención social.

4.2.3. Agente(s) y Estructuras de implementación

ERACIS es impulsada y diseñada por la Junta de Andalucía, en tanto la implementación recae en los Ayuntamientos, organismos más cercanos a la realidad de la ciudadanía. Dicha implementación debe realizarse junto con otras entidades públicas y privadas, así como con la sociedad civil organizada. Sin embargo, aunque ERACIS define los responsables por cada eje, solo menciona a las entidades públicas y privadas, sin incorporar a los agentes ciudadanos.

4.2.4. Herramientas

La herramienta principal de ERACIS son los Planes Locales de Intervención de Zonas Desfavorecidas (PLIZD), que operan las 129 medidas de los cuatro ejes. De estas, solo cuatro son obligatorias, centradas en la inserción laboral y la contratación de profesionales. Los PLIZD definen las acciones en cada zona y establecen un sistema de indicadores para evaluar el cumplimiento de los objetivos.

4.2.5. Normas

ERACIS es una política regional, con un marco de financiación internacional (Fondo Social Europeo 2014-2020), nacional (Plan Nacional de Acción para la Inclusión Social 2013-2016) y autonómico (Ley 9/2016, de Servicios Sociales en Andalucía). La política tiene un marco temporal de cuatro años.

4.2.6. Fundamentos y Supuestos

ERACIS justifica su acción en el aumento de la exclusión y segregación social, argumentando la necesidad de articular políticas urbanas que disminuyan las desigualdades sociales en las ciudades andaluzas. Acota su intervención a nivel de barrio, con un enfoque territorial. Además, pone énfasis en la importancia de los gobiernos locales para liderar las estrategias de intervención social debido a su cercanía a la realidad de la ciudadanía.

4.3. Paso 3: Analizando la incorporación de la Agenda 2030 en el diseño de ERACIS

Primero, se identifican los ODS y metas presentes en ERACIS. En segundo lugar, se identifica como ERACIS incorpora de forma discursiva y efectiva el enfoque integral y participativo que propone la Agenda para establecer sus mecanismos y procesos de articulación que definirán su gobernanza.

4.3.1. La inclusión de los ODS y sus metas en la política ERACIS

La tabla 1 recoge la relación de los ODS y metas identificadas en el Paso 1, con sus respectivas palabras claves.

Tabla 1. Palabras claves de las metas de los ODS

ODS	Palabras Clave
ODS 1	Pobreza (meta 1.2) Protección social (meta 1.3.) Recursos económicos y servicios básicos (meta 1.4.) Estrategias de desarrollo (meta 1.b)
ODS 2	Alimentación (meta 2.1.)
ODS 3	Salud mental y bienestar (meta 3.4) drogas (meta 3.5) Accidentes de tráfico (meta 3.6) Salud sexual y reproductiva (meta 3.7) Contaminación (meta 3.9)
ODS 4	Educación (meta 4.1) Educación primera infancia (meta 4.2) Formación profesional (meta 4.3) Empleo decente (meta 4.4) Educación igualitaria (meta 4.5) Alfabetización (meta 4.6)
ODS 5	Violencia (meta 5.2) Matrimonio precoz (meta 5.3) Cuidados (meta 5.4) Género (meta 5.4) Participación (meta 5.5) Salud sexual y reproductiva (meta 5.6)
ODS 6	Aguas residuales (meta 6.3) Participación en gestión agua y saneamiento (meta 6.b)
ODS 7	Servicios energéticos asequibles (meta 7.1)

ODS 8	Políticas trabajo decente (meta 8.3) Pleno empleo (meta 8.5) Formación y reducción desempleo juvenil (meta 8.6) Derechos laborales (meta 8.8) Estrategia empleo jóvenes (meta 8.b)
ODS 9	Tecnologías información (meta 9.c)
ODS 10	Aumento ingresos población pobre (meta 10.1) Inclusión social, económica y política (meta 10.2) Políticas Igualdad de oportunidades (meta 10.3) Políticas protección social, fiscal y salariales (meta 10.4)
ODS 11	Vivienda (meta 11.1) Barrios marginales (meta 11.1) Transporte público (meta 11.2) Urbanización inclusiva (meta 11.3) Gestión desechos municipales (meta 11.6) Zonas verdes (meta 11.7) Seguridad (meta 11.7) Desarrollo (meta 11.a)
ODS 12	Reducción y reciclaje desechos (meta 12.5)
ODS 16	Prevención violencia (meta 16.1) Maltrato niños (meta 16.2) Acceso a justicia (meta 16.3) Delincuencia (meta 16.4) Corrupción (meta 16.5) Decisiones participativas (meta 16.7) Identidad jurídica (meta 16.9) Acceso a la información (meta 16.10) Políticas no discriminatorias (meta 16.b)
ODS 17	Acceso Internet (meta 17.8)

Fuente: elaboración propia

La Tabla 1 mejora propuestas previas para localizar los ODS en políticas específicas (Birner, 2020; Pineda-Escobar, 2019; Spinazzola, 2020), al emplear palabras clave para cada meta de los ODS. Esto permite localizar qué metas concretas están presentes en cada elemento de la política analizada, siguiendo el modelo Schneider e Ingram (1997). El análisis cualitativo sobre la presencia de la Agenda 2030, sigue el proceso empleado en otros estudios (Ilieva, 2017), sistematizando la presencia de cada meta general y específica de los ODS en función de si la política lo recoge de forma explícita, de forma implícita, o si no menciona este.

4.3.1.1. Metas generales de los ODS en ERACIS

El análisis de la presencia de 25 metas generales de los ODS en ERACIS muestra que solo el ODS 1 (pobreza) tiene una presencia amplia y transversal. Un resultado esperado, ya que ERACIS promueve una estrategia centrada en mejorar la vida de las personas en situación de vulnerabilidad social, enfocándose en la reducción de la pobreza económica. También aparece de manera destacada la meta 11.a (ODS 11), en tanto que promueve una política de desarrollo fortaleciendo los vínculos sociales y económicos de las zonas urbanas a las que va dirigida.

Por el contrario, se observa en el poco peso que tiene en su diseño las metas ambientales diseminadas a lo largo de la Agenda 2030. No aborda cuestiones como la reducción de la contaminación (ODS 3.9), el impacto ambiental negativo (ODS 11.6), ni la reducción de desechos mediante reciclaje (ODS 12.5).

Continuando con la idea de resaltar las ausencias en la incorporación de los ODS en el diseño de la ERACIS, a continuación, se detallan algunas de estas carencias de manera más precisa. En cuanto al ODS 4 (educación), ERACIS no incluye de forma decidida metas sobre educación y formación profesional, elementos clave para salir de la exclusión social, ni aborda la alfabetización (meta 4.6).

Respecto al ODS 5 (género), ERACIS tampoco otorga importancia al enfoque de género, y carece de una estrategia clara para el acceso a la salud sexual y reproductiva (meta 5.6).

En relación con el ODS 8 (mercado laboral), ERACIS se centra en la creación de empleo (meta 8.3), pero no contempla adecuadamente los derechos laborales (meta 8.8). En general, la presencia de las metas de los ODS orientadas a este fin en los Objetivos es relativamente limitada. cubriendo aproximadamente un 60% de las metas pertinentes.

La incorporación de los ODS es especialmente baja en la Población beneficiaria (26%), debido en parte a que ERACIS realiza un diagnóstico de la población beneficiaria a nivel de sección censal, y en Agentes y Estructuras de Implementación (18%), debido a la falta de participación de la sociedad civil en el diseño de la política. Sin embargo, ERACIS presenta un alto grado de presencia de los ODS en el diseño de sus Herramientas (60%), particularmente a través de los Planes Locales de Intervención de Zonas Desfavorecidas.

Entrando por último en lo que respecta a las Normas, dicha política presenta un importante déficit a la hora de incorporar la mirada propia de los ODS: apenas un 26%. Por su parte, en los Fundamentos y Supuestos, ERACIS reconoce la necesidad de políticas orientadas a resolver los desafíos de las zonas urbanas desfavorecidas, aunque no incorpora plenamente un enfoque integral de sostenibilidad ambiental, evidenciando una falta de alineación con varias metas de los ODS dirigidas a fomentar la sostenibilidad ambiental en estas áreas.

Esta información se resume en la Tabla 2, que muestra si cada meta de los ODS está presente en ERACIS de manera explícita (color verde), implícita (color amarillo) o si está ausente (color rojo).

Tabla 2. ODS y Metas generales en ERACIS

Metas Generales ODS	ERACIS					
	Objetivos	Población Beneficiaria	Agentes & Estructuras	Herramientas	Normas	Fundamentos & Supuestos
Total	60%	26%	18%	60%	26%	66%
1.2						
1.3						
1.4						
2.1						
3.6						
3.7						
3.9						
4.3						
4.6						
5.2						
5.4						
5.5						
5.6						
8.3.						
8.5						
8.8						
8. b						
11.6						
11. a						
12.5						
16.1						
16.2						
16.3						
16.9						
16.10						

Fuente: elaboración propia

4.3.1.2. Metas específicas de los ODS en ERACIS

Con respecto a la presencia de las 26 metas de los ODS que inciden en los retos específicos de las zonas desfavorecidas, ERACIS solo muestra una presencia amplia y transversal de 2 ODS: ODS 1 y 10. Crea un marco sólido como estrategia de desarrollo orientadas a reducir la desigualdad y favorecer la inclusión socioeconómica de la población más pobre que reside en las zonas urbanas desfavorecidas.

Sin embargo, se observa como dicha política presenta una serie de debilidades en la consideración de otras metas. No aborda cuestiones como el empoderamiento de mujeres y niñas a través de la prevención del matrimonio precoz (ODS 5, meta 5.3) situación con especial incidencia en chicas adolescentes de determinados grupos étnicos (Escobar-Ballesta et al., 2019). Tampoco se contemplan metas relacionadas con la gestión participativa del agua y saneamiento (ODS 6, metas 6.3 y 6.b), un desafío presente debido al deterioro del parque público de viviendas en estas zonas (Palacios García, 2012).

Aunque ERACIS incluye acciones para el acceso a vivienda y servicios básicos (ODS 11, meta 11.1) y promueve la urbanización inclusiva (meta 11.3), no da suficiente importancia al transporte público, zonas verdes y espacios públicos seguros (metas 11.2 y 11.7). Como se apuntaba anteriormente en el texto al abordar el análisis de las metas generales en ERACIS, se identifica cómo esta hace poco énfasis en los ODS 3, 4, 8 y 16. No se abordan significativamente la salud mental y el tratamiento de adicciones (ODS 3, metas 3.4 y 3.5), ni el acceso igualitario a la educación en todas las etapas de la vida y la formación técnica para el empleo (ODS 4, metas 4.1, 4.2, 4.4 y 4.5). Además, la política no prioriza la reducción del desempleo juvenil y la falta de estudios (ODS 8, meta 8.6), a pesar de ser un reto clave en zonas con desigualdad social.

En cuanto al ODS 16, aunque ERACIS promueve la participación en la toma de decisiones (meta 16.7), no aborda la delincuencia y actividades ilegales (metas 16.4 y 16.5), problemas importantes en estas zonas que afectan la cohesión social (Torres-Gutiérrez, 2021).

En términos de diseño, en lo referente a los Objetivos, ERACIS otorga un peso fuerte a los dictados de la Agenda 2030 con una presencia de un 79%. Sin embargo, tal y como se identificó en las metas generales, incorpora de manera más limitada la Agenda 2030 en la definición de la Población objetivo (33%), debido al enfoque territorial, y en la definición de los Agentes y Estructuras de Implementación (37%), ya que no incorpora a agentes de la sociedad civil.

En cambio, ERACIS destaca en la incorporación de la Agenda 2030 a través de sus Herramientas, especialmente los PLI-ZD, que abarcan un espectro amplio de temas alineados con los ODS. Sin embargo, en el aspecto Normativo, la política sigue mostrando una baja presencia de la Agenda (38%). Finalmente, en los Fundamentos y Supuestos, ERACIS incorpora más de la mitad de las metas específicas de los ODS, alcanzando un 62%.

Esta evaluación se sintetiza en la Tabla 3, que se utiliza el mismo código de colores que en la tabla 3, para mostrar la presencia de cada ODS y sus metas en ERACIS.

Tabla 3. ODS y Metas específicas en ERACIS

Metas Específicas ODS	ERACIS					
	Objetivos	Población Beneficiaria	Agentes & Estructuras	Herramientas	Normas	Fundamentos & Supuestos
Total	79%	33%	37%	81%	38%	62%
1. b.						
3.4.						
3.5.						
4.1.						
4.2.						
4.4.						
4.5.						
5.3.						
6.3.						
6. b.						
7.1.						
8.6.						
9. c.						
10.1.						
10.2.						
10.3.						
10.4.						
11.1.						
11.2.						
11.3.						
11.7.						
16.4.						
16.5.						
16.7.						
16. b.						
17.8.						

Fuente: elaboración propia

4.3.2. La inclusión de la Agenda 2030 en los mecanismos y procesos de articulación que definen la gobernanza de ERACIS: enfoque integral y participativo

La adopción de la Agenda 2030 en las políticas nacionales y locales no se agota en la localización de los diferentes ODS. Existen otros elementos que van a incidir en la configuración de una gobernanza capaz de promover procesos de desarrollo inclusivo y sostenible (Vela-Jiménez & Sianes, 2023). Los enfoques integral y participativo completan este mandato para combatir la pobreza y la exclusión social eficazmente.

Para identificar la incorporación del enfoque integral y participativo que vertebra los mecanismos y procesos de articulación de ERACIS, se ha elaborado un listado de palabras claves que guiará el análisis (tabla 4).

Tabla 4. Palabras claves para la localización del enfoque integral y participativo en ERACIS

Enfoque	Palabras Claves
Integralidad	Integral / Integralidad Global Comunitario/a Red(es) Sinergia Articulación Transversalidad
Participación	Participación Trabajo en red Coordinación / de forma coordinada actores Colaboración Compromiso Coproducción Ciudadanía Democracia Compartido

Fuente: elaboración propia

Las palabras clave permiten identificar cómo ERACIS incorpora los enfoques integral y participativo en su diseño. Aunque la política enfatiza intervenciones integrales para abordar los retos en zonas desfavorecidas, este discurso queda únicamente recogida en lo declarativo, tal y como se desprende del análisis sobre la incorporación de los ODS y sus metas, dónde se observa una ausencia de su adaptación integral e interconectada en los barrios desfavorecidos.

En lo que respecta a la incorporación del enfoque participativo que sustenta la gobernanza de ERACIS, esta está configurada en el plano normativo como un instrumento que actúe como palanca para provocar la participación conjunta y coordinada de diversos actores públicos, privados y vecinales, entre los que distribuye responsabilidades en las diferentes fases del proceso: diseño, aprobación, desarrollo, seguimiento y evaluación (Díez-Bermejo et al, 2021). No obstante, aunque el análisis vuelve a visibilizar una intencionalidad discursiva en la ERACIS justificando la utilización de un enfoque multiactor, variable necesaria para promover procesos de transformación social eficaces en estas zonas desfavorecidas (Blanco et al., 2012; Vela-Jiménez & Sianes, 2023), en el diseño de los elementos que articulan esta política existe una falta de incorporación de la ciudadanía que habita estas zonas. Al definir y regular los agentes responsables e implicados en la consecución de los diferentes objetivos y medidas, no incorpora en ningún caso a la población destinataria de esta política.

Este análisis general que muestra la inclusión del enfoque de gobernanza integral y participativa que articula ERACIS, se concreta de forma más clara en el análisis de los diferentes elementos de su diseño.

Así, en relación con los Objetivos, como ya se ha señalado, existe una falta de integralidad a la hora de definir los objetivos que persigue, donde por ejemplo señala que se centrará en ODS 1 y 11, pero aparece sobre todo el ODS 8, siendo obligatorios únicamente los relativos a la inclusión laboral y contratación de profesionales, dejando fuera cuestiones claves para abordar el nivel social y comunitario que incide en la exclusión social. En lo que respecta al enfoque participativo, indica que ERACIS favorecerá la participación de la ciudadanía en todo el proceso, pero en la definición de los agentes responsables e implicados en su desarrollo no la incluye.

Cuando se define a la Población Beneficiaria en el discurso, se busca abarcar sus necesidades desde un enfoque integral, pero al definir las zonas desfavorecidas que serán objeto de esta política, selecciona aquellas que responden a cuatro criterios, incidiendo de nuevo en una ausencia de integralidad: barrios con alto porcentaje de paro, población migrante y bajo acceso a recursos sanitarios y educativos; barrios con alta concentración de parque público de vivienda; existencia de graves problemas de seguridad y convivencia; y con una trayectoria de intervención social. Sin embargo, los retos que enfrentan estos barrios resultan ir más allá de estos cuatro criterios, que limitan tanto la problemática como la inclusión de otros barrios que desde una definición multidimensional y territorializada podrían incluirse en el ámbito de acción de esta política (Torres-Gutiérrez, 2021; Vela-Jiménez & Sianes, 2023). Así mismo, la falta de participación de la población destinataria, no llega a articularse ni en la definición de esta ni en su incorporación efectiva.

La ausencia de un enfoque multiactor que incorpore a la ciudadanía destinataria de la política en la gobernanza de ERACIS, queda recogida de forma explícita en los elementos que van a definir la articulación de esta. Así, al definir uno de los elementos claves para la gobernanza, los Agentes y Estructuras para la Implementación, no incorpora a la ciudadanía dentro de los cuatro ejes en los que basa su acción. Aunque señala que esta debe ser protagonista y participar de todo el ciclo de la política, no regula su incorporación tanto para formar parte del diseño como de la estructura de implementación.

Esta ausencia del enfoque participativo se evidencia en los elementos que definen las Herramientas y Normas que articulan ERACIS, donde, si bien señala que se debe promover la participación de la vecindad de estos barrios, no establece la norma para su inclusión de forma decidida. Igualmente, la integralidad se ve comprometida, ya que la inclusión de las 129 medidas en los PLIZD queda supeditada a la obligatoriedad de incluir sólo 4 de ellas. dejando el diseño en una fase posterior dónde serán las administraciones locales las encargadas de realizarlo.

Finalmente, en la Fundamentación de la política, las bases que vertebran su diseño, ERACIS detalla la incorporación del enfoque integral y comunitario en base al mandato de la Agenda 2030, donde la vecindad resulta ser pilar fundamental para promover una gobernanza participativa. Sin embargo, como se desprende del anterior análisis, este enfoque integral queda comprometido, al igual que el enfoque participativo, ya que sólo regula la participación de la administración pública y las entidades sociales y privadas, quedando la incorporación de ambos enfoques limitada a la intencionalidad discursiva de ERACIS.

Estos resultados indican cómo el aterrizaje efectivo de la Agenda 2030 queda comprometido en el diseño de ERACIS. La intencionalidad que sustenta esta política está orientada a promover un cambio de concepción a la hora de articular su diseño e implementación desde un enfoque integral y de gobernanza participativa. Sin embargo, el análisis de cada uno de sus elementos, sobre todo aquellos que posibilitan su puesta en marcha, informa de un sesgo a la hora de incorporar la integralidad (orientada a la inserción laboral) y gobernanza multiactor (no incorpora a la ciudadanía) necesarias para promover procesos de transformación social efectivos en estas zonas desfavorecidas (Vela-Jiménez & Sianes, 2023).

V. MECANISMOS DE SEGUIMIENTO DE LA POLÍTICA Y SU RELACIÓN CON EL SEGUIMIENTO DE LA IMPLEMENTACIÓN DE LA AGENDA 2030

La ERACIS incorpora diversos mecanismos de seguimiento y evaluación, aunque su implementación no siempre es sistemática. Estos mecanismos están diseñados para supervisar la ejecución de la política en distintos territorios, evaluar las acciones y programas, y detectar desviaciones para realizar ajustes necesarios. La literatura señala que estos mecanismos son esenciales para asegurar la eficacia en el uso de recursos y el logro de los objetivos de políticas complejas. Los indicadores propuestos abarcan aspectos sociodemográficos y socioeconómicos, así como valoraciones cualitativas sobre el desarrollo de las acciones y la satisfacción de los involucrados.

En primer lugar, la ERACIS establece indicadores específicos para medir el impacto de las acciones en zonas desfavorecidas, tales como la reducción de la pobreza, la mejora de la empleabilidad y el acceso a la educación. Estos datos cuantitativos son cruciales para evaluar el progreso y la efectividad de las intervenciones. Sin embargo, la ERACIS, a pesar de su enfoque multidimensional, sigue teniendo una visión reduccionista de la exclusión social, centrada en aspectos económicos y formativos, lo que limita su capacidad para abordar integralmente la exclusión.

En segundo lugar, la ERACIS prevé evaluaciones periódicas realizadas por expertos independientes o instituciones designadas, para asegurar una revisión objetiva de la política. Estos informes deben identificar logros y desafíos persistentes en la implementación. Sin embargo, en la práctica, las evaluaciones han sido escasas y no siempre independientes, lo que dificulta la obtención de aprendizajes replicables.

En tercer lugar, la ERACIS promueve la transparencia y la rendición de cuentas mediante la producción de informes de progreso que resumen avances y obstáculos. No obstante, estos informes a menudo son elaborados por entidades ejecutoras que pueden sesgar la información a favor de la administración, minimizando las dificultades encontradas.

En cuarto lugar, la ERACIS intenta fomentar la participación ciudadana al incluir indicadores sobre el grado de satisfacción de beneficiarios y trabajadores. Se realizan consultas públicas y reuniones de participación para recopilar comentarios de la comunidad. Sin embargo, en la práctica, la participación ciudadana ha sido limitada después de la fase inicial de los Planes Locales de Zona (PLIZD). La implementación y evaluación se han centrado en la administración pública y las entidades sociales ejecutoras, excluyendo la base vecinal de los procesos de retroalimentación.

Finalmente, la ERACIS destaca la importancia de la coordinación interinstitucional entre organismos gubernamentales, entidades locales y organizaciones de la sociedad civil, con un enfoque de aprendizaje y adaptación continua. A pesar de los principios normativos, la política enfrenta dificultades para alinearse completamente con los preceptos de la Agenda 2030 debido a limitaciones en los mecanismos de seguimiento y participación.

VI. CONCLUSIONES PRINCIPALES DEL ESTUDIO DE CASO DE LA INCLUSIÓN DE LA AGENDA 2030 EN LA ESTRATEGIA ERACIS

La Agenda 2030 busca promover un desarrollo inclusivo y sostenible a través de sus 17 ODS, enfrentando desafíos como la segregación social en zonas urbanas desfavorecidas. Para implementar estos principios globales de manera efectiva a nivel local, es crucial desarrollar modelos que permitan evaluar y orientar su adaptación regional.

Este capítulo evalúa la Estrategia Regional Andaluza para la Cohesión e Inclusión Social (ERACIS) como caso de aplicación de la Agenda 2030, usando un modelo metodológico para identificar ODS relevantes y descomponer el diseño de la política, revelando cómo la ERACIS integra los mandatos de la Agenda 2030. Esta evaluación aporta avances a la literatura sobre exclusión social y segregación urbana.

Sin embargo, el análisis se ha centrado en el diseño de la política, lo que limita la comprensión completa de su implementación práctica. Es necesario realizar estudios adicionales sobre cómo estas políticas se ejecutan en los territorios específicos para identificar fortalezas y debilidades en la práctica.

Los estudios sobre el diseño y la implementación de políticas como este son esenciales para entender la adaptación de la Agenda 2030 en contextos locales. Para generar conocimientos transferibles y replicables, estos estudios deben dialogar con la literatura emergente. A medida que ésta se desarrolla, se espera que la academia profundice en el impacto real de la Agenda 2030 en las zonas urbanas desfavorecidas y entre las personas más vulnerables.

VII. REFERENCIAS BIBLIOGRÁFICAS

Aguado-Moralejo, I., Echebarría, C., & Barrutia, J.M. (2019). "Aplicación de un análisis clúster para el estudio de la segregación social en el municipio de Bilbao". *Boletín de La Asociación de Geógrafos Españoles* 81. https://doi.org/10.21138/bage.2763.

Jaráiz Arroyo, I., & González Portillo, G. (2019)."The impact of local inclusion policies on disadvantaged urban areas: Perceptions in the case of Andalusia". *Investigaciones Regionales: Journal of Regional Research, 44*, 47–62.

Birner, J. (2020)."Can global goals enhance integration on the national level? The transformative potential of the Sustainable Development Goals on the governance architecture in Germany". Disponible en http://dspace.library.uu.nl/handle/1874/399646 (accedido el 16 de diciembre de 2021).

Blanco, I., Fleury, S., & Subirats, J. (2012)."Nuevas miradas sobre viejos problemas: Periferias urbanas y transformación social". *Gestión y Política Pública, 3,* 3–40.

Bruquetas Callejo, M., Moreno, F. F., & Walliser Martínez, A. (2005). *La regeneración de barrios desfavorecidos* (67/2005). Fundación Alternativas: Madrid, España.

Díez-Bermejo, A., Rodríguez-Suárez, I., Álvarez-del Valle, L., Córdoba-Hernández, R., Sánchez-Toscano, G., & Hernández-Aja, A. (2021)."La Estrategia Regional Andaluza para la Cohesión e Inclusión Social: intervención en zonas desfavorecidas (ERACIS)". *Ciudad y Territorio Estudios Territoriales, 53*(M), 159–178.

Elwood, S., Lawson, V., & Sheppard, E. (2017). "Geographical relational poverty studies". *Progress in Human Geography,* 41, 745–765.

Escobar-Ballesta, M., García-Ramírez, M., & Albar-Marín, M. J. (2019)."Sexual and reproductive health in Roma women: The family planning programme of Polígono Sur in Seville (Spain)". *Gaceta Sanitaria, 33*(3), 222–228.

Fernández Aragón, I., Ochoa de Aspuru Gulin, O., & Ruiz Ciarreta, I. (2021)."Study of urban inequality: Proposal for a synthetic index of comprehensive urban vulnerability (ISVUI) in Bilbao". *ACE: Architecture, City and Environment, 15,* 9520.

Fine, D., Manyika, J., Sjatil, P.E., Tacke, T., Tadjeddine, K., & Desmond, M. (2019). *Inequality: A Persisting Challenge and Its Implications.*

Instituto Nacional de Estadística (2023). *Informe de Indicadores Urbanos 2023. Chrome extension://efaidnbmnnnibpcajpcglclefindmkaj/https://www.ine.es/prensa/ua_2023.pdf.* Recuperado el 18 de septiembre de 2024

Ilieva, R. T. *(2017). "Urban food systems strategies: A promising tool for implementing the SDGs in practice". Sustainability, 9(10), 1707.*

Jones, C. M., Clavier, C., & Potvin, L. (2017). "Are national policies on global health in fact national policies on global health governance? A comparison of policy designs from Norway and Switzerland". *BMJ Global Health, 2*(1)

Junta de Andalucía. (2018). *Estrategia Regional Andaluza para la Cohesión e Inclusión Social. Intervención en Zonas Desfavorecidas (ERACIS).* chrome-extension://efaidnbmnnnibpcajpcglclefindmkaj/https://www.juntadeandalucia.es/sites/default/files/2020-12/Estrategia_Regional_Cohesion_Social-web.pdf. Recuperado el 18 de septiembre de 2024

Lancione, M., & Simone, A. (2021). "Dwelling in liminalities, thinking beyond inhabitation". *Environment and Planning D: Society and Space, 39*(6), 969–975.

Maes, M. J., Jones, K., Toledano, M. B., & Milligan, B. (2019)."Mapping synergies and trade-offs between urban ecosystems and the Sustainable Development Goals". *Environmental Science & Policy, 93*, 181–188.

Ministerio de Derechos Sociales y Agenda 2030. (2019). *National Strategy for Preventing and Fighting Poverty and Social Exclusion 2019–2023*. Disponible en https://www.mdsocialesa2030.gob.es/derechos-sociales/inclusion/contenido-actual-web/estrategia_en.pdf. Recuperado el 18 de septiembre de 2024.

Naciones Unidas. (2015). *Transformar nuestro mundo: la Agenda 2030 para el Desarrollo Sostenible*. Asamblea General de Naciones Unidas: New York, NY, USA.

Naciones Unidas. (2017). Nueva Agenda Urbana (Hábitat III). UN-Habitat: Quito, Ecuador. https://www.habitat3.org. Recuperado el 18 de septiembre de 2023.

Naciones Unidas. (2021). *The Sustainable Development Goals Report*. https://unstats.un.org/sdgs/report/2021/The-Sustainable-Development-Goals-Report-2021.pdf. Recuperado el 18 de septiembre de 2024

Navarro-Yáñez, C. J. (2021). "The effectiveness of integral urban strategies: Policy theory and target scale:The European URBAN I Initiative and Employment". *Sustainability, 13*(11), 6251.

Palacios García, A. J. (2012)."Los barrios desfavorecidos: ¿Existen guetos en las ciudades españolas?" En M. Valenzuela Rubio (Ed.), *De la extirpación a la regeneración* (pp. 113 137). UAM, Madrid, España.

Peruzzi, A. (2015)."From childhood deprivation to adult social exclusion: Evidence from the 1970 British Cohort Study". *Social Indicators Research, 120*(1), 117–135.

Peters, B. G. (2020)."Designing institutions for designing policy". *Policy & Politics, 48*(1), 131–147.

Petrovi⊠, A., van Ham, M., & Manley, D. (2021)."Where do neighborhood effects end? Moving to multiscale spatial contextual effects". *Annals of the American Association of Geographers*, 1–21.

Pineda-Escobar, M. A. (2019)."Moving the 2030 agenda forward: SDG implementation in Colombia". *Corporate Governance, 19*(1), 176–188.

Ramirez-Rubio, O., Daher, C., Fanjul, G., Gascon, M., Mueller, N., Pajín, L., Plasencia, A., Rojas-Rueda, D., Thondoo, M., & Nieuwenhuijsen, M.(2019). "Urban health: An example of a "health in all policies" approach in the context of SDGs implementation". *Global Health, 15*(1), 87.

Recalde, M., Peralta, A., Oliveras, L., Tirado-Herrero, S., Borrell, C., Palència, L., Gotsens, M., Artazcoz, L., & Marí-Dell'Olmo, M. (2019)."Structural energy poverty vulnerability and excess winter mortality in the European Union: Exploring the association between structural determinants and health". *Energy Policy, 133*, 110869.

Schneider, A. L., & Ingram, H. (1997)."*Policy Design for Democracy*". University Press of Kansas: Lawrence, KS, USA.

Sianes, A., & Vela-Jiménez, R. (2020)."Can differing opinions hinder partnerships for the localization of the Sustainable Development Goals? Evidence from marginalized urban areas in Andalusia". *Sustainability, 12*(15), 5797.

Spinazzola, M. (2020)."2030 Agenda mainstreaming and its influence on departmental policies". Disponible en http://dspace.library.uu.nl/handle/1874/398693 (accedido el 16 de diciembre de 2021).

Torres-Gutiérrez, F.J. (2021)."Polígono Sur en Sevilla. Historia de una marginación urbana y social".*Scripta Nova. Revista Electrónica de Geografía y Ciencias Sociales*, 25,105–129.

United Nations. (2020). Informe del Relator Especial sobre la extrema pobreza y los derechos humanos. Visita a España. chrome-extension://efaidnbmnnnibpcajpcglclefindmkaj/https://documents.un.org/doc/undoc/gen/g20/097/31/pdf/g2009731.pdf. Recuperado el 18 de septiembre de 2024

Vela-Jiménez, R., & Sianes, A. (2021)."Do current measures of social exclusion depict the multidimensional challenges of marginalized urban areas? Insights, gaps, and future research". *International Journal of Environmental Research and Public Health, 18*(15), 7993.

Vela-Jiménez, R., & Sianes, A. (2023). Desafíos para la gobernanza participativa de las políticas de transformación social en los barrios desfavorecidos de Andalucía: adopción multinivel y adaptación al territorio. Universidad Loyola Andalucía. https://repositorio.uloyola.es/handle/20.500.12412/4034

Vela-Jiménez, R., Sianes, A., López-Montero, R., & Delgado-Baena, A. (2022). The incorporation of the 2030 Agenda in the design of local policies for social transformation in disadvantaged urban areas. *Land, 11*(2), 197.

Villacampa, C., & Torres, N. (2020)."Prevalence, dynamics, and characteristics of forced marriage in Spain". *Crime, Law and Social Change, 73*(4), 509–529.

Vtyurina, S. (2020)."Effectiveness and equity in social spending—The case of Spain". *IMF Working Papers*.International Monetary Fund: Washington, DC, USA.

Organización Mundial de la Salud (2021). *WHO Global Air Quality Guidelines.*

BLOQUE III:
REFLEXIONES PARA UNA AGENDA DE DESARROLLO MÁS ALLÁ DE 2030

Las orientaciones de los españoles hacia la política de cooperación al desarrollo: la estructura de las demandas presupuestarias y la imagen de la política

ERNESTO CARRILLO
MARISA RAMOS
Universidad Complutense de Madrid

I. INTRODUCCIÓN

El propósito de este trabajo es analizar las orientaciones de los españoles hacia la política de cooperación al desarrollo, más concretamente, la estructura de las demandas presupuestarias de los ciudadanos y la imagen de la política –*policy image*–. Se estudia esta área de política pública como caso paradigmático de las políticas que deben promover el avance de la Agenda 2030 y la consecución de los ODS, por ser la cooperación al desarrollo uno de los principales mecanismos de impulso de esta Agenda.

Desde una perspectiva teórica la investigación se inscribe dentro de los estudios de cultura política y más en particular en uno de sus niveles de análisis, el de la *cultura de política pública –policy culture*—, el cual hace referencia a qué políticas esperan los ciudadanos del Estado[1]. En este nivel de análisis se trataría de indagar la distribución de actitudes, valores, sentimientos e información sobre las *metas de política pública* que se deben establecer y *cómo se van a lograr*. Ello implica, entre otras cuestiones, conocer las orientaciones de los ciudadanos respecto de cuál debe ser el papel apropiado del Estado, sus prioridades de política pública o el peso que atribuyen a los aspectos sustantivos y procedimentales de las políticas (Almond, Powel, Dalton y Strom, 2010: pp. 43 y ss.).

Desde el plano sustantivo, la política de cooperación al desarrollo es una política particular, en tanto que su público objetivo no son los ciudadanos españoles sino los que se encuentran en otros países, lo que hace que sea más interesante el análisis de la correspondencia entre valores de ciudadanos españoles respecto a una política que se implementa en otros contextos con el fin de favorecer a ciudadanos de otros países. Esta política es, además, relativamente nueva, ya que se gesta en la década de 1980, cuando España dejó de ser país receptor y pasó a ser país donante (Larrú y otros, 2019). Como política se formalizó en la siguiente década con la aprobación de la primera Ley de Cooperación al desarrollo de 1998.

Entre ese momento y la aprobación de una nueva Ley en 2023, Ley 1/2023, de *Cooperación para el Desarrollo Sostenible y la Solidaridad Global,* esta política ha pasado por diferentes fases: una inicial de consolidación en que estuvo muy alineada con la política exterior; una posterior, de crecimiento en la década de los 2000, que se refleja en la proliferación de actores, especialmente de la sociedad civil y de la cooperación descentralizada; una fase de madurez y puesta de largo durante el gobierno de Rodríguez Zapatero, caracterizada por un crecimiento presupuestario muy importante y por la expansión de ámbitos

---

1 Almond y Powel (1988) distinguen tres niveles de cultura política: la *cultura de proceso*, la *cultura de sistema* y la *cultura de política pública*.

y territorios de intervención, en un intento por dejar atrás el modelo de política genuina y particular y por integrarla en el sistema internacional de la cooperación al desarrollo.

Posteriormente, la crisis económica de 2008-2013 tuvo un impacto muy contundente en la política, ya que se redujeron drásticamente los presupuestos dedicados a esta política, lo que implica una reducción equivalente de contenidos, acciones y programas.

En estos momentos la política se encuentra inserta en un contexto global de intensa transformación del sistema de cooperación al desarrollo (Unceta y otros, 2021; Ramos, 2024), marcado por la tensión entre la pujante voz de los denominados "países del sur" y la renovación de las políticas de los donantes tradicionales motivado, entre otros factores, por el revulsivo que supuso la aprobación de la Agenda 2030 en el año 2015 (Sanahuja, 2023). La reciente Ley ha tratado de adaptar la política de cooperación a este contexto cambiante.

Algunos rasgos han marcado esta política a lo largo de los años. Por una parte, ha contado con unos niveles de apoyo ciudadano altos y constantes. Por otra parte, ha sido una de las políticas que mayor consenso político ha generado, al menos entre los dos grandes partidos, PP y PSOE. No es menor el dato de que, en el actual contexto de alta polarización política entre partidos, la Ley 1/2023, *de Cooperación para el Desarrollo Sostenible y la Solidaridad Global* fue aprobada con el voto de todos los partidos de las cámaras a excepción de VOX. Además, es una política compartida, siendo competencia tanto del Gobierno central como de los gobiernos autonómicos y locales (Martínez y Sanahuja, 2012). En consecuencia, el número de actores que intervienen en ella es muy alto, pues gobiernos e instituciones de distinto nivel desarrollan acciones diversas de cooperación con otros países. También son actores clave las ONGD, que tienen aún una capacidad de movilización social importante y que, sobre todo, son actores clave en la gestión e implementación de los programas y proyectos de cooperación (Serrano, 2019). Además, son también actores clave algunos internacionales tales como organismos internacionales, gobiernos extranjeros o sociedad civil internacional, entre otros.

Finalmente, es oportuno señalar el impacto de la Agenda 2030 en el desarrollo y contenido de esta política para el caso de España. Por una parte, con la aprobación de la Agenda 2030 pierde vigencia la radical división entre países donantes y países receptores en la que se sustentaba el sistema de la cooperación al desarrollo desde su creación y adquieren relevancia las dinámicas más horizontales basadas en la idea de las responsabilidades compartidas pero diferenciadas. Por otra parte, los objetivos básicos de la política de cooperación se reorientan hacia desafíos globales, vinculados al desarrollo sostenible, incluyendo aspectos vinculados a la sostenibilidad ambiental. Esta orientación básica contrasta con la que había marcado al sistema de cooperación en su conjunto, implicado –sobre todo– en la lucha contra la pobreza. Esta transformación explica que la agenda ambiental haya adquirido una mayor relevancia en la actualidad, en detrimento de otros temas y objetivos.

Desde el punto de vista descriptivo los objetivos concretos de la investigación son los siguientes:

- Ubicar la política de cooperación al desarrollo dentro de la estructura de las demandas presupuestarias que los ciudadanos dirigen hacia el Estado. Este es un punto crítico que nos permitirá localizar la política de cooperación al desarrollo dentro de los principales ejes de conflicto en torno a las políticas públicas.

- Analizar en qué medida los españoles consideran que dentro del rango de responsabilidades del Estado debe encontrarse la cooperación al desarrollo y, por tanto, su posición sobre si es apropiado o no que el Estado intervenga en esta materia.

- Estudiar la intensidad con la que, a juicio de los ciudadanos, el sector público debe intervenir en este ámbito de las políticas, lo que es tanto como conocer la prioridad otorgada a la política.
- Comparar la intensidad de las demandas presupuestarias de los españoles en materia de cooperación al desarrollo con las de los ciudadanos de otros países de la Unión Europea, estableciéndose así desde un punto de vista comparativo el nivel de apoyo a la política.
- Estudiar el grado de apoyo al cambio en esta política.
- Analizar el contenido de la imagen de la política de cooperación al desarrollo, en particular, los principales asuntos sustantivos a los que a juicio de los españoles debiera dirigirse la política[2].
- Contribuir a interpretar la orientación hacia la Agenda 2030 y su influencia en las orientaciones de partidos y ciudadanos en España.

Obviamente las opiniones de los españoles sobre estos extremos no son homogéneas. Como señalaran Almond y Verba (1965: pp.26 y ss) la mayoría de las culturas políticas son heterogéneas y por ello es necesario recurrir al concepto de *subculturas* para referirse a las partes que componen la cultura política. En este trabajo, en particular, nos interesan las subculturas de política pública –*policy subcultures*– que puedan articularse en torno a los *policy issues* (Almond y Verba, 1965: p. 27). Como veremos seguidamente el análisis de la estructura de las demandas presupuestarias nos ayuda a identificar y analizar las

---

2 La investigación se basa en encuestas procedentes de los bancos de datos del CIS y de los Eurobarómetros, indicándose los números de estudio en las tablas y gráficos. La teoría y la metodología empleada varía con cada objetivo concreto de la investigación y se explica al inicio de cada uno de los epígrafes.

subculturas. El análisis por subculturas resulta especialmente pertinente en una política cambiante y compleja como la de la cooperación al desarrollo, apoyada por grupos de ciudadanos con perfiles muy diversos

II. LA ESTRUCTURA DE LAS DEMANDAS PRESUPUESTARIAS: LA COOPERACIÓN AL DESARROLLO Y EL ESTADO HUMANITARIO

Borre (2003) en su estudio sobre la estructura de las demandas presupuestarias en Dinamarca, Noruega y Suecia observó, tras aplicar el análisis factorial a las preferencias de gasto de los ciudadanos para diversas áreas de política pública, que estas se agrupaban en torno a tres grandes agendas vinculadas a metas o funciones del Estado a las que denominó Estado autoritario, Estado de bienestar y Estado humanitario. En el caso concreto de la cooperación al desarrollo se ubicaba en el factor del Estado humanitario.

Hemos replicado esta misma metodología para el caso español a partir de los datos del CIS[3], obteniendo idénticos resultados –véase para el año 2023 la tabla 1–. Efectivamente las demandas presupuestarias se articulan en tres áreas, que se corresponden por sus contenidos con lo hallado por Borre. En el caso de la política de cooperación al desarrollo se ha localizado

---

3 En los estudios sobre *Opinión Pública y Política Fiscal* del CIS se recoge la siguiente pregunta: "*Como Ud. sabe, el Estado destina el dinero que pagamos en impuestos a financiar los servicios y prestaciones de las que estamos hablando. Dígame, por favor, si cree que el Estado dedica demasiados, los justos o demasiado pocos recursos a cada uno de los servicios que le voy a mencionar*" incluyéndose entre las áreas sobre las que se indaga todas las recogidas en la tabla 1, incluida la de *cooperación al desarrollo*. Las respuestas a esta pregunta fueron sometidas a un análisis factorial.

en el factor del grupo de políticas de lo que Borre denominó Estado humanitario. Se ha reproducido esta misma metodología en toda la serie que incluye preferencias de gasto de cooperación al desarrollo, esto es, de 2010 a 2023[4], y siempre ha sido una política encuadrada en el Estado humanitario junto con protección del medio ambiente, cultura e investigación en ciencia y tecnología[5]. En la mayoría de los años, la cooperación al desarrollo es además la política de referencia del factor. Este dato es relevante en el caso de la política de cooperación al desarrollo, ya que la sitúa claramente en el factor humanitario y no en el de estado del bienestar, a pesar de que, sobre todo en algunos años, varios de los actores de la política la reclamaron como parte de las políticas sociales.

Tabla 1. Estructura de las demandas presupuestarias en España 2023.

	E. Autoritario	E. Bienestar	E. Humanitario
Seguridad Social/Pensiones	0,101	0,700	-0,063
Servicios sociales	0,010	0,677	0,222
Ayuda a personas dependientes	0,027	0,650	0,090
Sanidad	0,021	0,584	0,155
Protección al desempleo	0,158	0,524	0,138
Enseñanza	0,172	0,466	0,228
Protección del medio ambiente	0,111	0,149	0,704
Cooperación al desarrollo	0,085	0,036	0,704

4 Aunque no se presentan aquí los datos, se han llevado a cabo análisis factoriales con los estudios 3.374, 3.332, 3.290, 3.259, 3.221, 3.184, 3.146, 3.105, 3.034, 2.994, 2.953, 2.910 y 2.841.

5 Ocasionalmente también forma parte de este grupo vivienda, pero esta es una política que fluctúa entre el Estado de bienestar y el humanitario

Cultura	-0,097	0,299	0,595
Investigación en ciencia y tecnología	0,200	0,100	0,406
Vivienda	0,169	0,305	0,363
Seguridad ciudadana	0,679	0,159	-0,147
Defensa	0,676	-0,105	-0,315
Obras públicas	0,525	0,148	0,179
Justicia	0,496	0,066	0,174
Medio rural	0,398	0,075	0,319
Transporte y comunicaciones	0,285	0,274	0,264
Autovalores	1,219	3,592	1,747
% varianza	7,172	21,131	10,276

Fuente: CIS-3.418. Elaboración propia.

Identificada la estructura de las preferencias es posible ver la posición ocupada por los electores de los partidos en cada grupo de políticas. Así, en el caso de las políticas del Estado humanitario hemos dado como valor "-1" a quienes dicen que el Estado dedica "demasiado pocos recursos" a cada una de las políticas del área; "0" a quienes dicen que dedica "los justos"; y "1" a los que dicen que "demasiados", calculándose una media como valor del área del Estado humanitario. Igualmente se ha procedido con los otros dos grupos de políticas.

En la tabla 2 se recoge la posición media de los electores de los principales partidos[6]. Todos los indicadores calculados son negativos, es decir, en todas las áreas de política pública se reclama una mayor inversión del Estado; esto, como veremos

6 Aunque se han calculado estos indicadores para todos los partidos, únicamente se ofrecen los resultados de aquellos que contaban con un N superior a 100.

más adelante, es una pauta normal bien descrita por la *tesis de la ambivalencia.* Asimismo, existen diferencias en cuanto al apoyo a las políticas de gasto entre los electores de los distintos partidos. Así el apoyo a las políticas del Estado de bienestar y el humanitario es más intenso entre los electores de partidos de izquierda que entre los de derechas, siendo esta relación inversa en el caso de las políticas del Estado autoritario. Pero lo más interesante es fijarse en las distancias existentes entre los electores de los partidos entre sí en cuanto a la intensidad de las demandas de gasto. En efecto, la suma de las distancias entre partidos en lo que respecta a las políticas de bienestar es reducida. Por el contrario, en las políticas del Estado autoritario y aún más en las del Estado humanitario son notablemente más elevadas.

Tabla 2. Intensidad de las demandas de gasto de las áreas de política pública de los electores de los principales partidos.

	Bienestar	Autoritario	Humanitario
SUMAR	-0,62	-0,79	-0,20
PSOE	-0,53	-0,70	-0,28
PP	-0,46	-0,53	-0,48
VOX	-0,46	-0,39	-0,54
Suma de distancias entre partidos	0,57	1,37	1,21

Fuente: CIS-3.418. Elaboración propia.

Esto tiene su importancia pues hace que las disputas políticas en contextos de polarización no giren tanto en torno al área del bienestar —donde el consenso es más elevado o, si se prefiere, el conflicto menor—, sino que se desplacen hacia las otras dos áreas y, en particular, a las del ámbito del Estado humanitario donde las diferencias son de mayor magnitud. Estos datos contribuyen a explicar que en la disputa política actual se esté incorporando la política de cooperación al desarrollo, lo que resulta una novedad tomando en cuenta el amplio consenso en torno a la misma hasta ahora. La incorporación al debate político de la dimensión localismo/globalización que están promoviendo sobre todo grupos políticos de extrema derecha (Sanahuja, 2023) sería el marco en el que se intenta incorporar, como elemento divisivo, esta política.

Asimismo, Borre —en el trabajo arriba citado— sugirió que estas tres agendas se estructuraban en dos dimensiones: la del bienestar y la humanitaria vs autoritaria. La primera de ellas reflejaría el eje de conflicto político en el que se distribuirían las preferencias sobre una mayor o menor intervención del Estado en la economía y la sociedad, como las expresadas por socialistas y liberales. La dimensión humanitaria-autoritaria, mostraría un segundo eje de conflicto en torno a las políticas del Estado humanitario y autoritario.

También hemos calculado la posición de los electores de los diferentes partidos en estos dos ejes. Para el caso del eje de conflicto en torno al Estado de bienestar podemos mantener el mismo indicador anterior. Sin embargo, en el caso de las políticas del eje humanitario-autoritario la fórmula es algo más compleja. Así, en las políticas del Estado humanitario se opera con la misma escala, en cambio, en las del Estado autoritario se invierte la escala: "-1" a quienes dicen "demasiados"; "0" a los justos; y "1" a los que señalan que "demasiado pocos recursos", calculando nuevamente una media para este otro conjunto de políticas que incluyen tanto las del Estado humanitario como las del autoritario en un único eje.

Los resultados de este análisis se recogen en la tabla 3. El contraste entre ambos ejes es elocuente y sirve para entender mejor las diferencias en cuanto a las posiciones de los electores de los distintos partidos. Así, en el eje del bienestar los electores de VOX y PP obtienen el mismo valor y la distancia entre PP y PSOE es menor que la existente entre los electores socialistas y los de SUMAR. En cambio, las diferencias entre bloques son mucho más pronunciadas en el eje humanitario-autoritario y allí si existe una diferencia significativa entre los partidos de la derecha.

Tabla 3. Intensidad de las demandas de gasto por ejes de conflicto de los electores de los principales partidos.

	Bienestar	Humanitario / Autoritario
Sumar	-0,62	-0,25
PSOE	-0,53	-0,17
PP	-0,46	0,02
VOX	-0,46	0,12
Suma de distancias entre partidos	-0,57	-1,30

Fuente: CIS-3.418. Elaboración propia.

Este segundo eje humanitario-autoritario propuesto por Borre para el análisis de la demanda de las estructuras presupuestarias es coincidente con el *clevage* libertario-autoritario propuesto por Flanagan (1987) para analizar los cambios de valores en las sociedades posindustriales avanzadas, asunto clave para entender la "nueva" política –tanto en lo que respecta a la nueva izquierda libertaria como a la nueva derecha autoritaria–. El análisis de Flanagan observaba comportamientos emergentes en el último cuarto del siglo pasado resultando aún más nítidos en la actualidad. Si se va más allá de las preferencias de gasto por políticas recogidas por el CIS y se incluyen otras cuestiones no tratadas –o menos susceptibles de abordarse mediante preferencias presupuestarias– se puede caracterizar aún mejor este segundo eje de conflicto muy vinculado a cuestiones de valores, con asuntos como las posiciones sobre la igualdad entre hombres y mujeres, el aborto, las identidades de género, la inmigración, los derechos de las minorías, el patriotismo y las identidades nacionales, el tema medioambiental, la globalización y las agendas globales, etc.

Desde nuestro punto de vista los dos ejes de conflicto mencionados, el de bienestar –mayor o menor intervención del Estado en la economía y la sociedad– y el libertario-autoritario nos sirven para caracterizar las subculturas de política pública. En el caso que nos ocupa, la cooperación al desarrollo al igual que la Agenda 2030 entran de lleno en el eje de conflicto libertario-autoritario. De hecho, la ley de política de cooperación al desarrollo se denomina actualmente también de solidaridad global, lo que avala la vinculación al factor humanitario y al eje libertario en el sentido ya apuntado. Conocido el eje en el que se desenvuelve esta política se podrán entender mejor las actitudes de los ciudadanos hacia ella.

III. EL APOYO A LA COOPERACIÓN AL DESARROLLO

A la hora de analizar las preferencias de política pública, podemos distinguir dos dimensiones: el *rango* de las responsabilidades gubernamentales –si el tema que aborda la política debiera situarse o no bajo la responsabilidad del Estado (o del mercado, la comunidad o el propio individuo y su familia)– y el *grado* o intensidad con el que a juicio de los ciudadanos debe intervenir el Estado, en caso de considerar que el asunto en cuestión es una responsabilidad del Estado. Empezaremos primero por ver si los españoles consideran o no que la cooperación al desarrollo forma parte del rango de responsabilidades del Estado y luego nos fijaremos en el asunto del grado.

A la hora de describir las opiniones de los españoles sobre estas cuestiones centraremos nuestra atención en las tres dimensionen en las que se fijaron los estudios clásicos de opinión pública (Key, 1961): la *dirección*, esto es, la distribución de las posiciones de los ciudadanos respecto de un tema público;

la *intensidad* con la que sostienen la posición; y la *estabilidad* en el tiempo con la que se mantiene la posición adoptada[7].

A) *Rango o alcance de la intervención del Estado: la cooperación al desarrollo una responsabilidad del Estado condicionada al bienestar de los españoles.*

Para el estudio del rango disponemos de una serie en la que el CIS pregunta lo siguiente:

> *De las distintas opciones que le indico a continuación acerca del papel del Estado en ayuda y cooperación internacional, ¿cuál de ellas le parece la más adecuada? El Estado debe ayudar a los países menos desarrollados por medio de proyectos de cooperación y ayuda al desarrollo. El Estado debe garantizar primero el bienestar de los españoles y después el de otros países.*

En el gráfico 1 se recogen las respuestas. En cuanto a la dirección, la posición predominante es que la cooperación internacional es una responsabilidad del Estado, pero que antes debe garantizarse el bienestar de los españoles[8]. Respecto a la intensidad son notablemente más los ciudadanos que apoyan esta afirmación que quienes optan porque el Estado debe ayudar a los países menos desarrollados. Finalmente, en lo que

---

7 Recientemente se ha añadido a esa dimensión el *contenido informacional*, esto es, el nivel de conocimiento que posee la opinión pública sobre un asunto, cuestión que no abordaremos en este trabajo.

8 En todo caso, consideramos que las dos posibles respuestas a esta pregunta corresponden a un enfoque que reduce sobremanera el contenido y la naturaleza de esta política, pues supone desconocer los retornos y, por tanto, el bienestar también para los españoles que tiene la política de cooperación como parte de la política exterior. La política de cooperación es una de las formas de influencia política más evidentes, facilitando además el posicionamiento a nivel global y el reconocimiento como país.

atañe a la estabilidad, se trata de una opinión estable a lo largo del tiempo y la intensidad con la que se sostiene parece que tiende a crecer[9], lo que resulta especialmente relevante tomando en cuenta que en el periodo analizado los ciudadanos han sufrido el impacto de, al menos, una crisis económica, de lo que podría esperarse un nivel de desacuerdo con la ayuda al desarrollo a otros países mucho mayor. Que el descenso en esta valoración sea mínimo entre 2008 y 2015 avala la idea del importante apoyo ciudadano a esta política

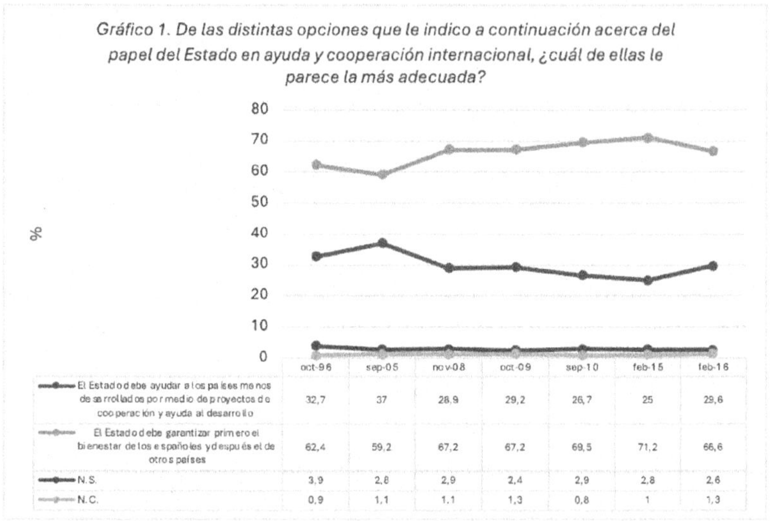

	oct-96	sep-05	nov-08	oct-09	sep-10	feb-15	feb-16
El Estado debe ayudar a los países menos desarrollados por medio de proyectos de cooperación y ayuda al desarrollo	32,7	37	28,9	29,2	26,7	25	29,6
El Estado debe garantizar primero el bienestar de los españoles y después el de otros países	62,4	59,2	67,2	67,2	69,5	71,2	66,6
N.S.	3,9	2,8	2,9	2,4	2,9	2,8	2,6
N.C.	0,9	1,1	1,1	1,3	0,8	1	1,3

Fuente CIS: 2.224, 2.617, 2.772, 2.816, 2.845, 3.056, 3.130.

9 La diferencia entre la opinión mayoritaria y la minoritaria fue del 29,7% en 1996, 22,2% en 2005, 38,3% en 2008, 38% en 2009, 42,8% en 2010, 46,2% en 2015 y 37,0% en 2016.

B) Grado o intensidad con la que el Estado debe intervenir en cooperación al desarrollo.

Aclarado que los españoles entienden que la cooperación al desarrollo entra dentro del rango de responsabilidades del Estado, aún con los condicionales señalados más arriba, corresponde ahora indagar el grado o intensidad con la que a su juicio se debe intervenir. Para analizar esta cuestión podemos partir de la serie de preferencias de gasto de los estudios de *Opinión Pública y Política Fiscal* a la que aludimos al inicio de este trabajo. En el gráfico 2 se recogen las respuestas relativas a la cooperación al desarrollo. Según puede comprobarse en esta figura, se trataba inicialmente de una política que contaba con un volumen relevante de personas que no sabían contestar a esa pregunta –más de la cuarta parte de los entrevistados– pero sobre la que progresivamente los ciudadanos fueron formándose una opinión hasta reducirse a menos del 8% los NS, que, si bien es una cifra superior a la de otras áreas más convencionales de intervención pública, se sitúa muy por debajo del punto de partida. En cuanto a la dirección de la opinión, la posición mayoritaria de los ciudadanos es que el Estado dedica muy pocos recursos a la cooperación internacional. Respecto de la intensidad son más los españoles que apoyan esta afirmación que los que optan por la segunda opción –que dedica los justos—y notablemente más que los que responden que se dedican demasiados recursos. En cuanto a la estabilidad es una opinión estable a lo largo del tiempo, pues desde 2012 las posiciones han sido las mismas: la opción mayoritaria es que se dedican pocos, la segunda los justos y la tercera demasiados.

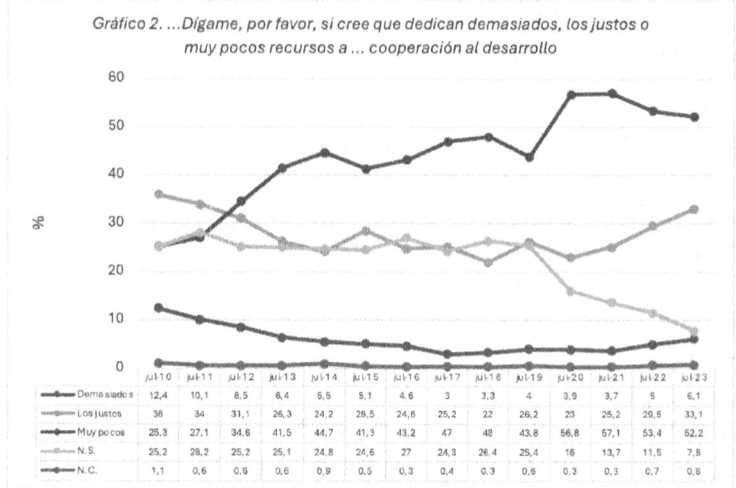

	jul-10	jul-11	jul-12	jul-13	jul-14	jul-15	jul-16	jul-17	jul-18	jul-19	jul-20	jul-21	jul-22	jul-23
Demasiados	12,4	10,1	8,5	6,4	5,5	5,1	4,6	3	3,3	4	3,9	3,7	5	6,1
Los justos	36	34	31,1	26,3	24,2	28,5	24,8	25,2	22	26,2	23	25,2	29,5	33,1
Muy pocos	25,3	27,1	34,6	41,5	44,7	41,3	43,2	47	48	43,8	56,8	57,1	53,4	52,2
N.S.	25,2	28,2	25,2	25,1	24,8	24,6	27	24,3	26,4	25,4	16	13,7	11,5	7,8
N.C.	1,1	0,6	0,6	0,6	0,9	0,5	0,3	0,4	0,3	0,6	0,3	0,3	0,7	0,8

Fuente: CIS. 2.841, 2.910, 2.953, 2.994, 3.034, 3.105, 3.146, 3.184, 3.221, 3.259, 3.290, 3.332, 3.374 y 3.418

Estos datos se pueden analizar fijando la atención en lo que Esmeier (1982) denominó el *apoyo al gasto* –la intensidad de las preferencias de gasto propiamente dichas– y el *apoyo al cambio* –el grado de ajuste entre el gasto percibido y las preferencias de los ciudadanos–. La primera nos indicaría si se quiere más o menos intervención del Estado en cooperación al desarrollo, mientras que la segunda nos hablaría de si los ciudadanos están satisfechos o insatisfechos con el nivel actual de intervención, pudiendo estar la insatisfacción motivada tanto por el exceso como por el defecto de gasto.

Centrémonos ahora en la cuestión del apoyo al gasto. Dado que la pregunta del CIS recoge en sus respuestas una escala ordinal podríamos calcular la intensidad media de las preferencias de gasto en esta política asignando el valor 1 a quienes dicen demasiados, 2 a los justos y 3 a demasiado pocos recursos. Los resultados se recogen en el gráfico 3, donde se observa un claro apoyo al gasto pues este siempre se sitúa por encima del 2.

Gráfico 3. Intensidad de las preferencias de gasto de la política de cooperación al desarrollo

Fuente: CIS. 2.841, 2.910, 2.953, 2.994, 3.034, 3.105, 3.146, 3.184, 3.221, 3.259, 3.290, 3.332, 3.374 y 3.418.

No obstante, para poner en perspectiva estos datos debe tenerse en cuenta que la intensidad de las preferencias de gasto del conjunto de las políticas suele estar por encima del 2 y que todas ellas tienden a crecer durante el mismo periodo describiendo en parte una suerte de curvas paralelas. Asimismo, hay que tomar en consideración que en el momento en el que se inicia la serie de datos sobre cooperación al desarrollo la intensidad general de las preferencias de gasto es baja pues se está en el punto más desfavorable en cuanto a percepciones de gasto derivado de la gran crisis (2008-2013). Así, la intensidad de las preferencias del conjunto de las políticas baja bruscamente en 2009 respecto de los valores del 2008 alcanzando su mínimo en 2010, que es precisamente cuando se inicia nuestra serie –véase gráfico 4–.

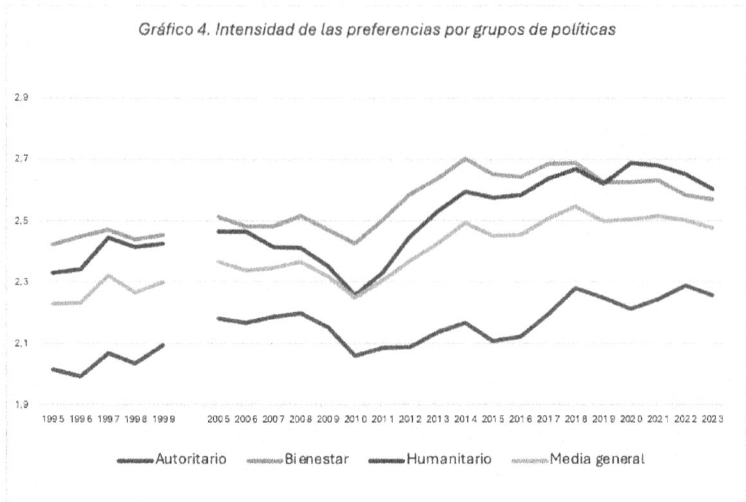

Fuente: CIS. 2.187, 2.219, 2.253, 2.293, 2.366, 2.841, 2.910, 2.953, 2.994, 3.034, 3.105, 3.146, 3.184, 3.221, 3.259, 3.290, 3.332, 3.374 y 3.418

Por otra parte, la intensidad de las preferencias de gasto en cooperación al desarrollo, aunque generalmente está por encima de la media de las políticas, cuando se compara con la media de las políticas del Estado humanitario en el cual se ubican, siempre ha estado por debajo de la media de su grupo –véase gráfico 5–.

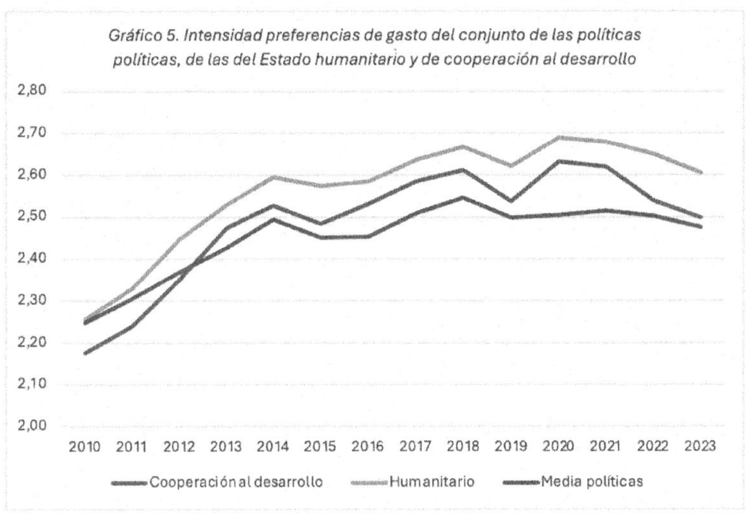

Fuente: CIS. 2.841, 2.910, 2.953, 2.994, 3.034, 3.105, 3.146, 3.184, 3.221, 3.259, 3.290, 3.332, 3.374 y 3.418

De hecho, dentro de las políticas del Estado humanitario siempre se ha situado en la parte baja del apoyo, dando el valor mínimo o uno de los más bajos de este grupo de políticas –véase gráfico 6–. No deja de ser elocuente, en todo caso, el cruce que se observa entre la política de cooperación al desarrollo y la de medio ambiente, pues mientras la tendencia del apoyo a cooperación al desarrollo es decreciente a partir de 2017, la de medio ambiente es creciente sobre todo a partir de 2015. La aprobación de la Agenda 2030 y el impacto que tiene en el reacomodo de agendas en torno al desarrollo podría contribuir a explicar en parte estas tendencias, de forma que las demandas de cooperación al desarrollo, ahora sostenible, se transforman, en parte, en demandas de protección ambiental.

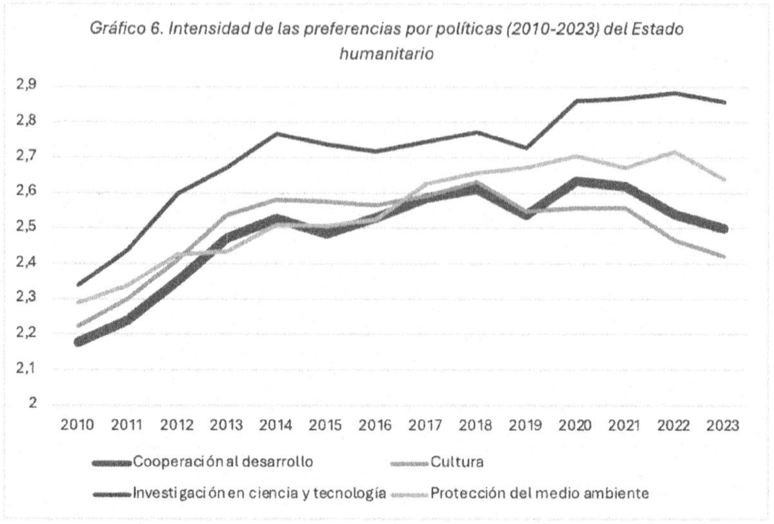

Fuente: CIS. 2.841, 2.910, 2.953, 2.994, 3.034, 3.105, 3.146, 3.184, 3.221, 3.259, 3.290, 3.332, 3.374 y 3.418

C) Análisis comparado sobre la intensidad con la que intervenir en cooperación al desarrollo.

Para terminar la descripción de los niveles de apoyo al gasto en esta política conviene realizar un análisis comparado con los otros países de la Unión Europea. Para ello los Eurobarómetros han recogido en varias ocasiones la siguiente pregunta:

> *La Unión Europea y sus Estados miembros proporcionan ayuda financiera a los países en desarrollo. ¿Cuál de las siguientes afirmaciones describe mejor su opinión?: Deberíamos invertir más dinero para ayudar a los países en vías de desarrollo. Deberíamos continuar invirtiendo como hasta ahora. Deberíamos invertir menos dinero en ayudar a los países en vías de desarrollo.*

Como las respuestas están presentadas en una escala ordinal se ha calculado la intensidad media de las preferencias de cada país multiplicando por 3 el primer valor de la escala, el segundo por dos y el tercero por uno. Los resultados se recogen en el gráfico 7, donde se puede comprobar como en términos comparativos España es el país de la UE que apoya más el gasto en esta política. De los tres años observados, en dos da el máximo y en el otro año es el segundo valor más alto, muy por encima de países que son referencia en cooperación al desarrollo y que destinan más recursos, como los países nórdicos o Alemania.

Gráfico 7. Intensidad de las preferencias de gasto en cooperación al desarrollo en la UE

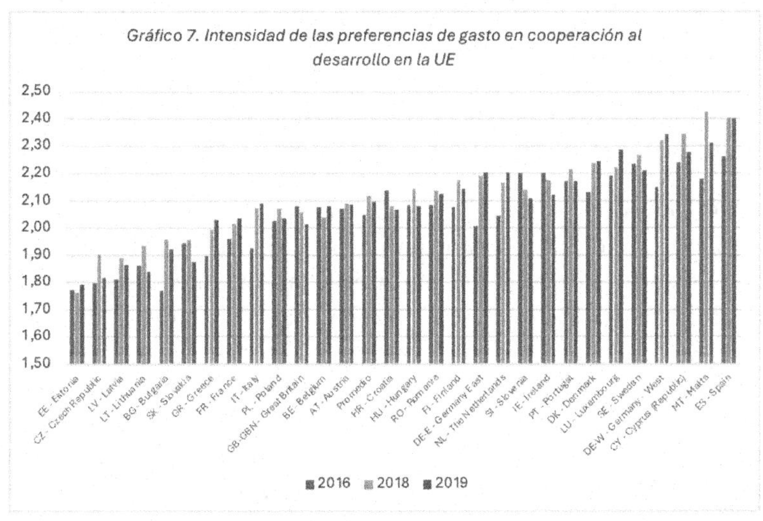

Fuente: Eurobarómetros 86.3, 89.3 y 91.5

IV. FACTORES EXPLICATIVOS DEL APOYO AL GASTO DE LA POLÍTICA DE COOPERACIÓN AL DESARROLLO

Conocidos los niveles de apoyo al gasto en la política corresponde ahora intentar explicar qué factores contribuyen a ello. Con esta finalidad se intentará comprobar la validez para el caso de la cooperación al desarrollo de distintas hipótesis utilizadas para analizar las preferencias de gasto, como son: la tesis de la ambivalencia, según la cual los ciudadanos tienden a expresar su apoyo a las políticas de gasto concreto mientras que rechazan las contribuciones fiscales (Sears y Citrin, 1985); la de la utilidad marginal del Estado de bienestar, en virtud de la cual el apoyo al gasto público disminuye conforme crece el nivel de desarrollo económico (Inglehart, 1990); la consideración del público como un termostato sensible a las políticas reales de gasto, de modo que cuando más se gasta de forma efectiva en una política, disminuyen las demandas de gasto y viceversa (Wlezien, 1995); y la influencia de intereses y valores de los individuos en la formación de las preferencias (Birdsall, 1965).

A) La tesis de la ambivalencia

De acuerdo con la tesis de la ambivalencia (Free y Cantril, 1967) los ciudadanos mantienen una actitud ambivalente hacia el Estado. Por un lado, manifestarían orientaciones generales de carácter conservador y contrarias al Estado y, al mismo tiempo, otras más favorables hacia el sector público cuando entran en la valoración de las tareas concretas que el Estado desarrolla[10]. Sears y Citrin (1985) aplicaron al ámbito fiscal esta distinción entre actitudes generales y concretas, señalando las actitudes ambivalentes de los ciudadanos en las cuestiones de la hacienda pública pues al mismo tiempo mantienen orientaciones contrarias hacia los impuestos, el endeudamiento y el gasto público en general y a la vez, sostienen un claro apoyo hacia el gasto en áreas de política pública concretas. Ello los llevo a concluir que la gente quería algo del Estado a cambio de nada o, en todo caso, por menos.

Para contrastar su teoría utilizaron el *índice de diferencia porcentual* de Citrin (1979), el cual indica el grado de apoyo agre-

---

10 A las primeras Free y Cantril las denominaron *ideological spectrum* y a las segundas *operational spectrum* (1967).

gado del esfuerzo fiscal en ámbitos de política pública concretos. Su cálculo consiste en:

IPi = POi – DE i

Donde,

IP i = Índice de diferencia porcentual de la política i.

PO i = % de entrevistados que creen que el Estado dedica demasiado pocos recursos a la política i.

DEi = % de entrevistados que creen que el Estado dedica demasiados recursos a la política i.

Caso de verificarse esta teoría habra que suponer que el IP de las políticas de gasto sea siempre positivo, e incluso que esa actitud este generalizada a todo tipo de políticas concretas. Asimismo, el apoyo tenderá a ser sostenido a lo largo del tiempo, cruzará a distintos grupos sociales e incluso operará en diferentes países; es decir, que se trataría casi de una constante actitudinal. Lo cierto es que la tesis de la ambivalencia suele funcionar bastante bien. Sin embargo, en algunas ocasiones no es así: una de las excepciones más más significativas es la de la política de defensa (Carrillo y Tamayo, 2011) donde en la mayoría de los países y en la mayor parte del tiempo el IP es negativo.

¿Qué sucede con el caso de la cooperación al desarrollo? Los datos para España son bastante nítidos al respecto. El IP de esta política siempre ha sido positivo a lo largo del tiempo –véase el gráfico 8– y también este indicador siempre ha sido positivo para todos los segmentos de población. Aunque no se presentan aquí los datos, se ha calculado el IP para el año 2023[11] tomando como variables de clasificación: el tamaño del

[11] Con los datos del estudio 3.418 del CIS ya citado.

municipio, el sexo, la edad, la nacionalidad, el estado civil, la situación de convivencia, los estudios, la situación económica personal actual, la situación profesional, la ocupación, la relación con la actividad, el nivel de ingresos, la identificación subjetiva de clase. Pues bien, el IP resultante fue siempre positivo en los diferentes valores que adoptaban estas variables. Otro tanto sucedió con otras variables vinculadas a valores y/o comportamientos políticos como la religiosidad y la frecuencia de asistencia a oficios religiosos, la autoubicación en el eje izquierda-derecha, la percepción del grado de desigualdad, las preferencias sobre el grado de intervención del Estado en la economía, la estimación de las causas de la posición económica –el mérito o el origen social—o el recuerdo de voto. Incluso entre los votantes de VOX el IP es positivo[12].

---

12 Se ha calculado el IP para distintos segmentos de población en el resto de la serie de los estudios de *Opinión Pública y Política Fiscal* en los que se ha preguntado por cooperación al desarrollo, esto es, entre 2010 y 2022. Nuevamente, para todas las variables y valores considerados el IP es positivo. Las excepciones suelen encontrarse en muy pocos casos, generalmente cuando el N de la submuestra es muy reducido y/o se trata de algún valor de alguna variable de los dos primeros años de la serie, cuando el apoyo a la política era más reducido.

Gráfico 8. IP de la política de cooperación al desarrollo

Fuente: CIS. 2.841, 2.910, 2.953, 2.994, 3.034, 3.105, 3.146, 3.184, 3.221, 3.259, 3.290, 3.332, 3.374 y 3.418

Donde ya no funciona la teoría para esta política es en términos comparativos, tal y como puede verse en la tabla 4[13].

Tabla 4. IP de cooperación al desarrollo en los países de la Unión Europea 2016-2019

	2016	2018	2019
EE - Estonia	-22,8%	-23,8%	- 20,9%
CZ - Czech Republic	-20,2%	-9,8%	-18,2%
LT - Lithuania	-13,9%	-6,6%	-16,2%
LV - Latvia	-19,1%	-10,9%	-13,5%

13 Un caso interesante es el de los EEUU de América donde el IP siempre ha sido negativo ya se pregunte bajo la denominación *Foreign aid* o de *Assistance to other countries*. Se han hecho los cálculos con el fichero acumulado de la *General Social Survey* del National Opinion Research Center desde 1973 hasta 2018.

SK - Slovakia	-5,8%	-4,2%	-12,6%
BG - Bulgaria	-23,0%	-4,2%	-7,8%
GB - Great Britain	8,0%	5,9%	1,5%
GR - Greece	-10,4%	-0,5%	2,8%
PL - Poland	2,6%	7,0%	3,7%
FR - France	-4,0%	1,5%	3,7%
HR - Croatia	13,7%	8,1%	6,8%
BE - Belgium	7,8%	3,9%	7,9%
HU - Hungary	8,5%	14,3%	8,1%
AT - Austria	7,1%	9,1%	8,7%
IT - Italy	-7,4%	7,5%	8,8%
Promedio	4,8%	11,7%	9,6%
SI - Slovenia	20,1%	13,9%	10,9%
IE - Ireland	20,0%	17,5%	12,2%
RO - Romania	8,4%	13,7%	12,3%
FI - Finland	7,8%	17,6%	14,4%
PT - Portugal	17,2%	21,5%	17,2%
DE-E - Germany East	0,8%	19,0%	20,3%
NL - The Netherlands	4,5%	16,7%	20,3%
SE - Sweden	23,5%	26,8%	20,9%
DK - Denmark	13,0%	23,9%	24,5%
CY - Cyprus (Republic)	23,9%	34,3%	27,8%
LU - Luxembourg	19,1%	22,1%	28,5%
MT - Malta	17,8%	42,4%	31,1%
DE-W - Germany - West	15,1%	32,2%	34,2%
ES - Spain	26,2%	40,2%	40,1%

Fuente: Eurobarómetros 86.3, 89.3 y 91.5

De todos los datos expuestos es posible concluir que la tesis de la ambivalencia puede explicar en buena medida las actitudes de los españoles hacia esta política, pero no es solo la tendencia a apoyar políticas de gasto concreto el único factor a considerar, pues en otros contextos económicos y culturales los comportamientos esperados a partir de esta tesis no se verifican. Sin duda, conviene profundizar en la vinculación del apoyo a esta política con las orientaciones de los partidos políticos y con los valores religiosos como posibles dimensiones explicativas.

B) La utilidad marginal del Estado del bienestar.

¿Qué puede explicar las variaciones entre países en el apoyo al gasto en cooperación al desarrollo? Para adentrarnos en esta cuestión puede resultar de interés contrastar para nuestro caso la teoría sobre la utilidad marginal del Estado de bienestar y la hipótesis de la escasez de Inglehart (1990). Para este autor las prioridades de un individuo reflejan su entorno socioeconómico otorgando un mayor valor subjetivo a las cosas relativamente escasas. Conforme sea mayor el nivel de desarrollo económico de un país menor será la intensidad de las demandas de intervención del Estado en la economía y la sociedad y con ellas las actitudes favorables a la expansión del gasto público. Por otra parte, los factores económicos tienden a jugar un papel decisivo en condiciones de escasez, pero a medida que disminuye la escasez, son otras las variables que modelan cada vez más una sociedad. En sociedades con un cierto grado de desarrollo económico los valores deberían ejercer sobre la formación de preferencias de gasto una influencia relativa mayor que los intereses.

En consonancia con la teoría cabe esperar dos comportamientos: que el apoyo al gasto en cooperación al desarrollo sea menor cuanto mayor desarrollo económico tenga un país; y que la influencia de las variables socioeconómicas sobre el apoyo al gasto tiendan a disminuir, mientras que las asociadas a valores a crecer. Nos ocuparemos ahora de contrastar la primera hipótesis dejando para más adelante la segunda.

Para comprobar si el apoyo al gasto de las políticas públicas es menor cuanto mayor sea el grado de desarrollo económico de un país nos basta con utilizar el siguiente modelo de regresión:

IP*ip* = *a* + *b* PIB*p* + *e*

Donde,

IP*ip* = Intensidad de las preferencias de gasto de la política *i* en el país *p*

PIB*p*= PIB per capita (dólares USA precios actuales) del país *p*

a, b = parámetros a calcular.

e = error.

En la tabla 5 se recogen los resultados de la aplicación del modelo. Se observa una asociación entre intensidad de las preferencias de gasto en cooperación al desarrollo y PIB per cápita, pero es de signo contrario al previsto por la teoría, es decir, que la intensidad de las preferencias no disminuye con la riqueza, sino que aumenta. Los países con menor nivel de renta apoyan menos la cooperación al desarrollo que los que los que tienen rentas más elevadas.

Tabla 5. Correlación entre intensidad de las preferencias de gasto en cooperación al desarrollo y PIB per cápita $ a precios actuales 2016-2019.

	2016	2018	2019
Coeficiente correlación	0,43	0,36	0,47

Fuente: Eurobarómetros 86.3, 89.3 y 91.5 y datos de PIB per cápita del Banco Mundial

La teoría de Inglehart, que funciona bien en las políticas de bienestar –e incluso en la de defensa—no nos sirve para este caso pues, como veremos más adelante, los sectores más vulnerables ven un riesgo de que se pierdan recursos para su propio bienestar por los fondos dedicados a esta política. En realidad, la tesis de Inglehart sí funciona en lo que respecta a la parte principal de su enunciado –el que las prioridades de un individuo reflejan su entorno socioeconómico otorgando un mayor valor subjetivo a las cosas relativamente escasas–; lo que sucede es que para unas políticas como las de bienestar provocan una disminución de la demanda de intervención pública y para otras, como la de cooperación al desarrollo, un aumento derivado en este último caso del mayor peso de los valores postmaterialistas. La particularidad de las políticas de cooperación, en las que los beneficiarios no son los nacionales de la política, contribuye también a explicar el desajuste entre la teoría de Inglehart y las preferencias de los ciudadanos, ya que los recursos que moviliza esta política no afectan al bienestar de los ciudadanos que la valoran, sino a otros.

Pero dejando al margen estos matices, resultan de especial interés las actitudes hacia la cooperación al desarrollo de los españoles, pues es un ejemplo de apoyo extremo a esta política que se desvía enormemente de la recta de regresión –es el que más se desvía—mostrando un apoyo a esta política notablemente superior al que le correspondería por su nivel de riqueza –véase el gráfico 9–. Ello nos hace pensar en la importancia de los factores culturales para el apoyo a la política de cooperación, política en la que confluyen valores asociados a la solidaridad global con otros más conectados con el humanismo cristiano.

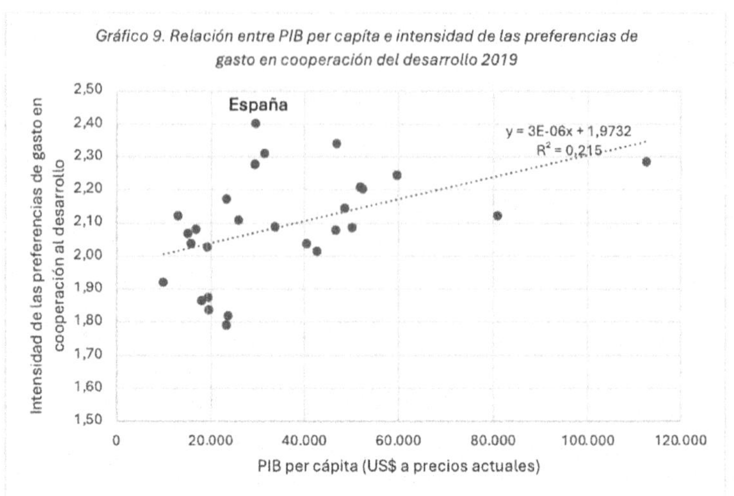

Fuente: Eurobarómetro 91.5 y datos de PIB per cápita del Banco Mundial

C) Los intereses y valores de los ciudadanos.

Las preferencias de gasto de las políticas están influídas por los intereses y los valores. Birdsall (1965) llamó la atención sobre el individuo maximizador de utilidades personales lo que llevaría a los ciudadanos a fijar su postura respecto a los impuestos y los diversos programas de gasto tomando en consideración los costes y beneficios que les suponen los impuestos pagados y los servicios que obtienen a cambio, y actuarían en consecuencia maximizando sus utilidades personales. Sobre las preferencias individuales de gasto influyen otros determinantes además del propio interés, como puedan ser las predisposiciones simbólicas de los individuos (Citrin, 1979; Esmeier, 1982; Sears y Citrin, 1985).

En consonancia con lo anterior, es de suponer que la intensidad de las preferencias de gasto de los individuos variará en función de sus intereses, valores y comportamientos. Para comprobarlo se ha analizado la asociación entre la intensidad de las preferencias de gasto en cooperación al desarrollo —calculada con la misma escala de 1 a 3 de los indicadores anteriores— y diversas variables de clasificación que reflejen intereses –mediante variables socio-demográficas como el tamaño del hábitat, sexo, edad, estado civil, estudios, situación laboral, situación económica– y valores –escala de autoubicación ideológica, religiosidad y frecuencia de asistencia a oficios religiosos–. Dado que la variable dependiente es ordinal se han calculado dos coeficientes: rho de Spearman –cuando la variable independiente es también ordinal– y eta, –cuando la dependiente sea nominal–.

Los resultados de este análisis se recogen en la tabla 6, en la que puede observarse que todas estas variables en algún año acaban estando asociadas a preferencias de gasto con mayor o menor intensidad, pero son las vinculadas a valores las que de forma más frecuente influyen sobre el apoyo a este ámbito de las políticas públicas.

Tabla 6. Coeficientes de asociación entre la intensidad de las preferencias de gasto de cooperación al desarrollo y diversas variables de clasificación

	Tamaño de hábitat		Sexo		Edad		Estado civil	
	Rho de Spearman		Eta		Rho de Spearman		Eta	
2010	0,006		0,000		-0,049	*	0,047	
2011	0,069	**	0,032		-0,081	**	0,145	**
2012	0,081	**	0,034		-0,054	*	0,061	
2013	0,076	**	0,005		-0,020		0,034	
2014	0,106	**	0,037		-0,038		0,039	
2015	0,032		0,012		-0,073	**	0,074	*
2016	0,048	*	0,047	*	-0,086	**	0,053	
2017	0,013		0,040		-0,052	*	0,047	
2018	0,048	*	0,003		0,010		0,056	

2019	0,068	**	0,027		0,006		0,047	
2020	0,000		0,034		0,073	**	0,024	
2021	0,027		0,082	**	0,073	**	0,045	
2022	-0,033		0,122	**	0,116	**	0,066	*
2023	-0,005		0,085	**	0,109	**	0,076	**

	Estudios		Situación laboral		Situación económica personal	
	Eta		Eta		Rho de Spearman	
2010	0,109	**	0,086		0,017	
2011	0,170	**	0,114	**	-0,015	
2012	0,084	*	0,088	*	0,015	
2013	0,095	**	0,077		0,006	
2014	0,107	**	0,092	*	-0,013	
2015	0,120	**	0,110	**	-0,008	
2016	0,142	**	0,087		0,010	
2017	0,180	**	0,107	**	-0,019	
2018	ND		0,086		-0,003	
2019	0,109		0,084		0,005	
2020	0,069		0,065		0,029	
2021	0,097		0,098	**	0,006	
2022	0,147	**	0,144	**	0,065	**
2023	0,098	*	0,070		-0,015	

	Escala de autoubicación ideológica (1-10)		Religiosidad		Frecuencia de asistencia a oficios religiosos	
	Rho de Spearman		Eta		Eta	
2010	-0,066	*	0,123	**	0,146	**
2011	-0,117	**	0,111	**	0,122	**
2012	-0,182	**	0,155	**	0,138	**
2013	-0,188	**	0,164	**	0,149	**
2014	-0,215	**	0,165	**	0,167	**

2015	-0,185	**	0,132	**	0,140	**
2016	-0,181	**	0,153	**	0,184	**
2017	-0,110	**	0,163	**	0,183	**
2018	-0,198	**	0,153	**	0,184	**
2019	-0,199	**	0,112	**	0,142	**
2020	-0,166	**	0,108	**	0,084	*
2021	-0,137	**	0,079	**	0,084	*
2022	-0,175	**	0,077	*	0,062	
2023	-0,139	**	0,102	**	0,092	**

* = significación <0.05 y ** <0.10

Fuente: CIS. 2.841, 2.910, 2.953, 2.994, 3.034, 3.105, 3.146, 3.184, 3.221, 3.259, 3.290, 3.332, 3.374 y 3.418

Respecto a los valores concretos que adoptan estas variables en cuanto al apoyo a la política de cooperación cabe observar lo siguiente[14]:

- Tamaño del hábitat: el apoyo a la política tiende a crecer con el tamaño de la población del municipio de residencia. Es más bajo en los municipios rurales de menos de 10.000 habitantes y elevado en los grandes núcleos urbanos de más de 100.000. No obstante, la asociación entre estas variables pierde fuerza con el tiempo; es posible que en parte se deba a los cambios en las formas de asentamiento de la población de las macro-regiones urbanas donde la descentralización hacia municipios "rurales" hace que se difumine en cierta manera la distinción urbano rural.

14 Para no sobrecargar con más tablas y gráficos se presentan de forma sumaria los principales resultados. Si el lector desea contrastarlo puede acudir a los ficheros de microdatos de los estudios arriba citados y/o a las tablas cruzadas que el CIS suele ofrecer en todos sus estudios.

- Sexo: generalmente las mujeres apoyan más esta política que los hombres. Esta es una asociación que gana fuerza con el tiempo.
- Edad: es una variable muy interesante. Al principio de la serie hay una asociación negativa –los jóvenes apoyan más–, posteriormente desaparece la asociación y finalmente vuelve a emerger con más fuerza y sentido positivo –los más mayores apoyan más–. Detrás de este comportamiento lo que hay son las actitudes de las diferentes cohortes y la distribución que tenga cada una de ellas en el eje libertario-autoritario. Ello abunda en la importancia de los factores culturales en esta política. La evolución de la cohorte de edad que ha sido desde sus inicios el principal apoyo social para esta política explicaría esta tendencia.
- Estado civil: viudos y casados apoyan menos que solteros, separados y divorciados.
- Estudios: cuanto mayor es el nivel de estudios mayor es también el apoyo a esta política. Téngase en cuenta que esta variable es una forma imperfecta de evaluar la clase social y la renta.
- Situación laboral: quienes estudian y trabajan –o han trabajado—apoyan más esta política que quienes no han trabajado nunca.
- Situación económica: aquí se observa la influencia en el grupo más favorecido económicamente. No obstante, esta asociación va perdiendo intensidad con el tiempo.
- Autoubicación ideológica: cuanto más a la izquierda mayor es el apoyo a esta política. Es la variable donde la asociación con las preferencias es más clara y lineal.
- Religiosidad: en general las personas no creyentes apoyan más esta política que las creyentes.

- Frecuencia de asistencia a oficios religiosos: esta variable dibuja una U de modo que los que nunca van a oficios –sean o no creyentes—y los que acuden con más frecuencia, son los que más apoyan a esta política, mientras que en las posiciones intermedias baja el apoyo. Todo lo anterior apunta a que hay dos factores críticos en el apoyo a la cooperación internacional: la posición socioeconómica, cuanto más favorable es esta el apoyo tiende a ser mayor; la enorme influencia que tienen los valores en esta política, por encima de los intereses, y todo lo que guarda relación con el cambio cultural. Ambos comportamientos son consistentes con lo señalado por Inglehart en torno a que las prioridades de un individuo reflejan su entorno socioeconómico otorgando un mayor valor subjetivo a las cosas relativamente escasas. Esta es una política claramente "postmaterialista" de modo que el bienestar de los individuos y su posición en el eje libertario-autoritario influyen en el nivel de apoyo que pueda generar.

Así, el apoyo a la política de cooperación esta vinculado a ciudadanos de mayor bienestar socioeconómico, cercanos a posiciones ideológicas de izquierda, de zonas básicamente urbanas y con niveles de religiosidad menor, así como con posiciones menor rígidas en relación con la familia tradicional. Este perfil tipo que ha sido constante en el apoyo a la política de cooperacion no excluye la existencia de un grupo de apoyo menor, con posiciones muy firmes en términos religiosos, en los que la cooperación al desarrollo se justifica desde valores como la compasión o la caridad.

D) El público como un termostato receptivo a las políticas reales de gasto

Uno de los factores que puede influir sobre las preferencias de gasto en una política pública es el propio nivel de gasto que los gobiernos están dedicando realmente a esa política. En este sentido Wlezien (1995) sugirió la hipótesis de que el público operaría como un *termostato* sensible a las políticas reales de gasto. De este modo, cuando la "temperatura real" existente en una política difiere de la "temperatura preferida", el público envía una señal para que se produzca el correspondiente ajuste de la política; y una vez que se ha ajustado lo suficiente, la señal vuelve a detenerse. El comportamiento que cabe prever de esta teoría es que los cambios en las preferencias de gasto de los ciudadanos estarán relacionados negativamente con las decisiones reales de gasto público, de modo que, si el gasto en una política baja crecerá la intensidad de las preferencias de gasto de los ciudadanos y, si por el contrario sube, bajará la intensidad de las preferencias de gasto en esa política. Caso de que esa asociación inversa se produjera, podríamos hablar de la existencia de una ciudadanía receptiva a las políticas de gasto.

Para evaluar el grado de receptividad de los ciudadanos a las políticas de gasto Wlezien (1995) sugiere el siguiente modelo:

IG i (t) = *a* + *b* ASIG i (t) + *e*

Donde,

IG i (t) = Intensidad de la preferencia de gasto de la política i en el año t.

ASIG i (t) = Asignación presupuestaria de la política i en el año t

También cabría plantearse la pregunta de en qué medida los gobiernos son sensibles a las demandas de los ciudadanos, de forma que las autoridades ajusten sus políticas de gasto a las variaciones de las demandas de los ciudadanos, es decir, que hagan crecer el gasto cuando la intensidad de las preferencias de gasto de los ciudadanos suba, y lo reduzcan cuando la intensidad de las preferencias baje. Caso de que así fuera los gobiernos responderían con sus políticas a los cambios en las preferencias de la ciudadanía existiendo una correlación positiva entre crecimiento de las preferencias y variaciones de las políticas reales de gasto. Un gobierno que opere de esta manera sería un gobierno receptivo a las demandas de los ciudadanos.

Para evaluar la receptividad de los gobiernos a las demandas de gasto de los ciudadanos Wlezien (1995) plantea este otro modelo:

Δ ASIG i (t) = a + b IG i (t-1) + e

Donde,

Δ ASIG i (t) = % de incremento en la asignación presupuestaria del año t respecto

del año t-1 en la política i.

IG i (t-1) = Intensidad de la preferencia de gasto de la política i en el año t-1

Para el buen funcionamiento de la democracia se necesita que los gobiernos sean receptivos a las demandas de los ciudadanos y que estos a su vez sean también receptivos a las actuaciones de aquellos. Si ambas receptividades operan simultáneamente el apoyo al cambio de las políticas será cada vez más bajo pues las actuaciones de los gobiernos y las demandas de los ciudadanos estarán cada vez más acompasadas.

Para evaluar el apoyo al cambio de las políticas Borre (1995) propone calcular el índice de distancia de políticas poniendo en relación la proporción de personas insatisfechas con el gasto —ya sea porque estimen que se gaste poco o, por lo contrario, que consideren que se gaste demasiado— frente a las que están satisfechas porque desde su punto vista se gasta lo justo. Su cálculo consiste en:

IDi = POi + DE i - JUi

Donde,

IDi = Índice de distancia de la política i.

POi = % de entrevistados que creen que el Estado dedica pocos recursos a la política i.

DE i = % de entrevistados que creen que el Estado dedica demasiados recursos a la política i.

JUi = % de entrevistados que creen que el Estado dedica los recursos justos a la política i.

¿Qué sucede en España con la política de cooperación al desarrollo? Si aplicamos al caso los dos modelos de receptividad vemos como la receptividad de los ciudadanos respecto de las políticas reales de gasto opera conforme a lo previsto por la teoría siendo el valor de R negativo –véase la tabla 7–. Igualmente sucede con la receptividad del Estado hacia las demandas de los ciudadanos, donde el valor de R es positivo. Es de destacar que es mayor la receptividad del Estado que la de los ciudadanos. Ahora bien, la magnitud de ambas asociaciones, especialmente la de la receptividad de los ciudadanos, es muy reducida y los coeficientes no son significativos[15]. De nuevo, el hecho de que esta política no tenga impactos directos entre

---

15 Quizá pueda parecer que los niveles de exigencia de estos modelos resulten excesivos; sin embargo, sí se han observado asociaciones significativas en otras políticas: el caso más significativo es el de las pensiones, donde tanto el Estado como los ciudadanos son altamente receptivos. Véase para esta y otras políticas en España Carrillo y Tamayo (2011)

la ciudadanía española podría explicar en parte la reducida asociación entre la receptividad de los ciudadanos y el gasto en la política.

Tabla 7. La receptividad de los ciudadanos y del Estado en la política de cooperación al desarrollo. 2010-2023.

	Receptividad de los ciudadanos	Receptividad del Estado
R	-0,037	0,342
R2	0,001	0,117
Constante	2,583	-2,411
B	-0,000000001879	1,402
beta	-0,037	0,342
t	-0,110	1,092
Sig.t	0,915	0,472

Fuentes: CIS, serie de estudios de *Opinión Pública y Política Fiscal* y Gobierno de España. Cooperación Española. *Sistema de Información de la Ayuda Oficial al Desarrollo.*

En cuanto al apoyo al cambio en esta política ha tendido a crecer a lo largo del tiempo. Al principio de la serie el volumen de satisfechos prácticamente estaba equilibrado con el de insatisfechos. Conforme fue pasando el tiempo la insatisfacción creció. Los valores más bajos se produjeron durante los gobiernos de Rodríguez Zapatero; ahora bien, aunque al final de su gobierno disminuyó el gasto en esta política, previamente la inversión había sido elevada. Durante los gobiernos de Rajoy el apoyo al cambio tendió a crecer y lo hizo también durante los gobiernos de Sánchez, llegando al máximo al poco de iniciarse el primer gobierno de coalición para después volver a bajar para situarse en valores similares a los de los gobiernos de Rajoy, siempre lejos del ajuste inicial de la época del presidente Rodríguez Zapatero.

Estos datos podrían poner de manifiesto, por una parte, la base sólida de apoyo a la política, que se refleja especialmente por el menor nivel de insatisfechos cuando el incremento en la inversión fue mayor (gobierno de Zapatero) y, por otra, la reacción de los ciudadanos, en forma de incremento de la ID, ante decisiones drásticas como el recorte contundente en la inversión que se hizo al principio de la década de 2010, como consecuencia del impacto de la crisis de 2008-2010. Podemos interpretar esta reacción como de rechazo de una parte como de rechazo de una parte de la ciudadanía al drástico recorte presupuestario a esta política, ya que se reduce de nuevo cuando la inversión en la misma vuelve a crecer. De ahí podríamos inferir, por tanto, que el apoyo y el compromiso de los ciudadanos con esta política es significativo, existiendo un porcentaje importante de ciudadanos que son sensibles al gasto en la misma y que están vigilando el compromiso político con la cooperación reflejado en la inversión en la política, a pesar de que los beneficios de la misma no repercutan en ellos.

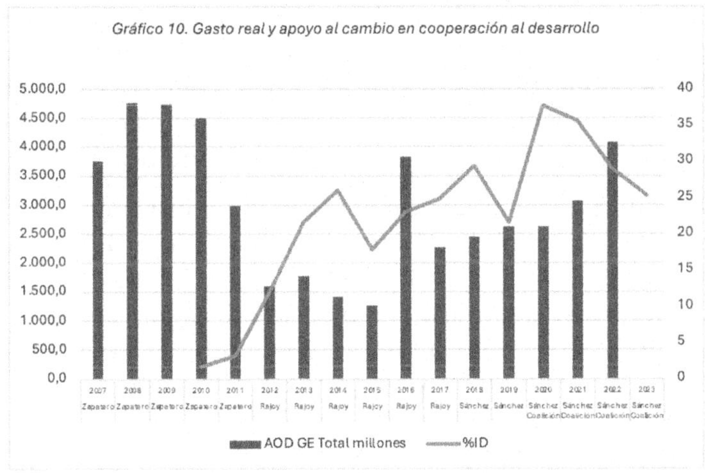

Fuentes: CIS, serie de estudios de *Opinión Pública y Política Fiscal* y Gobierno de España. Cooperación Española. *Sistema de Información de la Ayuda Oficial al Desarrollo*[16].

V. LA IMAGEN DE LA POLÍTICA

Para terminar, analizaremos la imagen de la política de cooperación. Baumgartner y Jones (2009) definen la *policy image* como la comprensión pública de los problemas de política pública. La imagen de una política es un asunto relevante pues –como argumentan estos autores– el cambio en las políticas requiere de un cambio de imagen que sea asumido por algu-

---

16 Para interpretar adecuadamente estos datos y especialmente el incremento en el gasto de 2016, conviene tomar en cuenta que según el Informe de Concord (2017) que señala que más del 54% de la AOD de ese año fue "ayuda inflada", es decir, relacionada con gastos en áreas que previamente no habían formado parte de la AOD tales como asistencia a refugiados dentro de la UE, condonación de deudas y reembolso de intereses de préstamos concesionales e intereses futuros de deudas canceladas.

no de los numerosos marcos institucionales desde donde se gestionan las políticas. En ese sentido, conocer la imagen que tienen los ciudadanos sobre la política de cooperación y si esta es o no congruente con la que opera en el subsistema desde el que se gestiona esta política es un tema de interés.

Una de las preguntas que nos informa sobre la imagen que tienen los españoles de la política de cooperación al desarrollo es la recogida en la tabla 8, relativa a los problemas que consideran que debe abordar la cooperación de forma prioritaria[17]. El perfil de imagen de la política define un núcleo central articulado en torno a los asuntos de: salud; educación; agua y saneamiento; economía y empleo; paz y seguridad; y democracia y derechos humanos.

Tabla 8. ¿Cuáles de los siguientes retos considera usted más urgentes para el futuro de los países en desarrollo?

	2012	2013	2014	2015	2016	2018	2019	2020	2022
Economía y empleo	33,1	100,8	60,5	28,9	28,2	36,0	33,5	39,0	28,3
Salud	38,2	37,1	44,6	42,2	41,7	33,5	34,5	45,6	45,6
Educación	37,0	40,3	42,7	33,6	43,9	38,8	36,6	40,7	44,3
Agua y saneamiento	20,3	7,3	32,1	34,8	33,4	31,5	31,3	25,7	32,9

17 La pregunta en la que se basa esta tabla es idéntica a lo largo de la serie, pero las respuestas no. Se ha hecho un esfuerzo por homogeneizarla sumando las menciones de temas que en unas ocasiones están separados y en otras juntos. Así sucede con: Economía y Empleo; Democracia y Derechos Humanos; Medioambiente y Cambio Climático. Ello puede producir que cuando estén separados se sobredimensionen las respuestas hacia el ítem en cuestión. También en ocasiones se han hecho homogéneas algunas categorías como Protección Social, Igualdad Social y Desigualdad Social. Finalmente, hay algunas posibles respuestas que no se incluyen en todas las oleadas de los Eurobarómetros y que se recogen en blanco en la tabla.

Paz y seguridad		11,2	24,9	37,5	32,1	31,6	25,7	24,2	33,9
Democracia y derechos humanos	44,2	14,3	20,3	21,4	23,5	25,9	22,3	27,1	24,4
Alimentación y agricultura	30,2	16,3	21,8	27,8	27,6	20,5	29,2	18,9	18,4
Igualdad social	12,0	11,1	14,3			13,7	12,9	19,4	15,8
Infraestructura	11,5			9,0	12,0				
Migración y refugiados			3,9	11,6	9,8	10,1	7,9	7,1	6,7
Medioambiente y cambio climático	3,4	8,4	6,3	7,0	6,0	6,9	7,1	5,3	9,8
Igualdad de género	5,8	5,2	5,1	5,4	6,1	10,5	9,1	6,3	6,1
Desarrollo urbano				4,3	6,1	9,4	8,0	3,1	4,5
Energía	6,0	5,0	3,5	4,1	5,9	3,3	4,8	4,7	10,8
Comercio	9,9	3,9	2,5	3,5	3,6	5,3	3,8	3,8	4,1
Digitalización								0,1	1,4
Otros	0,5	0,1	1,6	1,4	0,3	0,8	0,4	0,6	0,2
Ninguno	0,5								
No sabe	1,2	1,9	0,3	0,9	1,0	0,2	2,1	1,0	0,5
Número medio de menciones	2,54	2,63	2,84	2,73	2,81	2,78	2,69	2,73	2,88

Fuente: Eurobarómetros 77.4, 79.4, 82.1, 84.4, 86.3, 89.3, 91.5, 94.2, 97.1.

Dado que se dispone de información sobre la imagen de la política para un periodo amplio es posible analizar los cambios experimentados, sintetizándose los principales resultados en la tabla 9.

Tabla 9. Prioridad media y tendencia de los temas que integran la política de cooperación.

		TENDENCIA	
		Ascendente	*Descendente*
PRIORIDAD MEDIA	*Alta >20%*	Salud Educación Agua y saneamiento Paz y seguridad	Economía y empleo Democracia y derechos humanos Alimentación y agricultura
	Baja<20%	Igualdad social Medioambiente y cambio climático Igualdad de género Energía Digitalización	Migración y refugiados Desarrollo urbano Comercio

Finalmente, si se comparan las prioridades de los ciudadanos con las que refleja el gasto real realizado por las instituciones que forman parte del subsistema de la política, clasificado por ODS de la Agenda 2030, se observa un cierto desfase entre ambas. Es verdad que ambos indicadores no se refieren al mismo objeto, pues mientras la pregunta sobre las prioridades de los ciudadanos aborda los principales desafíos para el desarrollo de los países socios, la relativa al gasto se refiere a la política de cooperación española, que está y debe estar marcada por múltiples factores, no sólo por el de los desafíos para el desarrollo en los países, sino también por otros como, por ejemplo, la demanda del país, la coordinación con otros actores o la división del trabajo y consecuente concentración y focalización en sectores. Además, esta es una política particular ya que responde prioritariamente a una agenda que se va marcando de forma global, agenda que no siempre se vincula con la agenda de los ciudadanos, que se implican más en problemáticas locales y sociales, como la educación o la salud, que en desafíos globales como el clima.

Tabla 10. Distribución del gasto de ayuda oficial al desarrollo

	2019	2020	2022
Acción por el Clima	8,0%	4,6%	5,5%
Agua Limpia y Saneamiento	2,1%	2,8%	3,7%
Ciudades y Comunidades Sostenibles	3,2%	2,6%	2,3%
Educación de Calidad	7,1%	6,4%	4,5%
Energía Asequible y No Contaminante	2,4%	2,3%	3,2%
Fin de la Pobreza	7,4%	7,0%	10,5%
Hambre Cero	4,2%	4,9%	3,2%
Igualdad de Género	6,2%	6,8%	6,2%
Industria, Innovación e Infraestructura	3,6%	1,9%	2,8%
Paz, Justicia e Instituciones Sólidas	9,3%	9,3%	9,2%
Producción y Consumo Responsables	0,8%	1,3%	1,1%
Reducción de las Desigualdades	12,1%	10,7%	23,4%
Salud y Bienestar	5,5%	8,2%	11,2%
Trabajo Decente y Crecimiento Económico	6,5%	6,0%	4,9%
Vida de Ecosistemas Terrestres	0,8%	0,8%	0,7%
Vida Submarina	0,3%	0,2%	0,2%
Alianzas para Lograr los Objetivos	20,5%	24,3%	7,4%
Total millones de euros	2.629,6	2.620,9	4.069,3

Fuente: Cooperación Española. *Sistema de Información de la Ayuda Oficial al Desarrollo.*

CONCLUSIONES

El análisis de la estructura de las demandas presupuestarias nos muestra que la cooperación al desarrollo es una política asociada al conjunto de políticas del Estado humanitario y, en consecuencia, las preferencias de los ciudadanos sobre la misma están vinculadas al eje de conflicto libertario-autoritario. Las subculturas de política pública de la nueva izquierda libertaria —que refleja valores postmaterialistas— y la nueva derecha autoritaria, marcarían las posiciones extremas del eje. Aunque en este capítulo no se ha analizado la cuestión de la Agenda 2030, puede plantearse la hipótesis de que también forma parte de este mismo eje de conflicto en torno al que se articulan las subculturas de política pública, ya que, además, la política de cooperación al desarrollo es una de las políticas paradigmáticas para la implementación de esta Agenda. Los discursos de los propios partidos situados en los extremos del eje apuntarían en esa dirección. En cualquier caso, en lo que respecta a la política de cooperación al desarrollo esa posición puede ayudar a interpretar las actitudes de los ciudadanos. El hecho de que esta política forme parte, de forma reciente, de la disputa política, avala este encaje, pues es en torno a este eje en el que se desarrolla la contienda de los actuales partidos políticos en España.

En consonancia con lo anterior, es una política muy influida por factores de carácter cultural. Ello se observa en varias cuestiones: la asociación positiva que se establece entre el grado de desarrollo económico de un país y el apoyo a la política; la relación también positiva entre el apoyo al gasto y los sectores sociales más favorecidos; el elevado peso de los valores en la formación de las preferencias de política pública frente a las variables sociodemográficas, especialmente el valor de la solidaridad que va asociado a la misma naturaleza de esta política, cuyos beneficios no repercutan directamente en la ciudadanía española sino en los ciudadanos de otros países; la relevancia de las cohortes en las orientaciones hacia esta política y la influencia silenciosa del cambio generacional.

Los españoles entienden que la política de cooperación al desarrollo forma parte de las funciones del Estado y se expresan a favor de la intervención pública, condicionada a que estén atendidas las necesidades de bienestar de los españoles. Por otra parte, la cooperación al desarrollo cuenta en España con unos niveles de apoyo muy notables y además tiende a crecer a lo largo del tiempo. Al igual que las políticas del Estado humanitario, su nivel de apoyo se sitúa por encima de la media del conjunto de las políticas y lo que es más llamativo es el país de la Unión Europea con un apoyo al gasto hacia esta política más elevado —o de los más elevados, dependiendo de las fechas—. De hecho, se sitúa por encima de lo que cabría esperar dado su nivel de desarrollo económico, lo que hace suponer que serían factores culturales los que explicarían esta pauta de comportamiento.

Se verifica para el caso español y para esta política la tesis de la ambivalencia y el consiguiente apoyo al gasto con independencia de la fecha en la que se indague por las preferencias de los ciudadanos y de los segmentos asociales a los que se pregunte. Existen diferencias por grupos de población en cuanto a los niveles de apoyo al gasto, pero no en el hecho en si de que este sea positivo. Sin embargo, a diferencia de otras áreas de política pública, como las de bienestar, el apoyo al gasto en la cooperación internacional no cruza fronteras, existiendo bastantes casos de países que es negativo, incluso de países muy desarrollados como los Estados Unidos de América.

A diferencia de otras áreas de política pública donde los ciudadanos son receptivos a las políticas de gasto, en este caso no existe tal asociación. Los gobiernos son más receptivos a las demandas de la ciudadanía, que los propios ciudadanos, pero tampoco son especialmente sensibles, siendo así el grado de receptividad bajo y poco significativo. Lo mismo sucede en relación con las prioridades en cuanto a los problemas hacia los que se debe dirigir la política de cooperación que son poco consistentes con las políticas de gasto de los gobiernos, de donde se infiere que el ajuste a las demandas de los ciudadanos es solo uno de los factores que explican las decisiones de los gobiernos en relación con esta política. Las demandas de grupos específicos, como las ONGD y la vinculación con agendas internacionales tienen y han tenido un peso decisivo en las decisiones y orientaciones de la política de cooperación, especialmente después de la aprobación de la Agenda 2030, que ha supuesto un revulsivo en el contenido de la política, pero no necesariamente en el de las orientaciones y demandas de los ciudadanos.

Finalmente, debe destacarse que la imagen de la política que tienen los ciudadanos está muy delimitada en torno a ciertos temas sustantivos y aunque viene experimentando cambios en el largo plazo, parece más cercana a los viejos Objetivos del Milenio o a algunas cuestiones de paz y seguridad que a los asuntos vinculados al desarrollo sostenible. No obstante, aunque estas dimensiones de la política tienen una prioridad baja tienden a crecer y las visiones más tradicionales de la cooperación –aunque tengan una prioridad alta– tienden a decrecer. No obstante, se trata de cambios muy paulatinos existiendo un desfase entre la imagen de la política promovida por las élites del subsistema de la política y la imagen de la política entre la ciudadanía. De nuevo, la vinculación de esta política con agendas globales marca la diferencia con respecto a otras, de forma que el desajuste entre demandas ciudadanas más sensibles a las necesidades locales y decisiones de políticas influidas por marcos globales es creciente.

REFERENCIAS BIBLIOGRÁFICAS

Almond, G. A., & Powell, G. B. Jr. (1988). *Comparative politics today: A world view* (4ª ed.). Glenview: Scott Foresman.

Almond, G. A., & Verba, S. (1965). *The civic culture: Political attitudes and democracy in five nations, an analytic study* (4ª ed.). Boston: Little Brown.

Birdsall, W. C. (1965). A study of demand for public goods. En R. A. Musgrave (Comp.), *Essays in fiscal federalism* (pp. 235-294). Washington, D. C.: The Brookings Institution.

Baumgartner, F. R., & Jones, B. D. (2009). *Agendas and instability in American politics* (2ª ed.). Chicago: The University of Chicago Press.

Borre, O. (2003). The structure of budget demands in Denmark, Norway and Sweden. *Scandinavian Political Studies, 26*(2), 169-192.

Borre, O., & Goldsmith, M. (1995). The scope of government. En O. Borre & E. Scarbrough (Comps.), *The scope of government* (pp. 1-22). Oxford: Oxford University Press.

Carrillo, E., & Tamayo, M. (2011). La formación de las preferencias de gasto público: Un análisis comparado por políticas públicas. *Frontera Norte, 23*(45), 193-230.

Citrin, J. (1979). Do people really want something for nothing? Public opinion on taxes and government spending. *National Tax Journal, 32*(2), 113-120.

Esmeier, T. J. (1982). Public preferences about government spending: Partisan, social, and attitudinal sources of policy differences. *Political Behavior, 4*(2), 133-145.

Flanagan, S. C. (1987). Value change in industrial societies. *The American Political Science Review, 81*(4), 1303-1319.

Free, L. A., & Cantril, H. (1967). *The political beliefs of Americans: A study of public opinion.* New Brunswick: Rutgers University Press.

Huseby, B. M. (1995). Attitudes towards the size of government. En O. Borre & E. Scarbrough (Comps.), *The scope of government* (pp. 87-119). Oxford: Oxford University Press.

Inglehart, R. (1990). *El cambio cultural en las sociedades industriales avanzadas.* Madrid: Centro de Investigaciones Sociológicas.

Key, V. O. Jr. (1961). *Public opinion and American democracy.* Nueva York: Alfred A. Knopf.

Larrú, J. M., et al. (2019). Cooperación española y política exterior: trayectoria histórica comparada. *Revista Española de Desarrollo y Cooperación, 44*(enero-junio), 21-34.

Martínez, I., & Sanahuja, J. A. (2010). La cooperación descentralizada en España y el reto de la eficacia de la ayuda. *ICEI Paper, 18.* Madrid: ICEI-UCM.

Ramos, M. (2024). La crisis de la cooperación al desarrollo: ¿una nueva oportunidad? *Análisis GATE, 03/2024.*

Sears, D. O., & Citrin, J. (1985). *Tax revolt: Something for nothing in California.* Cambridge: Harvard University Press.

Sanahuja, J. A. (2023). Despolitización y reconstrucción de consensos: Iniciativas para el retorno del regionalismo y la integración en América Latina. En J. A. Sanahuja & P. Stefanoni (Comps.), *América Latina en el interregno: Política, economía e inserción internacional. Informe anual 2023-2024*. Fundación Carolina.

Serrano, M. (2019). Treinta años de la cooperación española: El papel de la sociedad civil. *Revista Española de Desarrollo y Cooperación, 44*(enero-junio), 57-66.

Unceta, K., et al. (2021). De la cooperación para el desarrollo a la cooperación para la convivencia global: Un análisis de la crisis de la cooperación desde la crisis del desarrollo. *Cuadernos de Trabajo Hegoa, 86*.

Wlezien, C. (1995). The public as thermostat: Dynamics of preferences for spending. *The American Journal of Political Science, 39*(4), 981-1000.

Cooperación internacional y Agenda 2030: un diálogo necesario frente a la crisis civilizatoria

IGNACIO MARTÍNEZ
FERNANDO DE LA CRUZ
Universidad Complutense de Madrid

I. INTRODUCCIÓN: COOPERACIÓN Y ACCIÓN COLECTIVA FRENTE A LOS DESAFÍOS PLANETARIOS

Es casi un lugar común afirmar que asistimos a un proceso histórico definido por la existencia de diversas crisis de enorme profundidad que se han ido entrelazando a lo largo de los años y cuyo resultado es, en la actualidad, una policrisis que también ha sido calificada como crisis civilizatoria[1] (Garcés, 2017; Naredo, 2022).

---

1 En este capítulo utilizaremos los dos conceptos como conceptos complementarios. Se utiliza el concepto de crisis civilizatoria no en un sentido teleológico, como resultado lógico del proceso histórico. Su uso responde a la importancia de identificar una causa o conjunto de causas comunes a las que se subordinan el conjunto de las crisis. Estas causas, incardinadas en el modelo económico capitalista y la lógica crecentista, generadores de asimetrías y de la superación de los límites biofísicos del planeta, trastocan algunas de las bases civilizatorias fundamentales asentadas en los últimos siglos sobre las que se han fundamentado las nociones de progreso y desarrollo. Véase al respecto Santiago (2023), Garcés (2017) o Hickel (2021). El concepto de "policrisis" se aborda más adelante.

Diversos fenómenos de alcance planetario y nuestra propia capacidad autodestructiva nos sitúan ante desafíos sin precedentes. La naturaleza y alcance de numerosos de estos desafíos -políticos, ecológicos, sociales y económicos- nos señala la necesidad de activar respuestas colectivas de carácter cooperativo y conscientes de nuestra ecodependencia en un momento de desbordamiento de los límites justos y seguros del sistema Tierra (Röckstrom, 2023).

Asumir estos desafíos y estar a la altura de los retos civilizatorios nos debiera llevar a afrontar muy diversos saltos paradigmáticos en distintos campos de la acción humana en los que la competencia, el nacionalismo metodológico y la mercantilización de la naturaleza han hegemonizado la actuación de nuestras sociedades y de los actores del sistema internacional. Ante esta necesidad de cambio paradigmático en la búsqueda de respuestas frente a los problemas globales es obligado poner el foco en la cooperación internacional como un vector de transformación a favor de una acción colectiva articulada y basada en la justicia global, a partir del principio de responsabilidades compartidas pero diferenciadas, en la medida que la crisis civilizatoria lo está exigiendo.

Estas son las cuestiones de fondo que suscitan las preguntas de investigación que se plantean en este capítulo y en torno a las que se estructuran estas páginas. Preguntas que parten de la hipótesis de la existencia, en el contexto actual, de un momento de urgencia y oportunidad, pero también de responsabilidad política, para establecer un diálogo entre la Agenda 2030 y el sistema y las políticas de cooperación que refuerce la acción colectiva global hacia lógicas cooperativas y a favor de la justicia global.

Si se asume que, aunque enormemente limitado, hay margen de acción política para dirigir las decisiones y actuaciones de la sociedad global y las diferentes comunidades políticas hacia un horizonte emancipatorio y justo para el conjunto de habitantes del planeta y los ecosistemas, cabe preguntarse qué papel puede jugar la cooperación internacional en la orientación de dichas decisiones y acciones. Para ello, se identifican inicialmente en este capítulo los principales desafíos planetarios que definen nuestro momento de crisis del que cualquier diagnóstico de transformación y emancipación debiera partir.

Se plantea, a continuación, la oportunidad que la Agenda 2030 supone, en la medida en que es concebida como un marco para una acción colectiva crítica y transformadora, para abordar una renovación de la cooperación internacional. Algunos de los aprendizajes de los últimos años en torno a los ejes críticos en los que se articula esta agenda son de especial relevancia tanto para la propia capacidad de articulación de una acción colectiva basada en la justicia global en el marco de la Agenda 2030, como para la transformación de la cooperación internacional.

Se detallan, posteriormente, los principales ejes críticos para un diálogo entre la Agenda 2030 y la cooperación internacional. Se trata de elementos que, como se concretará más adelante, interpelan tanto a la doctrina y narrativa de la cooperación internacional, como a sus objetivos, herramientas, institucionalidad, actores y relaciones, atravesadas todas ellas por asimetrías de poder que laminan la capacidad transformadora de la cooperación internacional.

Finalmente, se abordan las implicaciones que los ejes críticos analizados tienen para la renovación y transformación de la cooperación internacional, partiendo de la identificación de los elementos señalados en la tercera parte como aspectos a superar en el ámbito de la cooperación internacional. Todo ello en un contexto en el que los debates en el campo de la cooperación proyectan diferentes y divergentes escenarios -denominados aquí bajo las etiquetas de "realistas", "liberales" y "críticos democráticos"- que apenas comparten la idea de su agotamiento y crisis actual. De esta forma, se señalan al final del trabajo algunas de las respuestas, claves y potencialidades que el análisis realizado -es decir, el diálogo entre los desafíos planetarios, los ejes críticos de la Agenda 2030 y los elementos a superar en el sistema y las políticas de cooperación internacional- identifica como relevantes para un proceso de revisión y transformación de la cooperación internacional en aras de ampliar su capacidad de respuesta a los retos civilizatorios desde planteamientos democráticos.

II. POLICRISIS Y FRAGMENTACIÓN GLOBAL

El concepto de "policrisis" fue acuñado originalmente por el sociólogo francés Edgar Morin en su premonitoria obra "Para salir del siglo XX" (1981). Morin definió la policrisis como una situación donde múltiples crisis se entrelazan y se alimentan mutuamente, creando un sistema complejo de problemas interrelacionados. Es importante señalar aquí que Morin diferencia las crisis sistémicas de las policrisis. Así, mientras en las primeras el conjunto es desestabilizado por una única causa, en la segunda las causas son múltiples y las soluciones a unas causas pueden agravar la situación de las otras.

En el año 2022, Adam Tooze, un reputado profesor de Historia de Yale, recuperaba el concepto en un artículo para el Financial Times titulado "Bienvenidos al mundo de la policrisis". En el artículo señalaba que "*En la policrisis, los choques son dispares, pero interactúan entre sí, de modo que el conjunto es aún más insuperable que la suma de sus partes. Lo que hace que las crisis de los últimos quince años sean tan desarmantes es que ya no parece plausible señalar una única causa y, en consecuencia, una única solución*". En definitiva, Tooze recuperaba el concepto de policrisis para explicar la crítica situación actual en el ámbito internacional.

Desde una perspectiva más aplicada, en el año 2023, el *Global Risk Report* presentaba su panorámica de los riesgos globales y articulaba su argumentación en torno al concepto de "policrisis de los recursos naturales". Esta policrisis de los recursos naturales se centra en la creciente competición por el acceso a los recursos naturales en el marco de los sectores estratégicos de la cuarta revolución industrial y explora los potenciales escenarios de la interconexión de un conjunto de riesgos ambientales, geopolíticos y socioeconómicos. El análisis final de escenarios cierra con este distópico y apocalíptico último párrafo:

> *En este futuro, hay un escaso incentivo –o margen fiscal– para invertir en el cambio climático y la protección del medio ambiente. La sobreexplotación y la contaminación –la tragedia de los bienes comunes globales– se ha expandido, pero sigue sin ser castigada y los acuerdos y regulaciones existentes son incumplidos de forma sistemática. El hambre ha regresado a una escala no vista en el último siglo. La magnitud de las crisis humanitarias y ambientales muestran una parálisis global, además de la ineficacia de los mecanismos multilaterales, cayendo así en espiral hacia una policrisis que se autorreproduce y se agrava.* Natural resource polycrisis scenarios. *Global Risk Report 2023, World Economic Forum.*

Finalmente, en el último Informe de Riesgos Globales del 2024, se mostraban los principales riesgos identificados tanto para el corto plazo como para el medio-largo plazo[2] (Tablas 1 y 2).

Tabla 1. Top 10 riesgos globales a 2 Años

	Riesgo	Categoría
1	Desinformación e información errónea	Tecnológico
2	Eventos climáticos extremos	Medioambiental
3	Polarización social	Social

2 La metodología del informe se basa en la Encuesta de Percepción de Riesgos Globales (GRPS), que recoge las opiniones de 1,490 expertos/as de diversos sectores. La encuesta evalúa la severidad y probabilidad de 34 riesgos globales en horizontes de 2 y 10 años, utilizando una escala de 1 a 7.

	Riesgo	Categoría
4	Inseguridad cibernética	Tecnológico
5	Conflicto armado interestatal	Geopolítico
6	Falta de oportunidades económicas	Económico
7	Inflación	Económico
8	Migración involuntaria	Social
9	Recesión económica	Económico
10	Contaminación	Medioambiental

Tabla 2. Top 10 riesgos globales a 10 Años

	Riesgo	Categoría
1	Eventos climáticos extremos	Medioambiental
2	Cambios críticos en los sistemas terrestres	Medioambiental
3	Pérdida de biodiversidad y colapso de ecosistemas	Medioambiental
4	Escasez de recursos naturales	Medioambiental
5	Desinformación e información errónea	Tecnológico
6	Consecuencias adversas de las tecnologías de IA	Tecnológico
7	Migración involuntaria	Social
8	Inseguridad cibernética	Tecnológico
9	Polarización social	Social
10	Contaminación	Medioambiental

Fuente: elaboración propia con datos de WEF (2024)

El consenso de personas expertas parece mostrar que en el corto plazo los riesgos seguirán siendo heterogéneos, abarcando el grueso de dimensiones clave (geopolítica, medioambiental, social, tecnológica y económica) y sin una de las dimensiones destacando por encima del resto. Sin embargo, en las valoraciones para el largo plazo, se identifica una convergencia clara de la policrisis en la dimensión medioambiental, con cuatro de los principales riesgos relacionados con este ámbito. También destaca la presencia de tres riesgos en el ámbito tecnológico y dos de carácter social. Es decir, los expertos encuestados parecen coincidir en que en la próxima década pasaremos de una policrisis con múltiples riesgos diversificados a una policrisis que tendrá como su eje central la cuestión ecológica (especialmente la climática), y en menor medida, la tecnológica y social.

Además, el informe ahonda en las dinámicas de fragmentación global en múltiples frentes. En primer lugar, en términos de seguridad y del orden institucional internacional, se asiste a una progresiva deslegitimación de los organismos internacionales, tradicionalmente asociados al bloque occidental, así como a una progresiva conformación de nuevos bloques alternativos, particularmente el liderado por China, pero también Rusia, India o Brasil. Estos riesgos tienen a su vez tiene su eco en el ámbito comercial, con marcadas tendencias proteccionistas en el marco de la guerra comercial iniciada entre Estados Unidos y China que está arrastrando al resto de países a una lógica defensiva en plano comercial, productivo e industrial.

Asimismo, se asiste a una progresiva polarización social, particularmente en los países del Norte global y a la creciente emergencia de movimientos populistas, antiglobalistas y en muchos casos antimigratorios, lo que a su vez tiene su correlato en las crecientes desigualdades sociales, fruto de una progresiva erosión de las clases medias y una abultada concentración de la riqueza en las capas más acaudalas, tanto en los niveles nacionales, como a nivel global[3]. En definitiva, el mundo pa-

---

3 Además de basarse en cuestiones materiales, esta polarización está siendo generada por los discursos y opciones políticas reaccionaras (en un contexto caracterizado por la emergencia de una ola reaccionaria global) cuyo efecto polarizador no consiste tanto en la radicalización de opciones políticas en los extremos como en un corrimiento del tablero político hacia la derecha como resultado histórico de la disputa por la hegemonía.

rece que asiste una creciente exacerbación de múltiples crisis de carácter planetario con una tendencia hacia un peligroso agravamiento de la crisis ecológica que se vuelva el eje del resto de crisis, pudiendo hablar así de la crisis en el Antropoceno.

Además, enfrenta este momento histórico en una coyuntura de desgobierno y confrontación internacional, así como de en entornos políticos y sociales nacionales cada vez más polarizados y desiguales. En resumen, no parecen estos los mimbres adecuados para plantear soluciones de alcance global, que exigirán altas dosis de confianza mutua y de cooperación internacional para enfrentar un entorno de crisis extremadamente complejo, cambiante e incluso catastrófico llegado un punto de no retorno. Todo ello, además, en un momento de la historia en el que los problemas y desafíos, dada su naturaleza interdependiente y transnacionalizada, exigen más que nunca respuestas cooperativas Entonces, de dónde pueden extraerse aprendizajes y bases para la construcción de una alternativa al orden actual.

III. LA AGENDA 2030 COMO MARCO INSPIRADOR PARA ENFRENTAR LA POLICRISIS GLOBAL

Enfrentar y solucionar las múltiples crisis en las que está inmersa la sociedad internacional y el planeta no va a ser una tarea sencilla. Sin embargo, existen elementos, aunque sea incipientes, que permitan abordar esta tarea desde algunas bases preliminares. En este sentido, la arquitectura actual de las instituciones internacionales, con todos sus defectos, parece el marco adecuado para iniciar un proceso de negociación y de diálogo entre pares con muy diversas sensibilidades políticas, ideológicas y culturales. Uno de los ejercicios más destacados de diálogo y negociación entre diferentes fue el acuerdo, diseñado y pergeñado en el marco de Naciones Unidas, en torno a la Agenda 2030 y sus Objetivos de Desarrollo Sostenible. Este acuerdo aportó valiosos aprendizajes de cara a proponer una gobernanza global renovada que permita enfrentar los desafíos de la policrisis. En concreto, a continuación, se profundiza en tres de estos aprendizajes, que puedan inspirar a futuros procesos de concertación internacional. Las razones fundamentales por las que nos centraremos en estos tres aprendizajes se basan en su importancia de cara a la mencionada renovación de la gobernanza global y sus relevantes implicaciones para la cooperación internacional.

3.1. Relaciones de poder y la nueva gobernanza global

Históricamente, las relaciones de poder entre donantes y receptores, o entre países del Norte y el Sur global, se han caracterizado por una tendencia a la verticalidad, donde los países industriales definían la agenda desarrollista y la financiaban, y los países del Sur global "aceptaban" las propuestas (Sogge, 1998). Esta verticalidad ha adoptado múltiples formas a lo largo de la historia. Por ejemplo, durante la Guerra fría, eran las grandes potencias en conflicto, Estados Unidos y la Unión Soviética, las que definían los objetivos de la ayuda en función de sus afinidades ideológicas. En el período neoliberal eran las instituciones multilaterales, guiadas desde Washington, las que fijaban las políticas económicas de los países en crisis mediante las condicionalidades de los préstamos de ajuste estructural.

En definitiva, el rasgo de la verticalidad ha sido una constante en las relaciones Norte-Sur hasta la actualidad, determinado por la propia naturaleza de la cooperación internacional y la institucionalidad del sistema de ayuda al desarrollo (Martínez, 2021). Sin embargo, la negociación de la Agenda 2030 fue un proceso complejo y que, aunque a partir también de un marco asimétrico y una estructura de escucha desigual (Medina, 2020), incorporó visiones del conjunto de países de la comunidad internacional, trató de fijar derechos y obligaciones para todas las partes, además de forzar concesiones y sacrificios para el conjunto de actores. En resumen, aunque no carece de limitaciones, ambigüedades y contradicciones, se trató de una agenda construida de forma colegiada con una visión global, independientemente de las fronteras y la renta per cápita de las naciones. Este enfoque con una tendencia a una mayor horizontalidad en los procesos de negociación y de toma de decisión en los marcos institucionales internacionales es un aprendizaje fundamental de cara a construir una nueva gobernanza global que lidie con las problemáticas actuales (Alonso et al 2019).

Así, en un contexto de creciente deslegitimación de las instituciones multilaterales, en gran medida fruto de la verticalidad en su proceso de toma de decisiones, es necesario retomar la idea de una reforma que otorgue mayor participación y poder de decisión a los países del Sur global. Los ejemplos son evidentes, desde la conformación del Consejo de Seguridad de Naciones Unidas, controlado por las potencias victoriosas tras la Segunda guerra mundial, hasta los organismos financieros internacionales, dónde los países europeos y Estados Unidos tienen capacidad de veto y un control de facto de todo el proceso de toma de decisión (Sanahuja 2005). Actualmente, la única institución "democrática" en su proceso de decisión (unanimidad) es la OMC y lleva bloqueada más de dos décadas, tras la ruptura entre Norte y Sur de las negociaciones en la Ronda de Doha de 2001.

Por lo tanto, la construcción de una nueva gobernanza global para abordar la policrisis necesitará de una reforma de las instituciones internacionales, que otorgue mayor voz y peso en la toma de decisión de los países del Sur global. La alternativa a esto es mantener el sistema tal como está, lo que parecería abocado a profundizar en su deslegitimación, parálisis y por tanto en su incapacidad para dar solución a los problemas crecientes de la policrisis. Además, no es descartable que los países del Sur, tal como ya ha comenzado a hacer China, inicien un proceso de construcción institucional internacional alternativo y paralelo a los organismos post-Bretton Woods. Si atendemos a la naturaleza de los problemas que afrontamos globalmente y que exigen respuestas mancomunadas, esto no sería en absoluto deseable, porque pondría el foco en la tensión entre bloques, en vez de en la cooperación para solucionar problemas comunes y compartidos.

3.2. Una visión integral del desarrollo

Si algo destaca en la Agenda 2030 en relación con ejercicios similares anteriores es su ambición en cuanto a los objetivos, y en concreto, su capacidad de integrar las diferentes dimensiones del desarrollo. Es bien sabido, que el concepto de desarrollo surge en la primera mitad del siglo XX como concepto asociado al crecimiento económico y el PIB *per capita* como el indicador clave que mide el grado de desarrollo de una nación. Sin embargo, a medida que entramos en la segunda mitad del siglo XX no fueron pocas las voces que alertaban sobre las limitaciones de este enfoque y abogaban por una visión más amplia del desarrollo y el progreso.

Es así como surgen entre otros, los enfoques de las "necesidades básicas" (Streeten 1979) y el enfoque del desarrollo humano (Sen 1999), que aportan una nueva dimensión social al concepto de desarrollo. En paralelo a los "enfoques sociales" fueron ganando también relevancia los enfoques centrados en la dimensión medioambiental del desarrollo (Stern 2006). Las progresivas alertas de los científicos, no solo en materia de cambio climático (IPCC 2021, 2023), sino también en ámbitos como los ecosistemas, la biodiversidad, y otros tantos (Röckstrom 2023) han consolidado la dimensión medioambiental como el tercer gran pilar de la nueva conceptualización del desarrollo.

Así, la visión más integral que existe hoy en día sobre la idea de desarrollo es la de desarrollo humano y sostenible, que incorpora estas tres dimensiones: económica, social y medioambiental. Y precisamente, la agenda 2030 tuvo el acierto de incorporar estas tres dimensiones plasmándolas posteriormente en 17 Objetivos de Desarrollo Sostenible, que desagregan cada una de ellas en sus componentes clave. Así, se pueden discutir la selección de algunos objetivos, la ausencia de otros o las limitaciones en su integración. No obstante, es indiscutible el grado de ambición y alcance de la propuesta desde una perspectiva multidimensional del desarrollo. Además, hay que señalar que la Agenda y los ODS han dado pie a una fecunda agenda investigadora, que entre otros aspectos ha profundizado notablemente en las interacciones entre unas dimensiones/objetivos y otras/otros.

Es inevitable ver los paralelismos entre una agenda multidimensional del desarrollo y una visión multidimensional de la policrisis. Como hemos visto anteriormente, la policrisis tiene múltiples ramificaciones medioambiental, social, tecnológica, económica. Todas estas ramificaciones están de una manera u otra contempladas en la Agenda 2030. Y, además, como hemos visto también, según diferentes personas expertas los riesgos derivados de la crisis ecológica se volverán centrales en las dinámicas de la policrisis. La Agenda 2030 destacó particularmente por incorporar la dimensión medioambiental, no solo a través es de los distintos ODS que la abordan, sino de una forma transversal con el conjunto de ODS, en el entendido de que las conexiones entre metas medioambientales, sociales y económicas es difícilmente indivisible. Este enfoque multidimensional e integral, es decir de interconexión de las distintas dimensiones es un aprendizaje clave también sobre la forma de concebir las soluciones a la policrisis.

No obstante, y a pesar de estas potencialidades mencionadas en términos de interdependencias, el hecho de que la Agenda 2030 parta de la idea de integralidad y multidimensionalidad en sus planteamientos, no ahuyenta el riesgo de las visiones economicistas o continuistas que en la práctica desactivan las enormes potencialidades de esta agenda (La Mundial y Political Watch, 2021). Esto sucede también, conviene no obviarlo, porque, aunque la Agenda 2030 reconoce la multidimensionalidad e integralidad en sus diagnósticos (es decir, señala la necesidad de un cambio sustancial y profundo), sus propuestas no son rupturistas con el modelo de desarrollo dominante, trasluciéndose así una contradicción entre el diagnóstico, los medios y los fines de la Agenda 2030.

Conviene señalar, así mismo, que reconocer el avance de la Agenda 2030 en la inclusión de la dimensión ambiental no implica que este sea suficiente en relación con el calado de la crisis ecológica. Si bien es necesario entender que su alcance se produce en un contexto de negociación internacional que está mediado por el cálculo de intereses y por visiones antropocéntricas, el consenso científico cada vez es más claro al señalar que las necesidades de transformación del modelo de producción y consumo deben ser mucho más abruptas y ambiciosas, y que las dinámicas de desarrollo no nos están permitiendo responder adecuadamente a los desafíos de la policrisis o crisis civilizatoria (PNUD, 2020). Existe un claro desafío, en consecuencia, en esta fase final del periodo de vigencia de esta agenda, y de cara a las discusiones de la agenda global más allá de 2030, que consiste en abordar un marco conceptual que no esté determinado por una noción de desarrollo limitada por visiones "crecentistas" y epistemologías antropocéntricas.

3.3. Financiación y fiscalidad internacional

Otra de las lecciones aprendidas derivadas de la Agenda 2030 se relaciona con la financiación y la fiscalidad asociadas a una estrategia multidimensional. La Agenda 2030 y la inclusión de las nuevas dimensiones del desarrollo llevó aparejada una primera reflexión sobre las implicaciones que esto tenía en materia de financiación. Así surgió el famoso lema de "de los millones a los billones" ("*from billions to trillions*"), que apuntaba a la necesidad de aumentar los recursos financieros al aumentar también los objetivos que se fijaba la agenda (Development Commitee 2015). Esta escalada en la ambición financiera llevó a su vez a una primera conclusión. Ya no era viable financiar el conjunto del desarrollo internacional con recursos oficiales como se había hecho hasta entonces, es decir los principales organismos financieros internacionales junto a los principales acreedores del Club de París cubrían el grueso de las necesidades de financiación globales.

Con la Agenda 2030 este enfoque ya no era viable. Así en la Cumbre de financiación del desarrollo celebrada en Addis Abeba en el año 2015 se definieron las nuevas fuentes de financiación para los ODS. Estas incluían, entre otras, la necesidad de fortalecer los sistemas fiscales nacionales, de manera que se fijasen unos mínimos de recaudación tributaria de forma progresiva, además de sistemas de gasto público eficientes y orientados al gasto social y medioambiental. Otro de los puntos clave, y muy novedoso en el ámbito del desarrollo, fue el de hacer alusión directa al sector privado y las necesidades canalizar sus inversiones en línea con los ODS. En concreto, esta propuesta se orientaba concretamente a implicar directamente a las empresas en el ámbito de la transición ecológica y energética, dado lo intensivas en capital que son ambas y la celeridad con que debían, y deben, ser acometidas. También se hacía referencia a la necesidad de modificar el sistema de comercio internacional, mejorar los mecanismos tradicionales de canalización de la ayuda oficial internacional, y la necesidad de atenuar el peso de las deudas externas, entre otros (UN 2015).

En el marco de este nuevo enfoque de la financiación del desarrollo internacional, han surgido algunas iniciativas interesantes, particularmente en el ámbito fiscal, que podríamos etiquetar como un incipiente sistema fiscal internacional. En concreto hay que destacar, la iniciativa BEPS, liderada por la OCDE, que fija un suelo mínimo del 15% para el impuesto de sociedades a nivel global, y que trata así de poner coto a los sistemas de elusión fiscal de las grandes multinacionales tecnológicas. Se estima que esto podría suponer en torno a 30 mil millones anuales extra en términos de recaudación para los Estados (OECD, 2024). Además, en una línea similar, se presentó en 2024 una iniciativa para gravar a los superricos a nivel global, con un impuesto a la riqueza personal del 2%. Las estimaciones apuntan a unos 3.000 individuos que se categorizarían como superricos, con un patrimonio superior a los 1.000 millones de dólares y cuyo pago anual del 2% supondría entorno a los 200 mil y 250 mil millones de dólares anuales en términos de recaudación tributaria global (Zucman 2024).

En cualquier caso, todos estos esfuerzos financieros y fiscales que se enmarcan en gran medida en el marco de la Agenda 2030 y las nuevas estrategias de financiación, deberían capitalizarse y ampliarse, de cara a una progresiva construcción de un sistema fiscal internacional, que permita establecer impuestos globales que financien los principales bienes (o males) públicos globales, y por lo tanto, que sitúen la financiación de las soluciones a la crisis civilizatoria en un plano de progresividad y redistribución global de responsabilidades financieras y fiscales. En esta línea, cabe destacar el inicio de las negociaciones para la creación de una Convención Marco de las Naciones Unidas sobre Cooperación Fiscal Internacional.

En resumen, la situación actual de policrisis y creciente convergencia en factores de carácter medioambiental y tecnológico, obliga a repensar el marco de redefinición de la gobernanza global, tanto de las instituciones, como de los actores, así como de las formas de relacionamiento y los objetivos que se persigue. Para ello, hemos planteado una serie de aprendizajes derivados de la construcción e implementación de la Agenda 2030 y los ODS, que pueden servir de inspiración. En primer lugar, es necesario pasar de las lógicas verticales (Norte-Sur) a formatos más horizontales donde todos los actores participen y tengan capacidad de decisión. Segundo, la crisis global es un fenómeno multidimensional y multicausal por lo que es necesario usar enfoques y herramientas que lo diagnostiquen y generen soluciones desde esta perspectiva. Y tercero y último, la construcción de una nueva gobernanza global exigirá definir un marco financiero y fiscal internacional suficiente en recursos y equitativo en el reparto de las cargas, basado en el principio de responsabilidades compartidas pero diferenciadas.

En este contexto, y a la luz de estos aprendizajes, encontramos elementos de interés y oportunidad para una renovación de la cooperación internacional en la medida en que esta puede ser un campo de la acción colectiva con grandes potencialidades de incidir en un marco de gobernanza global más justo y democrático, y adecuado para responder a los desafíos que plantea la actual crisis civilizatoria. A ello se dedica el siguiente epígrafe.

IV. EJES CRÍTICOS PARA UNA LECTURA TRANSFORMADORA DE LA AGENDA 2030 CON IMPLICACIONES PARA LA COOPERACIÓN INTERNACIONAL

Los aprendizajes planteados en el apartado anterior ofrecen claves de especial interés para pensar de forma estratégica la transformación del sistema de cooperación internacional[4]. Estos aprendizajes entroncan con varios ejes críticos que han sido resaltados en la literatura dedicada al análisis de la Agenda 2030, y en los que residiría el principal potencial transformador de esta agenda (Martínez, 2021; Santander, 2021). Así, destacan valores como la universalidad y el desarrollo sostenible (entendido desde una perspectiva multidimensional) y proce-

---

4 Por sistema de cooperación internacional nos referimos tanto sus instituciones y actores, como las políticas, prácticas, relaciones, objetivos e instrumentos a través de las que se materializa la cooperación internacional para el desarrollo.

sos como la integralidad, la lógica multinivel y multiactor, y la apuesta por las alianzas para el desarrollo. Se trata de cinco ejes vertebradores de los contenidos y propósitos de la Agenda 2030 que pueden jugar un papel clave en la transformación de la estructura y las prácticas en el sistema y las políticas de cooperación internacional.

Así pues, no estamos solo ante una serie de rasgos fundamentales o ejes críticos para decantar la Agenda 2030 hacia planteamientos ambiciosos. Son también determinantes para una transformación del sistema de cooperación que es necesaria y cada vez más urgente dado el contexto de crisis civilizatoria.

No en vano, a la crisis de la cooperación internacional motivada por diversas razones -falta de legitimidad, ausencia de resultados en términos de desarrollo, contribución a la hegemonización del proyecto universalista liberal generador de importantes expulsiones acrecentadas con la globalización, limitada capacidad de adaptación a las transformaciones de un mundo globalizado...- señaladas por diversas voces desde hace ya tiempo (Severino & Ray, 2009; Unceta, 2013; Unceta et al., 2021; Sassen, 2015)- debemos sumar más recientemente la existencia de un cambio ontológico que demanda una transformación profunda de la cooperación internacional: es la propia naturaleza de los problemas de la sociedad global (los tradicionalmente denominados como "problemas del desarrollo") la que ha cambiado al transformarse la propia estructura de la realidad en un mundo interdependiente (PNUD, 2024).

Todos estos elementos apuntan a una necesidad de cambio integral en el sistema de cooperación que afecta a su agenda y objetivos (Ramos, 2024), pero también a su estructura y funcionamiento. Así lo reconoce el PNUD cuando llama a "reimaginar" una cooperación "estancada" en un contexto de interdependencias (PNUD, 2024). También lo hace la OCDE, que señala la necesidad de un "replanteamiento fundamental" de la cooperación internacional atendiendo principalmente a las visiones críticas de los países del Sur global (OECD, 2023) que reclaman no solo un sistema de cooperación más eficaz y centrado en las causas de los problemas, sino también más justo y democrático. Y así se plantea, también desde el propio sistema de cooperación internacional, como uno de los ejes de la "Cumbre del Futuro", una de las citas más relevantes para la revisión de los mecanismos y marcos de gobernanza global de las últimas décadas en un contexto de implosión del orden internacional en el que se asienta el actual precario marco de gobernanza global. El documento fundamental de esta cubre[5] afirma que los retos que aborda la sociedad global solo pueden ser abordados cooperativamente, para lo que prometen "un nuevo comienzo en la cooperación internacional"[6], situando a esta como una de las piezas críticas para el logro de un futuro justo y sostenible para las generaciones actuales y las futuras.

Ante este escenario cobran especial relevancia los ejes señalados como vertebradores de la Agenda 2030 para el diálogo entre esta y la cooperación internacional, ya que nos sirven para identificar los elementos que es necesario replantear para construir políticas de cooperación más adecuadas a los retos

---

5 A la fecha de cierre de este trabajo había sido publicada la versión nº2 del borrador del documento *Pact for the Future,* 17 July 2024. Este documento representa la voz de los/as jefes/as de Estado y de Gobierno de los países miembros de Naciones Unidas.

6 En el párrafo 65, perteneciente al epígrafe "Transforming global gobernance" el documento afirma que "Debemos renovar la confianza en las instituciones mundiales haciéndolas más representativas del mundo actual y más eficaces a la hora de cumplir los compromisos que hemos contraído entre nosotros y con nuestros pueblos. Renovamos nuestro compromiso con el multilateralismo, la cooperación internacional, guiados por los principios de confianza, equidad, solidaridad y universalidad. Transformaremos la gobernanza mundial y reforzaremos el sistema multilateral para ayudarnos a conseguir un mundo seguro, pacífico, justo, igualitario, integrador, sostenible y próspero".

de nuestro tiempo y para superar valores, prácticas y rasgos que la han lastrado a lo largo del tiempo (cuadro 1).

Cuadro 1. Tensiones entre los ejes críticos de la Agenda 2030 y rasgos limitantes de la cooperación internacional

Principios y procesos vertebradores de la Agenda 2030	Valores, rasgos y prácticas limitantes de la cooperación internacional
Universalidad (interdependencias, transnacionalización)	Naturaleza norte-sur, voluntariedad, asimetrías, sistema no democrático (CAD), desarrollo como proceso nacional.
Desarrollo sostenible (multidimensionalidad, sostenibilidad de las vidas)	Antropocentrismo, desarrollismo, dominio de visiones unidimensionales y economicistas del desarrollo.
Integralidad	Sectorialización, separación entre políticas y acciones de cooperación y otras agendas y políticas con impacto en los objetivos de la cooperación.
Lógica multinivel y multiactor	Relaciones de competencia entre actores, tensiones entre las competencias de los diferentes ámbitos territoriales, relaciones instrumentales, participación limitada de actores relevantes (universidad, movimientos sociales, sociedad civil, gobiernos locales...)
Alianzas basadas en el principio de responsabilidades compartidas pero diferenciadas	Voluntariedad, instrumentalización y canalización de intereses, dependencia, verticalidad, discrecionalidad.

Fuente: elaboración propia

A partir de este planteamiento, la reflexión que se plantea de aquí en adelante se centra en cómo el diálogo entre una cooperación en crisis y los principios y procesos críticos para una Agenda 2030 transformadora puede ser un motor importante para decantar las transformaciones de la cooperación en respuesta a los desafíos que le impone la crisis civilizatoria.

VI. EL DIÁLOGO ENTRE LA AGENDA 2030 Y LA COOPERACIÓN INTERNACIONAL: CLAVES PARA UNA ACCIÓN COLECTIVA A LA ALTURA DE LOS DESAFÍOS CIVILIZATORIOS

En el contexto de crisis de la cooperación y de complejidad histórica en el que nos encontramos se ven acentuadas algunas de las aproximaciones que tradicionalmente han estructurado las visiones y críticas sobre la cooperación internacional. En la actualidad podrían identificarse, siguiendo a Ramos, tres corrientes principales (2024)[7]: por un lado, encontramos a quienes apuestan por "superar la etapa de la ayuda" amparándose en la falta de resultados y abogan por escalar propuestas instrumentales y de carácter realista ya sea para favorecer las inversiones, para ampliar espacios de influencia o para lograr ambos objetivos (Ramos, 2024). Es esta una corriente que entronca de forma clara con el actual sentido de época basado en la securitización, la competencia y la emergencia de discursos polarizadores. La propia OCDE reconoce, en esta misma línea, que en el escenario actual de cambio geopolítico y crisis prolongadas existe una presión "a la comunidad de desarrollo para que utilice la influencia, las relaciones y los flujos financieros únicos de que dispone para contribuir a los objetivos de seguridad o crear nuevas relaciones comerciales" (OECD, 2023: 18).

Por otro lado, encontramos visiones que entienden la cooperación internacional como un mecanismo de solidad internacional y una vía de "compromiso global" con los grandes problemas de nuestro tiempo, problemas globales y compartidos

7 También la OCDE, en su informe *Developmen Co-operation Report 2023. Debating de Aid System,* plantea un escenario similar, en el que identifica tres aproximaciones principales que pueden asociarse a las que se señalan aquí (2023: 18-19).

por una sociedad crecientemente interdependiente (Ramos, 2024; OECD, 2023). Esta opción representa propuestas que disocian diagnósticos -acordes a la naturaleza histórica, sistémica e interdependiente- de los problemas de propuestas continuistas (y de facto retardistas) en el marco de la voluntariedad y la soberanía nacional, lo que evidencia una desconexión efectiva con un cambio epocal, aunque paradójicamente representen en la actualidad mejor que ninguna otra el sentido común de época.

Por último, y también siguiendo a Ramos, se observan propuestas que señalan a la cooperación internacional como un vector con potencialidades "para transformar más o menos radicalmente el sistema global y la redistribución de poder, fortaleciéndose como instrumento esencial de gobernanza global" (2024: 11). Estirando la visión en torno a las potencialidades de transformación, podrían incluirse aquí aspiraciones de cambios en el sistema de cooperación internacional basadas en la idea de gobernanza global democrática (Querejazu, 2020), en una aspiración de justicia global (Oxfam, 2022; Martínez-Osés, 2023) , en propuestas alternativas a la visión hegemónica del desarrollo (Unceta et al., 2021), así como propuestas democratizadoras y decolonizadoras del sistema de cooperación (Peace Direct, 2021).

Estas visiones, a las que podríamos aglutinar bajo la categoría de "críticas democráticas", engloban un conjunto de aproximaciones que conectan conocimiento científico con numerosos conocimientos y saberes situados. Son las que con más claridad está entendiendo el contexto de época y el desafío civilizatorio en el que nos encontramos, y cómo estos conectan con el proceso histórico y la dimensión epistemológica en la que sustenta la idea hegemónica del progreso y el desarrollo. Representan, asimismo, visiones que han sido tradicionalmente invisibilizadas en el *mainstream* del sistema de cooperación internacional pero que ante la naturaleza de la crisis civilizatoria y la evidencia de sus efectos parecen estar alcanzando mayor centralidad en el escenario internacional (OECD, 2023; Martínez-Osés, 2023).

Siendo conscientes de que en cierto modo podemos estar hablando de tipos ideales y de grandes aproximaciones que invisibilizan una gran heterogeneidad de expresiones en su seno, muchas de las visiones de los actores de la sociedad global se articulan en el eje descrito (Ramos, 2023; OECD, 2023). Estas posiciones las podríamos categorizar como "aproximaciones realistas a la cooperación internacional" las primeras, "aproximaciones liberales" las segundas y "aproximaciones críticas democráticas" las terceras. Lo que parece claro es que, en el corto y el medio plazo, todas estas formas de aproximación a lo que "debería ser" la cooperación internacional y a su traducción en prácticas concretas (al "ser") van a convivir necesariamente y se van a disputar (de hecho, ya lo hacen) espacios narrativos, institucionales e instrumentales. Y lo van a hacer, como hasta ahora, en un escenario asimétrico, en el que unas aproximaciones acumulan más poder que otras y en consecuencia mayor capacidad de devenir hegemónicas.

Lo relevante en términos analíticos y prácticos es cómo se configuran las relaciones de fuerzas y, tal y como se plantea en la hipótesis de este trabajo, asistimos en la actualidad a un contexto de oportunidad de disputa hegemónica de las propuestas "críticas democráticas". Aunque representan visiones de actores que acumulan menos poder para canalizar sus intereses en el escenario internacional, el contexto de crisis civilizatoria y el necesario diálogo entre ciencia y política constituye un marco de posibilidad para afrontar respuestas a la altura de dicha crisis. La Agenda 2030, continuando con lo planteado en la hipótesis, abre un contexto de oportunidad para sacar a la cooperación internacional de su actual estancamiento (PNUD 2024) y abordar una acción colectiva cooperativa con capacidad de transformación frente a los desafíos civilizatorios.

Señalar la propuesta proveniente de la corriente denominada como crítica democrática no responde a un mero ejercicio de voluntad o posicionamiento teórico, responde también a un más que nunca hoy necesario diálogo entre diagnóstico científico, justicia global y responsabilidad política. Así parecen entenderlo no solo visiones provenientes de la sociedad civil, la academia y los países del sur (Ramos, 2024), sino también propuestas institucionales que cada vez asumen con mayor claridad el mandato de las propuestas "críticas democráticas" (PNUD, 2024) o parecen, al menos, más permeables a estas (OECD, 2023).

Así pues, a partir del escenario en el que la crisis civilizatoria constituye una obligación para la reacción política y la Agenda 2030 una oportunidad para desplegar esta reacción, que emerge con fuerza la relevancia de los ejes críticos señalados en el apartado anterior como elementos a tener en cuenta para un diálogo ampliador y transformador con el sistema y las políticas de cooperación internacional. Un diálogo que decante el futuro de la cooperación internacional hacia las propuestas de las críticas democráticas.

En primer lugar, la apuesta por la *universalidad* constituye un elemento clave en la democratización del sistema y las políticas de cooperación, y en la construcción de un marco de justicia global, de avance en propuestas decoloniales y basadas en la reparación y la atención a la pluriversalidad y la existencia de universales recíprocos. No hablamos, en consecuencia, de una idea de *universalidad* -no lo propone así la Agenda 2030- totalizante y hegemónica basada en una idea de progreso vinculada con los valores de un actor dominante, sino de universalización en el acceso a derechos y bienestar, resultado de las interdependencias y de la que emana el mandato de las responsabilidades compartidas pero diferenciadas.

Esta aproximación a la idea de *universalidad*, cuestionadora y crítica, es de gran utilidad para disputar la perspectiva homogeneizadora que encierra la idea de "lo global" que a menudo se traslada a través de las propuestas de gobernanza global (Querejazu, 2020) y para las que la cooperación internacional ha sido instrumental a través de su contribución a la expansión de la idea de "lo universal" mediante la existencia de intereses y valores universales (Lemus, 2018).

Esta cuestión, además de implicaciones epistemológicas, tiene también una derivada política importante que afecta al propio sistema de cooperación internacional, ya que enfatiza la necesidad de avanzar en su democratización. El principal escollo aquí radica en el hecho de que el CAD de la OCD sigue siendo el centro de gravedad de este sistema, cuando por definición la democratización de la cooperación internacional exigiría la centralidad de las Naciones Unidas como espacio de encuentro y diálogo, de análisis y de prescripción de la doctrina, orientaciones y control en cuanto a las prácticas de cooperación internacional. No deja de ser paradójico que hasta la propia OCDE reconoce que una de las vías de transformación necesarias de la cooperación internacional pasa por "reequilibrar las relaciones de poder en el sistema de ayuda" (2023: 21 y 34-36), lo que en la práctica está siendo imposibilitado, entre otras cuestiones, por el propio papel que desempeña el CAD en este sistema, lo que sitúa a este organismo y a la OCDE en su conjunto en un lugar profundamente controvertido.

En segundo lugar encontramos la propuesta de la Agenda 2030 en torno a la noción de *desarrollo sostenible* que, sin obviar todas las controversias que acompañan a los debates y críticas al desarrollo (Millán, 2023; Unceta *et al.*, 2021; Martínez-Osés, 2023), supone una ampliación y renovación de la agenda de cooperación, mucho más centrada tradicionalmente en la noción de desarrollo humano, y muy vinculada con una visión economicista del desarrollo (especialmente las visiones más institucionales). La idea de desarrollo sostenible incorpora una aproximación a la sostenibilidad más amplia, compleja y multidimensional, lo que implica una ampliación de la agenda y los objetivos de la cooperación. Al menos discursivamente estos están mucho más atentos ahora a los desafíos globales, a sus interdependencias y carácter estructural y sistémico, y a su vinculación con la crisis ecológica en el Antropoceno, y las intersecciones que esta encuentra con la agenda más clásica de la cooperación centrada en la pobreza y las desigualdades.

Pero una lectura crítica y transformadora de la agenda y su apuesta por el desarrollo sostenible nos interpela de forma directa a abordar uno de los debates fundamentales de la cooperación, el de las críticas al desarrollo y la necesidad de encontrar nuevos marcos de sentido común y encuentro entre diferentes formas de entender la construcción de sociedades cohesionadas a partir de criterios bienestar, dignidad y justicia ecosocial (Unceta et al., 2021). Son numerosas y muy diversas las propuestas planteadas desde hace tiempo desde epistemologías del sur (Gudynas, 2014), enfoques ecointegradores (Naredo, 2022), ecofeministas (Herrero & Gago, 2023). Algunos de ellos están cristalizando en el debate de la cooperación a partir de enfoques sugerentes, en torno a propuestas como la sostenibilidad de las vidas, la convivencia global (Martínez, 2021), la justicia global (Innerarity, 2012; Oxfam, 2022; Martínez-Osés, 2023), por mencionar solo algunos. Se trata, además de enfoques con importantes implicaciones en términos teóricos y prácticos, de propuestas complementarias que permiten articular diálogos horizontales y no hegemónicos, en términos "pluriversales" (Kothari et al., 2019) pero que, indudablemente, exigen una renovación democrática en el seno del sistema de cooperación internacional.

En tercer lugar, si bien la idea de la *integralidad* no es nueva en el ámbito de la cooperación internacional, la Agenda 2030 constituye un impulso respecto a la necesidad de abordar desde una lógica integral la respuesta a problemas que responden a una naturaleza interdependiente. Las expresiones más claras de esta necesidad de avanzar hacia una lógica integral se traducen en la demanda de propuestas multi, inter y transdisciplinares en los diagnósticos sobre la realidad y los discursos. Y su traslación en la práctica política se produce en forma de avances en coherencia con los principios de justicia ecosocial de las políticas, las fuentes de financiación del desarrollo y agendas globales. La cooperación encuentra aquí un campo importante de trabajo por desarrollar, basado en sus potencialidades de influencia en las diferentes políticas públicas -ya sean estas locales, nacionales o supranacionales, o sectoriales, multisectoriales o transversales-, en su capacidad de incidencia desde criterios de desarrollo y sostenibilidad en las fuentes de financiación nacional e internacional, y en su voluntad de orientar las diferentes agendas globales a partir de principios de justicia global.

Puede hacerlo, además, entroncando, en cuarto lugar, con una *lógica multinivel y multiactor* con potencialidades de fortalecimiento democrático, en la medida que promueve una mayor integración de actores, una profundización en procesos de deliberación y colaboración público-social, a partir del principio de responsabilidades compartidas pero diferenciadas, lo que incorpora una perspectiva histórica y reparadora que constituye la base sobre la que articular procesos de democratización del sistema de cooperación en particular y del conjunto de la agenda internacional y la gobernanza global.

Por último, en un contexto geopolítico caracterizador por la polarización, el realismo político y la deriva securitaria, cobra una gran relevancia en términos históricos la apuesta por las *alianzas* que propone la Agenda 2030 a través de su ODS 17 y el despliegue de los medios de implementación para el cumplimiento de la agenda, dentro de los cuales la cooperación internacional ocupa un lugar fundamental. Aunque este argumento puede parecer ingenuo o extemporáneo, cabe recordar que incluso en los momentos de mayor tensión internacional se han producido importantes avances en materia de cooperación internacional con evidentes beneficios para el conjunto de la sociedad mundial. Los avances en la lucha contra la viruela, en la proyección de la capa de ozono o en acuerdo de no proliferación nuclear, todos ellos fruto de la cooperación internacional, se produjeron en el escenario de la guerra fría (PNUD, 2024. La profundización de alianzas para una acción colectiva cooperativa favorable a la justicia global no solo es posible en el momento actual, es seguramente la única opción políticamente viable para evitar un futuro distópico de crisis ecosocial (Rendueles, 2022).

Así lo plantea soberanamente el conjunto de los países participantes en la Cumbre del Futuro, que señala a la cooperación internacional como una de las piezas centrales para una gobernanza democrática en un contexto de profundas interdependencias. Pero para que la cooperación pueda contribuir de forma efectiva a la articulación de alianzas transformadoras, debe hacerlo en un contexto institucional democrático y sobre la base de la igualdad de oportunidades en la toma de decisiones estratégicas, lo que nuevamente nos conduce a plantear la necesidad de democratizar la estructura del sistema de cooperación, lo que implica su ubicación en un marco institucional representativo, deliberativo, horizontal y transparente.

En definitiva, todos los elementos señalados nos sitúan ante una necesaria renovación temática, procedimental, relacional e institucional de la cooperación internacional. Una renovación desde posicionamientos inspirados por visiones "críticas democráticas", resultado del diálogo con una visión transformadora la Agenda 2030, que identifican a la crisis ecosocial y los desafíos democráticos (derechos, bienestar y equidad) como los principales elementos de la agenda de la cooperación internacional, interseccionalidad esta que sin el salto que ha supuesto la Agenda 2030 no hubiera sido fácilmente imaginable para muchos actores de la cooperación internacional, mucho más vinculados con cuestiones sectorializadas en torno a la pobreza y la desigualdad (Gutiérrez-Goiria & Martínez, 2020). Y una renovación que, en coherencia con las propuestas provenientes desde la crítica democrática, remite a un marco democrático transnacional basado en el principio de responsabilidades compartidas pero diferenciadas, volteando de una vez la tradicional lógica voluntarista y discrecional (a partir de intereses nacionales) que ha caracterizado históricamente a la cooperación internacional.

REFERENCIAS BIBLIOGRÁFICAS

Alonso, J. A., Aguirre, P., & Santander, G. (2019). *El nuevo rostro de la cooperación internacional para el desarrollo: Actores y modalidades emergentes.* IUDC-UCM, Catarata.

Development Committee. (2015). *From billions to trillions: Financing for transforming development finance post-2015 development. Multilateral development finance.* https://thedocs.worldbank.org/en/doc/622841485963735448-0270022017/original/DC20150002EFinancingforDevelopment.pdf

Garcés, M. (2017). *Nueva ilustración radical.* Anagrama.

Gudynas, E. (2014). El posdesarrollo como crítica y el Buen Vivir como alternativa. En G. Delgado (Ed.), *Buena vida, buen vivir: Imaginarios alternativos para el bien común de la humanidad* (pp. 61-95). Universidad Nacional Autónoma de México.

Gutiérrez-Goiria, J., & Martínez, I. (2020). Los límites de la Ayuda Oficial al Desarrollo y sus debates: Pobreza y desigualdad. En J. M. Enríquez, C. Duce, L. J. Miguel, B. A. Hernández, A. Leiva, & H. Sáenz (Eds.), *Progreso y bienestar: De las ideas sobre el progreso social a las políticas públicas de bienestar (y su declive)* (pp. 15-24).

Herrero, Y., & Gago, V. (2023). *Ecofeminismos. La sostenibilidad de la vida.* Icaria.

Hickel, J. (2021). *Menos es más: Cómo el decrecimiento salvará al mundo.* Capitán Swing.

Innerarity, D. (2012). La gobernanza global, de la soberanía a la responsabilidad. *Revista CIDOB d'Afers Internacionals, 100,* 11-23.

IPCC. (2021). *Climate change 2021: The physical science basis. Contribution of Working Group I to the Sixth Assessment Report of the Intergovernmental Panel on Climate Change.* Cambridge University Press. https://www.ipcc.ch/report/ar6/wg1/

IPCC. (2023). *Climate change 2023: Synthesis report, summary for policymakers. Contribution of Working Groups I, II and III to the Sixth Assessment Report of the Intergovernmental Panel on Climate Change.* Geneva: IPCC.

Kothari, A., Saleeh, A., Escobar, A., Demaria, F., & Acosta, A. (2019). *Pluriverso: Un diccionario del posdesarrollo.* Icaria.

La Mundial y Political Watch. (2021). *Sistema integral de coherencia de políticas para el desarrollo sostenible. Informe de investigación.*

Lemus, D. (2018). La Ayuda Oficial al Desarrollo (AOD) como una práctica hegemónica (1945-2000). *Revista CIDOB d'Afers Internacionals, 120,* 29-50.

Martínez, I. (2021). *Nuevos horizontes para la cooperación internacional: Una mirada a la cooperación descentralizada a través del caso vasco.* Tirant Lo Blanch.

Martínez-Osés, P. (2023). *Cooperación internacional para la justicia global: Repensar el sistema ante el fracaso del paradigma desarrollista.* Oxfam Intermón.

Medina, J. (2020). La participación política y la Agenda 2030: Notas para una aproximación crítica. *Galde, 28,* 42-44.

Millán, N. (2023). *Política, emociones y espiritualidad.* Los Libros de la Catarata.

Morin, E. (1981). *Pour sortir du vingtième siècle.* Nathan.

Naredo, J. M. (2022). *La crítica agotada: Claves para el cambio de civilización.* Siglo XXI de España Editores.

OECD. (2023). *Development Co-operation Report 2023: Debating the aid system.* OECD Publishing.

OECD. (2024). *Base erosion and profit shifting (BEPS).* https://www.oecd.org/en/topics/policy-issues/base-erosion-and-profit-shifting-beps.html

Oxfam. (2022). *Cooperación internacional para la justicia global: Informe de Oxfam Intermón 2022.* Oxfam Intermón.

Peace Direct. (2021). *Time to decolonise aid: Insights and lessons from a global consultation.* Peace Direct.

PNUD. (2020). *Informe sobre desarrollo humano 2020: La próxima frontera. El desarrollo humano y el Antropoceno.* PNUD.

PNUD. (2024). *Informe sobre desarrollo humano 2023/2024: Salir del estancamiento.* PNUD.

Querejazu, A. (2020). Comprendiendo y cuestionando la gobernanza global. *Colombia, 102,* 63-86.

Ramos, M. (2024). La crisis de la cooperación al desarrollo: ¿Una nueva oportunidad? *Gate Center.*

Rendueles, C. (2022). Igualdad o distopía. En *Cooperación internacional para la justicia global: Informe de Oxfam Intermón 2022.* Oxfam Intermón.

Röckstrom, J., et al. (2023). Safe and just Earth system boundaries. *Nature, 619,* 102-111.

Sanahuja, J. A. (2005). Sesenta años sin democracia: Hegemonía y poder en las instituciones de Bretton Woods.

Santander, G. (2021). Cooperación y conflicto en la Agenda 2030: ¿Una relación desequilibrada? *Iberoamerican Journal of Development Studies, 10*(2), 109-129.

Santiago, E. (2023). La emergencia socioecológica como el tema de nuestro tiempo. *Pensamiento al Margen,* 5-19.

Sassen, S. (2015). *Expulsiones: Brutalidad y complejidad en la economía global.* Katz Editores.

Severino, J.-M., & Ray, O. (2009). The end of ODA: Death and rebirth of a global public policy. *CGD Working Paper, 167,* 1-28.

Sogge, D. (1998). *Compasión y cálculo: Un análisis crítico de la cooperación no gubernamental.* Icaria.

Stern, N. (2006). *Stern review: The economics of climate change.* United Kingdom.

Streeten, P. P. (1979). Basic needs: Premises and promises. *World Bank,* 143.

Tooze, A. (2022). Welcome to the world of the polycrisis. *Financial Times.* https://www.ft.com/content/498398e7-11b1-494b-9cd3-6d669dc3de33

Unceta, K. (2013). Cooperación para el desarrollo: Anatomía de una crisis. *Íconos - Revista de Ciencias Sociales,* 15-29.

Unceta, K., Martínez, I., & Gutiérrez-Goiria, J. (2021). De la cooperación para el desarrollo a la cooperación para la convivencia global: Un análisis de la crisis de la cooperación desde la crisis del desarrollo. *Cuadernos de Trabajo Hegoa, 88,* 1-88.

World Economic Forum. (2023). *Global risks report 2023.* https://www.weforum.org/publications/global-risks-report-2023/

World Economic Forum. (2024). *Global risks report 2024.* https://www.weforum.org/publications/global-risks-report-2024/

Zucman, G. (2024). A blueprint for a coordinated minimum effective taxation standard for ultra-high-net-worth individuals.

Aprendizajes para la renovación de la Agenda de Desarrollo Sostenible post-2030

FRANCISCO SANTOS-CARRILLO
LUIS A. FERNÁNDEZ-PORTILLO
ANTONIO SIANES
Universidad Loyola Andalucía

I. INTRODUCCIÓN

El último informe de Naciones Unidas sobre el progreso de los Objetivos de Desarrollo Sostenible (ODS), de 2023, pone de relieve la insuficiencia de los avances para más del 50 % de las metas y el retroceso en el 30 % de ellas (UN 2023). A medio camino de la fecha límite, todo apunta a que no se podrá cumplir con la mayoría de los objetivos establecidos ni con la promesa de "no dejar a nadie atrás". El Informe resalta la coyuntura de crisis múltiples y sucesivas como factor obstaculizador principal para el cumplimiento de la Agenda 2030, desde la crisis financiera y económica pasando por la crisis climática, Covid-19 y la crisis geopolítica desencadenada por los conflictos bélicos de Ucrania y Gaza. Todas ellas han generado escenarios de repliegue comunitario en busca de mayor seguridad y legitimidad política, solo ofrecida hoy por los estados-nación. Esta dinámica se llevó por delante a la Agenda como prioridad estratégica para la mayoría de los actores, incluso para aquellos más comprometidos con el liderazgo del proceso.

La Agenda se había definido desde un enfoque de Desarrollo Global, más complejo y multidimensional, sustentado sobre la base de un mundo globalmente interdependiente. Su característica principal es la interrelación dinámica de factores multidimensionales (Sianes, 2021), dando lugar a procesos que inciden e involucran el compromiso de actores, agentes y estructuras en todos los niveles de accionamiento político, del global al nacional (Hëttne 2009; Curry-Adler 2016; Horner-Hulme 2018; Sumner 2024). Esta nueva interpretación constata la existencia de problemáticas de desarrollo con carácter universal e interdependiente que terminan por afectar a todas las sociedades, superando los clásicos binomios conceptuales de separación entre "desarrollo-en desarrollo" o "norte-sur". Dentro de esta lógica, el multilateralismo funcional es un aspecto esencial. Sin embargo, los diseños de la Agenda no responden a dicha lógica en términos operativos e institucionales, sino que, más bien, se definieron en función de los intereses, valores y poder de los estados participantes (Santos et al. 2020). El acuerdo constitutivo resultante, por tanto, no cuenta con las capacidades necesarias para enfrentar los retos potenciales de la gobernanza global, de ahí la crisis de resultados.

Por ejemplo, el Foro Político de Alto Nivel de Naciones Unidas (UN), pieza fundamental de la arquitectura de gobernanza de la Agenda, nunca contó con la autoridad ni con los recursos necesarios para desempeñar con garantías el amplio alcance de su mandato. Tal y como se preveía, su capacidad de orquestación ha sido limitada (Abbott y Bernstein 2015). Tampoco la Agenda de Addis Abeba ni las reformas en el sistema de Naciones Unidas fueron capaces de establecer compromisos específicos para la movilización de recursos, el impulso a las políticas nacionales o la realización de las inversiones necesarias. La ausencia de mecanismos de transferencia de políticas hizo recaer el peso del desempeño de la acción política en los entornos institucionales nacionales y locales, más alejados y menos sensibles a esta visión del desarrollo.

A pesar de los constantes llamamientos por parte de Naciones Unidas a restaurar la confianza en el multilateralismo proporcionando los mecanismos y los fondos necesarios, la situación conflictiva en la que se encuentra la geopolítica mundial no presenta, de momento, señales de volver a la senda de la cooperación multilateral basada en normas y en instituciones compartidas. El futuro de la Agenda de los ODS se encuentra en entredicho a corto plazo. El cuestionamiento del orden liberal en el propio corazón del sistema (Ikenberry 2018; Lake, Martin y Risse 2021) o la propia e inexplicable demonización de la Agenda por parte de los grupos políticos emergentes de extrema derecha, obligan a pensar en las posibilidades de reconducir el proceso. Aunque todo parece indicar que nos aproximamos a la configuración de un Sistema Internacional más plural, ya sea de tipo multipolar o multiplex (Acharya et al. 2023), ya sea más estrecho y profundo o más ancho y delgado (Ikenberry 2018), cabe pensar que tanto las democracias liberales como las potencias emergentes con regímenes políticos alternativos se verán forzadas a restablecer las dinámicas de cooperación internacional una vez se reconfiguren los patrones de interdependencia. A pesar de la percepción de retroceso de la globalización, algunos trabajos y observaciones acreditadas recientes parecen descartar esta tendencia (Franco-Bedoya 2023; Olivié y Gracia 2023). Con mayores o menores niveles de multilateralismo, los problemas del Desarrollo volverán a aparecer como un fenómeno que requerirá respuestas cooperativas en instituciones compartidas.

A continuación, abordamos esta reflexión sobre el futuro de la Agenda defendiendo la pertinencia del enfoque de Desarrollo Global, al tiempo que argumentamos la necesidad de establecer mecanismos institucionales mucho más robustos de gobernanza que permitan a la Agenda hacer frente con mayores garantías a las tensiones propiciadas por su naturaleza interdependiente. El futuro de la Agenda dependerá de la capacidad para articular estos mecanismos de transferencia y cooperación. En un mundo donde los estados-nación han perdido la capacidad de controlar una parte importante de los flujos globales, parece razonable contar con estructuras institucionales de carácter global capaces de generar orden y contribuir al desarrollo de las sociedades nacionales, incluso si los estados se resisten a ceder soberanía. Hablamos de organizaciones e instituciones internacionales dotadas de la suficiente legitimidad, autoridad y capacidad de agencia para contrarrestar las tendencias soberanistas o autorreferenciales de los estados-nación que adquieren el compromiso. El diseño de la Agenda dista de contar con este tipo de herramientas, pero no parece posible fortalecer el multilateralismo sin instituciones multilaterales fuertes.

Partiendo de esta premisa, reflexionamos en primer lugar sobre la crisis de resultados de la Agenda como el producto de múltiples factores, algunos de los cuales propiciaron e incentivaron el abandono del compromiso de cooperación multilateral por parte de los actores involucrados, principalmente los estados, pero no única ni estrictamente. Seguidamente, nos centramos en el papel de las estructuras institucionales como instrumentos canalizadores de gobernanza y, más específicamente, en algunos de los elementos del diseño institucional de este acuerdo, con el objetivo de encontrar argumentos acerca de su desempeño y sus capacidades potenciales de regeneración. Por último, elaboramos unas conclusiones que podrían contribuir a la discusión acerca del futuro de los ODS.

II. DE LA CRISIS DEL MULTILATERALISMO A LA INCERTIDUMBRE EN EL ORDEN MUNDIAL

La crisis del multilateralismo viene siendo un tema recurrente desde antes incluso de la puesta en marcha de la Agenda en 2015. No se puede decir que la actual situación de desconcierto que se vive en el orden mundial nos haya pillado por sorpresa. Es posible encontrar análisis que identifican señales de crisis en distintos regímenes internacionales al menos desde 2006 (Rüland 2006; Newman 2007; Woods 2010; Eckersley 2015; Zürn 2021). Su origen suele rastrearse hasta la reacción unilateral y contraria al derecho internacional por parte del gobierno estadounidense tras los atentados del 11 de septiembre, que desencadenó una serie de conflictos y procesos que terminaron dañando seriamente las reglas de la gobernanza mundial establecidas en la década de los noventa. Las razones, en cambio, hay que buscarlas en las transformaciones acaecidas en la estructura de poder de la política internacional,

Por un lado, estas transformaciones han beneficiado a las potencias emergentes del Sur Global en detrimento de las occidentales. Estas nuevas potencias están demandando una redistribución del poder y mayor protagonismo en las instituciones internacionales, de manera que reflejen la actual realidad del Sistema. Por otro lado, muchas sociedades occidentales, a uno y otro lado del Atlántico, se han sentido perjudicadas económica y culturalmente por la apertura globalizadora, viendo amenazado su tradicional modo de vida. Sin embargo, a estas dos argumentaciones causales ya populares, hay que sumarle una tercera menos difundida. Está relacionada con la incapacidad de los mecanismos de la gobernanza global y la debilidad de la arquitectura institucional del orden liberal surgido en los noventa, carente de una separación efectiva de poderes. Se refiere, concretamente, al déficit de legitimidad de las instituciones del multilateralismo para la toma de decisiones (Börzel y Zürn 2021; Zürn 2021). La delegación de autoridad, reflejada en la toma de decisiones descentralizada, y el control político de las instituciones y organizaciones internacionales creadas abundantemente desde la década de los noventa no han ido lo suficientemente lejos en materia de competencias y procedimientos como para dar respuesta a los retos de la gobernanza global. Los actores, particularmente los estados-nación y las élites políticas nacionales, no han sido capaces de justificar ante sus sociedades la necesidad de contar con mecanismos de gobernanza global. No han estado dispuestos a asumir el coste político de decisiones exógenas que nunca son imparciales. La excepción que confirma la regla puede observarse en el caso de la Unión Europea. Pero incluso en este espacio, la crítica a la falta de legitimidad de las decisiones de los tecnócratas de Bruselas es un tema recurrente ante la opinión pública, que ha dado lugar a experiencias recientes como el Brexit. La experiencia nos muestra, por tanto, que los avances en gobernanza global solo son posibles ante situaciones de crisis existenciales y, por lo general, solo son sostenibles si tienen éxito. La crisis, y la crítica al actual sistema, por tanto, estarían relacionadas con un problema de legitimidad de las instituciones multilaterales.

El círculo de este proceso se cerró, de manera culminante, con el impacto de la administración Trump en el sistema político internacional, solo parcialmente corregida por la política exterior de Biden. La reciente segunda elección del presidente republicano, con mayoría en el Senado y probable también en el Congreso, puede suponer el golpe de gracia al orden internacional liberal: aunque su accionamiento pueda ser visto como una anomalía histórica, puesto que operó en su día contra el orden liderado y edificado por su propio país desde mediados del siglo XX, ahora probablemente terminará de impulsar el viraje definitivo hacia la multipolaridad del sistema. No obstante, en puridad, no es más que una forma de realismo extremo que consolida el escenario global de transformaciones antes mencionado y que, incluso, guarda cierto paralelismo con el comportamiento de la administración Harding-Coolidge durante el período de entreguerras. El gobierno de Trump estuvo particularmente interesado en socavar los fundamentos normativos del orden liberal: la democracia, el mercado y el multilateralismo (Adler y Drieschova 2021). La deriva autoritaria y polarizadora propiciada por la reaparición y expansión de este nacionalismo iliberal y negacionista con respecto a los retos globales compartidos debilitó los procesos de solidaridad internacional y señaló desde el principio a la

Agenda de desarrollo sostenible como uno de los principales objetivos a combatir.

La crisis del multilateralismo trajo consigo no solo el cuestionamiento de las instituciones globales, sino la aparición de múltiples obstáculos a la gobernanza global que influyeron en la implementación de la Agenda. Ha propiciado problemas de distribución, al emerger numerosos escenarios de cooperación económica condicionados de suma cero, fuera de los marcos multilaterales y ajenos a las normas y reglas establecidas globalmente, generalmente promovidos por actores que cuestionan el orden liberal como China, Rusia, India o incluso Brasil y los Estados Unidos de la administración Trump. Por otro lado, la parálisis en las instituciones y organizaciones internacionales propiciadas por los sucesivos conflictos y cambios en las agendas dificultaron enormemente las decisiones en materia de coordinación y contribuyeron al incumplimiento de los acuerdos[8]. El abandono de las agendas establecidas y el aplazamiento de procesos en marcha estuvieron a la orden del día. En conjunto, la etapa convulsa que estamos viviendo ha dado lugar a una percepción de incertidumbre creciente que influye directamente sobre la conducta y la confianza de los actores internacionales. Esto ha derivado en tensiones geopolíticas con consecuencias en la reconfiguración de posicionamientos estratégicos y alianzas, que tienen su impacto sobre la acción política tanto a nivel externo como interno. El orden mundial

---

8 Por ejemplo, entre otros, pueden mencionarse la retirada de Estados Unidos del Acuerdo Trans-Pacífico (TPP), de la OMS, del Acuerdo de París y la parálisis de la OMC; la parálisis de foros globales como el G20 o las convulsiones producidas por las crisis financiera y económica, por la pandemia Covid o por los recientes conflictos armados en Siria, Ucrania y Gaza, entre otros. En lo que se refiere a las agendas relacionadas con Naciones Unidas y los ODS, las dificultades para avanzar en los acuerdos de Addis Abeba o en la propia implementación de la Agenda, son ejemplos suficientemente ilustrativos.

está hoy mucho más fragmentado e impredecible, una realidad que está afectando, particularmente, a las instituciones y organizaciones internacionales, cuyo cuestionamiento se ha visto acentuado en casi todos los ámbitos, particularmente en los de legitimidad y eficacia. La expansión de la democracia, del comercio o de la membresía a las organizaciones internacionales parecen haberse frenado y los conflictos crecientes son menos solucionables. Estas convulsiones se han trasladado a las agendas políticas domésticas, y suponen una importante amenaza para la Agenda.

La reciente Cumbre del Futuro se ha querido ver como una oportunidad para dar un impulso a las reformas necesarias. Sin embargo, es difícil pensar en la consecución de los consensos mínimos necesarios para reflotar la confianza en la agenda global en un escenario post-2030. De hecho, lo más probable es que se produzcan deserciones y disidencias destacadas con respecto al acuerdo final. La coyuntura descrita más arriba no parece que vaya a cambiar en el corto plazo. La tendencia parece ser, más bien, la contraria. Basta con observar la configuración política de muchos gobiernos y parlamentos recientes, incluido el europeo. La creciente influencia de grupos políticos representantes de estas posiciones nacionalistas e iliberales en buena parte de las democracias del mundo y el incremento del autoritarismo seguirán siendo un obstáculo insalvable. Incluso si una mayoría de estados se mostraran favorables a la cooperación, difícilmente verían con buenos ojos la cesión de autoridad y soberanía. Sin embargo, la agenda de reformas es la única esperanza.

III. ALGUNAS PROPUESTAS INSPIRADORAS DE REFORMA

En nuestra opinión, las posibilidades de reforma pasan por una transformación sustantiva de los mecanismos disponibles de gobernanza de la Agenda, de manera que faciliten procesos de transferencia que lleven los acuerdos globales a la implementación de las agendas domésticas. Son reformas que deben superar la retórica característica, hasta ahora predominantemente hueca, aunque lo cierto es que esto supone plantear un reto mayúsculo para el sistema de Naciones Unidas.

Desde hace más de dos décadas, la investigación académica viene ofreciendo soluciones en materia de diseño institucional que enfrentan algunas de las problemáticas de cooperación experimentadas en la implementación de la Agenda. Uno de los más desarrollados y analizados es el enfoque de diseño racional, desarrollado por Bárbara Koremenos (Koremenos et al. 2001; Koremenos 2016; Toscano et al. 2022). Este enfoque analiza las diferencias en el diseño de las instituciones y organizaciones internacionales desde la tradición de la elección racional, partiendo de la presunción de que los estados utilizan las instituciones internacionales para promover sus propios objetivos, y diseñan las instituciones en consecuencia (Koremenos et al. 2001). Como señalan los autores de este trabajo pionero, aunque esta afirmación pueda parecer obvia, lo cierto es que resulta bastante controvertida, dado que los estados miembros no siempre están dispuestos a cumplir con los compromisos en las instituciones internacionales a lo largo del tiempo. Tampoco a ser objeto de coerción ni sanciones por parte de estas.

A pesar de lo dicho, también es necesario tener en cuenta que el diseño institucional de una agenda global como la que nos ocupa supera el marco del diseño racional. Esto es debido a que lleva incorporados, en buena medida, elementos de carácter constructivista. Factores como la identidad de los principales actores que influyeron y participaron en su redacción, los valores y creencias imperantes o las normas y dinámicas heredadas de procesos anteriores juegan un papel relevante. Sin entrar en el debate de si más racionalidad en el diseño hubiera aumentado la eficacia de la Agenda, podríamos pensar que la incorporación de elementos de racionalidad en un instrumento de este tipo podría facilitar su implementación y posiblemente mejorar sus resultados. Lo que sí parece cierto es que los patrones de aprendizaje, emulación o competencia en la transferencia de las políticas, predominantes hasta ahora en el enfoque de implementación nacional autónomo, no han sido suficientes.

El enfoque de análisis de Koremenos se centra fundamentalmente en identificar una serie de variables consideradas independientes (relacionadas, por ejemplo, con los problemas que encuentran los actores para cooperar o las características de los estados participantes) y otra serie de variables dependientes (es decir, de diseño, como serían el alcance temático, la flexibilidad del acuerdo o los mecanismos de control). Estas variables se vinculan mediante una serie de hipótesis o conjeturas basadas en que los estados diseñan las instituciones con racionalidad (incluidos acuerdos y organizaciones internacionales). Si las variables independientes se presentan de determinada forma, lo racional sería que el diseño (variables dependientes) se llevara a cabo de manera que respondiera adecuadamente a la situación de dichas variables independientes. El potencial de este modelo es que permite el contraste de las hipótesis. Así, Koremenos, en su trabajo de 2016, analiza un elevado número de acuerdos internacionales con el objetivo de comprobar si se cumplen las hipótesis propuestas.

Del conjunto de variables dependientes sugeridas por este modelo, nos centramos en tres principales, por su relación con la problemática de la Agenda y su mayor capacidad, a priori, para obtener legitimidad por la vía de la eficacia. Estas variables son las de centralización, flexibilidad y control.

3.1. Centralización

La centralización se refiere a la concentración de tareas y toma de decisiones por parte de una institución común, particularmente las relacionadas con la difusión de la información, reducción de costes de negociación y transacción, así como la de mejorar la aplicación. Esto implica dotar de cierta autoridad a dicha institución internacional, un aspecto que resulta sumamente controvertido. De acuerdo con las conjeturas del modelo de Koremenos, la necesidad de centralización aumenta con el número de participantes involucrados en un acuerdo, con la gravedad de los problemas de cumplimiento y con la incertidumbre sobre el comportamiento de los participantes y con el estado del mundo.

Este conjunto de hipótesis resulta bastante representativo tanto de la naturaleza y problemática de la Agenda como de la evolución del orden mundial en la última década, particularmente tras el comienzo de la implementación de los compromisos en materia ambiental, el impacto de la pandemia y la ampliación y consumación de los conflictos bélicos. Todos estos episodios generan situaciones que suponen una invitación al incumplimiento de los acuerdos, a la deserción de los compromisos adquiridos y elevan los niveles de incertidumbre en el corto y medio plazo.

Las soluciones racionales de centralización que ofrece el modelo para paliar este tipo de situaciones pasan por una mayor formalización de los acuerdos, por la dotación de provisiones para la resolución de disputas, de castigo y de monitoreo o supervisión, que en teoría deberían ser formales, pero, dada la incertidumbre en el comportamiento que caracteriza la mayor parte de las áreas de la Agenda (al tratarse de compromisos cuya verificación se deja, en gran medida, en manos de los propios estados), las crecientes asimetrías de poder o la alta heterogeneidad en las preferencias, parece más recomendable establecer provisiones informales. Además, el autorreporte de información sobre los avances en la implementación es recomendable solo cuando existen pocos incentivos para incumplir, aunque haya incertidumbre en el comportamiento. Sin embargo, en muchas áreas de la Agenda no se dan estas condiciones, como serían, por ejemplo, la relacionadas con cuestiones medioambientales, por lo que en estos casos el monitoreo sí debería estar centralizado.

3.2. Flexibilidad

En cuanto a la variable de flexibilidad, se refiere a la capacidad de las instituciones para adaptarse a las circunstancias cambiantes, responder a situaciones imprevistas o enfrentar nuevas demandas por parte de los estados miembros en materia de reforma o cambio en las reglas y procedimientos. Las conjeturas sugieren que la flexibilidad de los acuerdos aumenta con los problemas de distribución y con la incertidumbre sobre el estado del mundo; y disminuye cuando el número de participantes es elevado, puesto que atender las vicisitudes de todos ellos terminaría por diluir el acuerdo. Por tanto, las conjeturas apuntan en direcciones contrapuestas en nuestro caso.

La reciente fragmentación geopolítica del orden mundial y la contestación a la hegemonía occidental por parte de China y Rusia, incluso el no alineamiento que promueven potencias emergentes como Brasil e India, han incrementado tanto los problemas de distribución como la incertidumbre. El número de acuerdos de cooperación disponibles para el conjunto de la comunidad internacional es ahora mayor, aunque en un mundo más incierto. La Agenda, vista como un instrumento liberal de hegemonía occidental, entró en competencia con programas como las iniciativas de desarrollo, seguridad y civilización global impulsadas por China, cuyo alcance incluso se extiende más allá de los países del Sur Global, o con la propia estrategia estadounidense de "America First" dispuesta por la administración Trump, que contempla el abandono de los acuerdos internacionales, reformas comerciales de corte proteccionista o la reconfiguración de las alianzas. La crisis de las vacunas (Fernández Portillo et al., 2020) puede ser un ejemplo ilustrativo del accionamiento de un hipotético orden multipolar a medio plazo. En definitiva, estos nuevos escenarios de cooperación plantean a muchos estados de la comunidad internacional, particularmente a los países en vías de desarrollo, alternativas atractivas para obtener mayores utilidades y beneficios, aunque sea al precio de un orden más precario e inseguro.

Esta coyuntura requiere mayor flexibilidad, incluyendo la posibilidad de permitir cierto grado de incumplimiento, salidas y el establecimiento de asimetrías, con más imprecisión y reservas en las áreas donde no es necesaria la coordinación. Allí donde sea necesaria la coordinación (un ejemplo claro fue la situación creada por la pandemia, que hizo recomendable que los países adoptaran medidas de vacunación, restricción de movimientos internacionales, etc.) se requerirá mayor precisión, pero también dejar abiertas las opciones de renegociación de los acuerdos. En igualdad de condiciones, los acuerdos que se caracterizan por una incertidumbre subyacente sobre el estado del mundo, cada vez más presente dada la situación internacional que se está viviendo, tienen más probabilidades de incluir duraciones finitas y renegociables. Lo mismo ocurre cuando nos encontramos en escenarios donde predomina la heterogeneidad en las preferencias de las partes. Sin embargo, a medida que aumenta el número de actores, disminuye la probabilidad de que las partes elijan este tipo de acuerdos, optando por otros más largos. Una solución intermedia, dada la contradicción *de facto* entre ambas opciones, sería mantener una duración larga (los quince años de la Agenda 2030 pueden ser adecuados, dada la naturaleza de los objetivos a alcanzar, que requieren trabajos de largo plazo) pero sujeta a una revisión profunda de medio término, por ejemplo.

Del mismo modo, en igualdad de condiciones, los acuerdos que se caracterizan por un problema subyacente de cumplimiento e incertidumbre sobre el estado del mundo tienen más probabilidades de incluir cláusulas de escape y períodos de notificación. Estas cláusulas tienen más posibilidades de prosperar en aquellos acuerdos cuyos miembros se caracterizan en promedio por un alto nivel de democracia, pero son factibles también cuando participan estados más autocráticos, como es el caso. No obstante, es probable que la deriva que están siguiendo algunos países hacia un tipo de régimen iliberal los lleve a abandonar el acuerdo, como puede estar sucediendo actualmente con Argentina.

De manera similar, cuando existe un problema de compromiso subyacente, los acuerdos tienden a incluir períodos de espera o de retiro, más largos según la intensidad del problema. Los acuerdos que se caracterizan por un problema subyacente de distribución sin coordinación tienen más probabilidades de ser imprecisos o contener reservas, mientras que los acuerdos caracterizados por problemas de coordinación, con o sin problemas de distribución, tienen más probabilidades de ser precisos. Aquí se podría pensar en una "geometría variable" según las áreas de la Agenda, y adaptar la flexibilidad a la situación específica de cada una de dichas áreas. Por ejemplo, las decisiones de cooperación al desarrollo suelen vincularse con problemas de distribución y no coordinación, salvo en cuestiones como serían las medioambientales, que exigen mayor trabajo conjunto. Por último, en igualdad de condiciones, a medida que aumenta el número de actores, disminuye la probabilidad de que las partes elijan acuerdos precisos. Se trata de un problema de reducción de los costes de transacción: si el acuerdo es menos preciso cuando hay muchos actores, es más fácil llegar a un acuerdo.

3.3. Control

La última variable que proponemos tener en cuenta es la de control. Se refiere a las formas de poder para la toma de decisiones colectivas en el seno de la institución. Incluyen aspectos diversos como las reglas de voto, de financiación o de elección de burocracias y funcionarios clave. Normalmente, incluso en los casos de membresía universal, es frecuente que un número limitado de estados miembros tengan más peso que otros en la toma de decisiones. Por lo general, se trata de un aspecto ligado a la financiación. De acuerdo con la hipótesis del modelo, el control disminuye con el número de participantes y aumenta con la asimetría de los estados contribuyentes y con la incertidumbre del estado del mundo.

Los aspectos relacionados con esta variable en la Agenda son controvertidos, debido a su naturaleza incluyente, sus objetivos multidimensionales y su membresía universal. Se trata, así mismo, de la variable menos desarrollada por el modelo, debido a su estrecho vínculo con el concepto de poder. En igualdad de condiciones, los acuerdos que se caracterizan por una alta asimetría de poder entre los participantes tienen más probabilidades de incorporar algún tipo de asimetría de diseño o de procedimiento. Concretamente, incorporan algún tipo de reglas de toma de decisiones basadas en el poder, como el voto ponderado o incluso el poder de veto. Uno de los paradigmas más representativo de este tipo de reglas se encuentra, precisamente, en el Consejo de Seguridad de Naciones Unidas, uno de los órganos que mayores críticas y demandas de reforma concita. No obstante, la crítica tiene que ver con la representatividad y con la regla de veto, y no tanto con un ejercicio racional de control.

Una posible propuesta de reforma podría incidir en la "geometría variable" mencionada más arriba, ligada, como se ha sugerido al principio de este apartado, con la financiación. Se podría pensar en un fondo constituido por países donantes que fomentara el cumplimiento del acuerdo, ligado a mecanismos de voto y veto que dependieran también del cumplimiento (de todos los países, no solo de los donantes o receptores). Es decir, ligar el poder decisorio sobre la Agenda al grado de cumplimiento. Esto solo es un ejemplo del tipo de mecanismos complejos que se podrían arbitrar para mejorar la adhesión a los objetivos de la Agenda.

IV. CONCLUSIONES

La Agenda 2030 ha sido un acuerdo sin precedentes históricos en materia de compromiso global por un desarrollo sostenible que no deje a nadie atrás. Sin embargo, su aprobación llegó en un momento de profunda transformación del sistema internacional. Los elementos de esa transformación, entonces emergente, se han consolidado hoy, donde asistimos a la confirmación de un orden multipolar, en un contexto de renacionalización de los intereses estatales, con la consecuente crisis incipiente del multilateralismo.

Estas tendencias explican parcialmente el incumplimiento de los ODS marcados en la Agenda 2030, pero no solo. Nuestra hipótesis es que el diseño de la Agenda no supo o no pudo incorporar los aprendizajes alcanzados por la literatura sobre el diseño racional de las instituciones internacionales, que ya abogaban por incorporar mayores niveles de centralización y de control, combinados con un mayor grado de flexibilidad en el acuerdo.

Dado que las tendencias globales y locales que ya caracterizaban el mundo en 2015 no han hecho sino acentuarse, sería prudente considerar, de cara a la inevitable reforma de la Agenda, la incorporación de algunos de estos aprendizajes con cierto grado de decisión. En este capítulo se han ofrecido algunos vectores concretos de cambio que, de acuerdo a la experiencia previa alcanzada con el análisis de instituciones internacionales asimilables, apuntan a que bien podrían facilitar una mayor eficacia de la futura agenda global de desarrollo. No obstante, como se dijo anteriormente, la reciente victoria de Trump puede suponer, de facto, un golpe de gracia al orden liberal internacional. En este contexto, las dudas sobre la posibilidad de articular una agenda de desarrollo multilateral con apoyos fuertes por parte de los países desarrollados con peso en el sistema internacional son evidentes.

REFERENCIAS BIBLIOGRÁFICAS

Abbott, K. W., & Bernstein, S. (2015). The high‐level political forum on sustainable development: Orchestration by default and design. *Global Policy*, *6*(3), 222-233.

Acharya, A., Estevadeordal, A., & Goodman, L. W. (2023). Multipolar or multiplex? Interaction capacity, global cooperation and world order. *International Affairs*, *99*(6), 2339-2365.

Adler, E., & Drieschova, A. (2021). The epistemological challenge of truth subversion to the liberal international order. *International Organization*, *75*(2), 359-386.

Börzel, T. A., & Zürn, M. (2021). Contestations of the liberal international order: From liberal multilateralism to postnational liberalism. *International organization*, *75*(2), 282-305.

Currie-Alder, B. (2016) The state of development studies: origins, evolution and prospects, *Canadian Journal of Development Studies / Revue Canadienne d'études du développement*, 37:1, 5-26, DOI: 10.1080/02255189.2016.1135788

Eckersley, R. (2015). Multilateralism in crisis? En Karin Bäckstrand y Eva Lövbrand, *Research Handbook on Climate Governance* (pp. 505-515). Edward Elgar Publishing.

Fernández-Portillo, L.A., Sianes, A. & Santos-Carrillo, F. (2020) How will COVID-19 impact on the governance of global health in the 2030 agenda framework? The opinion of experts. *Healthcare* 8 (4), 356.

Franco-Bedoya, S. (2023). "Measuring Globalization When It Is Needed the Most," Policy Research Working Paper No. 10451 (Washington, DC: World Bank).

Hëttne, B. (2009) Thinking about Development. Zed Books. London

Horner, R., & Hulme, D. (2019). From international to global development: New geographies of 21st century development. *Development and Change*, 50(2), 347-378.

Ikenberry, G. J. (2018). The end of liberal international order? *International Affairs*, *94*(1), 7-23.

Koremenos, B., Lipson, C., & Snidal, D. (2001). The rational design of international institutions. *International organization, 55*(4), 761-799.

Koremenos, B. (2016). *The continent of international law: Explaining agreement design.* Cambridge University Press.

Lake, D. A., Martin, L. L., & Risse, T. (2021). Challenges to the liberal order: Reflections on international organization.

Newman, E. (2007). *A crisis of global Institutions?: Multilateralism and international security.* Routledge.

Olivié, I. y Gracia, M. (2023) (Re)globalisation after the pandemic: analysis of the results of the Elcano Global Presence Index 2022. ARI (Análisis del Real Instituto), Número 62/2023. Real Instituto Elcano. Madrid

Organización de las Naciones Unidas (2023) *Informe de los objetivos de desarrollo sostenible. Edición especial.* En https://www.un.org/sustainable-development/es/development-agenda/

Rüland, J. (2012). The rise of "diminished multilateralism": East Asian and European forum shopping in global governance. *Asia Europe Journal, 9*(2), 255-270.

Santos-Carrillo, F.; Fernández-Portillo, L.A.; Sianes, A. (2020) Rethinking the Governance of the 2030 Agenda for Sustainable Development in the COVID-19 Era. *Sustainability* 2020, *12,* 7680. https://doi.org/10.3390/su12187680

Sianes, A. (2021). Academic research on the 2030 agenda: challenges of a Transdisciplinary field of study. *Global Policy,* 12(3), 286-297.

Sumner, A. (2024). Unity in Diversity? Reflections on Development Studies in the Mid-2020s. *The European Journal of Development Research,* 1-19.

Toscano-Valle, A., Sianes, A., Santos-Carrillo, F., & Fernandez-Portillo, L. A. (2022). Can the Rational Design of International Institutions Solve Cooperation Problems? Insights from a Systematic Literature Review. *Sustainability, 14*(13), 7866.

Woods, N. (2010). Global governance after the financial crisis: A new multilateralism or the last gasp of the great powers? *Global Policy,* 1(1), 51-63.

Zürn, M. (2021). Multilateralism in crisis: A European perspective 1. En Thomas Meyer, José Luís de Sales Marques y Mario Telò. *Towards a New Multilateralism* (pp. 119-131). Routledge.

Relacion de autores

Farrah Álvarez Guzmán

Máster en Evaluación de Programas y Políticas Públicas, y Máster en Cooperación Internacional y Políticas Públicas para la Agenda 2030, ambos por la Universidad Complutense de Madrid. Magister en Gerencia y Políticas Públicas por la Universidad de Santiago de Chile. Licenciado en Administración y Gerencia por la Universidad Ricardo Palma. Cuenta con 25 años de trayectoria profesional en sectores como: cooperación internacional, organizaciones no gubernamentales, educación superior iberoamericana, banca de desarrollo y sector privado.

ORCID: https://orcid.org/0000-0001-5732-7782

Ernesto Javier Carrillo Barroso

Catedrático del Departamento de Ciencia Política y de la Administración de la UCM, pertenece al Instituto Complutense de Ciencia Política y de la Administración donde dirige la revista Cuadernos de Gobierno y Administración Pública. Forma parte del Grupo de Investigación POLITIS *Diseño de políticas: transferencia e innovación.*

ORCID: https://orcid.org/ 0000-0003-1218-4989

Fernando De La Cruz Prego

Profesor asociado del Departamento de Ciencia Política de la Universidad Complutense de Madrid, investigador adscrito al Instituto Complutense de Estudios Internacionales (ICEI), Secretario de la Red Española de Estudios del Desarrollo (RE-

EDES) y Coordinador del Grupo de Investigación *Latin American Development Studies* en la *European Association of Development Research and Training Institutes (EADI).*

ORCID: https://orcid.org/0000-0003-1387-1828

Luis A. Fernández Portillo

Profesor titular en el Departamento de Gestión Empresarial en la Universidad Loyola Andalucía, donde ha sido también coordinador del grupo de investigación de Estudios de Desarrollo (GED). Su investigación está dirigida tanto al análisis de políticas de desarrollo en un marco de gobernanza global como al de políticas de desarrollo rural con enfoque territorial.

Diana Gómez Bruna

Profesora Ayudante Doctor del Departamento de Ciencia Política y de la Administración de la Universidad Complutense de Madrid (UCM). Su área de investigación prioritaria es la política turística, siempre considerando la gobernanza y la sostenibilidad en destinos turísticos como ejes transversales de sus estudios. Ha participado en proyectos y realizado numerosas publicaciones en estas líneas.

Jorge Gutierrez Goiria

Profesor del Departamento de Economía Aplicada y miembro del Instituto Hegoa de la Universidad del País Vasco. Sus líneas de investigación incluyen aspectos de cooperación y desarrollo, así como cuestiones relacionadas con las microfinanzas y la banca ética, entre otras. Responsable del Grupo de Investigación sobre Coherencia de Políticas para el Desarrollo y la Cooperación Internacional (UPV/EHU). Presidente (2017-2020) de la Red Española de Estudios del Desarrollo (REEDES).

ORCID: hhtps://orcid.org/0000-0002-5558-3253

Irati Labaien Egiguren

Profesora Agregada del Departamento de Economía Aplicada y miembro de Hegoa, Instituto de Estudios sobre Desarrollo y Cooperación Internacional (UPV/EHU). Parte del grupo de investigación consolidado sobre Coherencia de Políticas para el Desarrollo y la Cooperación Internacional desde el año 2009, con diversas publicaciones y proyectos sobre temas relacionados con el desarrollo, la cooperación internacional o la coherencia de políticas, entre otros.

ORCID: https://orcid.org/0000-0002-7122-4701

Eduardo Malagón Zaldua

Profesor Titular del Departamento de Políticas Públicas e Historia Económica y miembro del Instituto HEGOA de la Universidad del País Vasco. Licenciado en Ciencias Económicas y Empresariales y doctor en Estudios de Desarrollo. Su investigación se ha centrado en el ámbito de la economía agraria y ha sido evaluador de políticas de desarrollo rural.

ORCID: https://orcid.org/0000-0003-0819-3401

Mª Jose Martínez Herrero

Profesora de Economía Aplicada (UPV/EHU) e investigadora del Instituto Hegoa de Estudios sobre Desarrollo y Cooperación Internacional. Ha participado en distintos proyectos y publicaciones relacionadas con la cooperación internacional y el desarrollo, destacando especialmente la inclusión de la perspectiva feminista en sus análisis.

Ignacio Martínez Martínez

Doctor en Estudios sobre Desarrollo por la Universidad del País Vasco y máster en Política Internacional. Estudios Sectoriales y de Área por la Universidad Complutense de Madrid. Desde 2018 es profesor en el Departamento de Ciencia Política y de la Administración, de la Facultad de Ciencias Políticas y Sociología de la UCM. Forma parte del equipo de coordinación del Observatorio UCM 2030.

ORCID: https://orcid.org/0000-0001-5257-272X

Natalia Millán Acevedo

Doctora en Ciencia Política, profesora del departamento de Ciencia Política y de la Administración de la Universidad Complutense de Madrid y de diversos cursos de maestría y doctorado en Europa y América Latina. Sus ámbitos de investigación se relacionan con la Teoría Política del Desarrollo y es autora del libro *Política, emociones y espiritualidad*, publicado en 2023 por Los Libros de la Catarata.

Marisa Ramos Rollón

Profesora Titular de Ciencia Política y de la Administración de la Universidad Complutense de Madrid. Asesora en Cooperación al Desarrollo del Vicerrectorado de Relaciones Internacionales y Cooperación. Investigación sobre gobernanza democrática y desarrollo en América Latina. Experiencia profesional en instituciones públicas de cooperación al desarrollo entre 2005 y 2018. IP del Proyecto *Articulación de Agendas Globales y Agendas Nacionales: el proceso de implementación de la Agenda 2030 en Europa y América Latina,* Ref. PID2019-104967RB-I00, concedido por el Plan Nacional de I+D+I del Ministerio de Ciencia e Innovación.

ORCID: https://orcid.org/0000-0001-7541-3529

Francisco Santos Carrillo

Profesor en el Departamento de Estudios Internacionales de la Universidad Loyola Andalucía e investigador de la Fundación ETEA-Instituto de Desarrollo de dicha universidad.

Laura Serrano Mendoza

Profesora e investigadora en la Facultad de Ciencias Económicas y Empresariales de la Universidad Loyola Andalucía (España). Doctora en Estudios del Desarrollo, licenciada en Derecho y Dirección y Administración de empresas por la Universidad Pablo de Olavide, Máster Oficial en Desarrollo Económico y Sostenibilidad por la Universidad Pablo de Olavide y máster título propio de Cuestiones Contemporáneas de Derechos Humanos por la Universidad Pablo de Olavide. Investiga sobre los procesos de comodificación de la ciudad y los conflictos urbanos que derivan de la turistificación y la privatización del espacio público. Sus líneas de investigación incluyen el derecho a la ciudad desde una perspectiva crítica.

ORCID: https://orcid.org/0000-0003-1603-3061

Adela Toscano Valle

Licenciada en Doble Grado en Administración y Dirección de Empresas y Relaciones Internacionales por la Universidad Loyola. Graduada del Doble Máster en Comercio Internacional, modalidad investigadora, por la Universidad de Córdoba y la Université Paris-Est Créteil. Tiene con experiencia como practicante en la Fundación para la UE y CELAC en Hamburgo, en Global Policy de la Cámara Internacional de Comercio en París, y en el secretariado de la Comisión de Comercio Internacional del Parlamento Europeo, en Bruselas.

Antonio Sianes

Profesor Titular en el área de Ciencias Políticas y de la Administración en la Universidad Loyola Andalucía, donde se desempeña como Director del Instituto de Investigación en Políticas para la Transformación Social. Investiga en temas de gobernanza global de las políticas de desarrollo, donde ha publicado numerosas contribuciones en revistas como Global Policy, Third World Quarterly o el European Journal of Development Research.

Rocio Vela Jimenez

Doctora en Desarrollo Inclusivo y Sostenible, Trabajadora Social, Licenciada en Antropología Social y Cultural, Máster en Derechos Humanos, Interculturalidad y Desarrollo. Ha desarrollado su carrera profesional en el ámbito de la Intervención Social Comunitaria y la Cooperación Internacional al Desarrollo. Investigadora y profesora en la Universidad Loyola Andalucía, donde forma parte del Departamento de Humanidades y Filosofía. Su investigación se centra en el fortalecimiento de procesos de desarrollo humano local en barrios desfavorecidos de Andalucía a través de la adaptación territorial de las métricas de exclusión social y de las políticas e intervenciones sociales. Su tesis doctoral ha sido premiada en la XIX Edición de los Premios Tesis Doctoral de la Fundación CENTRA, recibiendo el premio a la mejor tesis doctoral sobre Realidad Social de Andalucía.

ORCID: https://orcid.org/0000-0002-4957-385X

Maria Velasco Gonzalez

María Velasco González es profesora del Departamento de Ciencia Política de la Universidad Complutense de Madrid. Sus líneas de investigación se centran en políticas públicas, en especial las políticas turísticas, culturales y urbanas. Ha sido Co-directora del Grupo de Investigación PoliTis–Transferencia e Innovación Social. Desde el año 2021 es asesora del Gabinete de la Secretaría de Estado de Turismo.

ORCID: https://orcid.org/0000-0001-8590-5869